本书的出版受到中国人民大学2020年度"中央高校建设世界一流大学（学科）和特色发展引导专项资金"支持

学术评价论

索传军◎著

·北京·

图书在版编目（CIP）数据

学术评价论 / 索传军著. —北京：科学技术文献出版社，2020.12（2023.10重印）
ISBN 978-7-5189-7539-6

Ⅰ.①学… Ⅱ.①索… Ⅲ.①学术评议 Ⅳ.① G644.4

中国版本图书馆 CIP 数据核字（2020）第 258003 号

学术评价论

策划编辑：刘 伶 责任编辑：李 晴 责任校对：张吲哚 责任出版：张志平	
出 版 者	科学技术文献出版社
地　　　址	北京市复兴路15号　邮编　100038
编 务 部	（010）58882938，58882087（传真）
发 行 部	（010）58882868，58882870（传真）
邮 购 部	（010）58882873
官 方 网 址	www.stdp.com.cn
发 行 者	科学技术文献出版社发行　全国各地新华书店经销
印 刷 者	北京虎彩文化传播有限公司
版　　　次	2020年12月第1版　2023年10月第2次印刷
开　　　本	710×1000　1/16
字　　　数	255千
印　　　张	17
书　　　号	ISBN 978-7-5189-7539-6
定　　　价	68.00元

版权所有　违法必究

购买本社图书，凡字迹不清、缺页、倒页、脱页者，本社发行部负责调换

我们随时随地都在评价周围的人和事
同时也无时无刻地被他人评价

前　言

评价源于人们的生活实践。人们无时无刻地都在评价着周围的人和事，同时也被他人所评价。所以，评价是人们（评价主体）对事物（评价客体）价值的发现和判断，是对自己需求满足状况的判断。但评价不是最终目的，评价是为了某种需要或科学管理。

学术评价属于评价的一种类型。学术评价不创造价值，但可以发现学术评价客体的价值，可以判断学术评价客体的优劣或价值的大小。学术评价是学术共同体成员科学活动的一部分，属于一种科学活动。因而，学术评价系统是科学技术系统的子系统，也是社会系统的子系统。

学术评价不仅是学术问题，也是社会问题，而且是当今全球共同关注的一个社会热点问题，还是一个世界性的复杂问题。无论是欧美国家，还是日本、韩国和澳大利亚等国家都在一定程度上存在类似于我国当前学术评价中存在的问题，只是不同国家的社会、经济、政治、文化、科学环境、学术体制和评价机制不同，学术评价所表现出的具体问题不尽相同，引起的社会问题也不尽相同。总体来说，其他国家因学术评价暴露的问题没有我国这样突出。

改革开放以来，我国科学研究获得了前所未有的快速发展，学术成果呈指数增长，科学技术工作者及其学术成果急需社会或学术共同体对其的"承认"，因而，学术评价需求与日俱增。但是，传统的学术评价方法效率低、时滞长、成本高等，无法满足广大学术共同体成员对学术研究成果价值判断的需求。因而，各种"学术乱象"（如抄袭、造假等）层出不穷，与学术评价相关的各种问题频发。这其中不乏社会问题、文化问题和经济问题，但是从学术评价活动本身看，重方法轻理论、重定量轻定性、重形式轻内容等是当前学术评价活动所表现出的共性问题。

我认为，学术评价存在的问题不仅是多方面的，也是多层面的，既有学术评价自身的理论问题，又有社会问题、文化问题，也有评价活动管理问题、操作问题，还有人性自身的问题。本书拟从认识论、价值论、科学社会学和信息管理学等视角审视学术评价的本质；从社会学和认知科学的角度分析学术评价活动，把学术评价放在社会大系统中加以考察；从价值论、认识论、管理科学与决策理论等方面分析学术评价的作用、功能和意义。

学术评价论或论学术评价，首先必须回答其研究什么问题？或者说，本书要回答什么问题。何谓学术评价？学术评价的本质是什么？当前学术评价存在的主要问题是什么？是哪方面的问题？是评价机制问题、评价活动管理问题？还是社会问题、人性问题、模式问题、方法论问题？抑或理论基础问题？在这些问题中，哪些问题是热点问题？哪些是前沿问题？学术共同体主要关注哪些问题？新的网络和数据环境下专家提出了哪些研究或解决问题的视角或方法？哪些问题目前暂时还没有找到解决方法等。

学术评价目的不是探讨学术评价客体的价值和规律，而是如何发现和判断学术评价客体的价值。更准确地说，是预测学术评价客体潜在价值的大小。整体上，学术评价既不是一个单纯的管理问题，也不是一个简单的分类、比较或数学问题（并非不能用数学方法解决）。学术评价系统是一个人工开放系统，是科学技术系统的子系统，也是社会系统的子系统。学术评价系统通过与科学技术系统和社会系统进行信息和能量的交换，从而获得发展所需的资源和能量，因而，学术评价系统受大的社会、政治、文化、科学技术等环境的影响。学术评价系统受系统内如评价主体、评价客体、价值尺度和评价方法等诸多要素的作用。

从信息管理的角度看，学术评价是一种分类和比较活动。学术评价并不是去寻找评价客体精确的价值，而是对评价客体集合中所包含的客体进行价值分类、比较和排序。因而，学术评价只有最优解，没有唯一（科学的）解，也就是说，理论上根本不存在唯一正确的答案。

客观地说，学术评价引发的问题，许多并不是评价（方法或活动）本身的问题，而是对评价结果的使用问题，或者说是因评价结果不正确使用所产生的社会问题。一个评价活动同时会有多个"主体"，如价值主体、活动主体、评价主体等，它们的目的并不完全一致。因而，对评价结果的不合理使用（如资源或名誉分配等），是产生学术评价社会问题的根源。例如，期刊影响因子是期刊的一个评价指标，反映的是某一时段内，如1年、3年等，在该期刊上发表的学术论文被学术共同体成员引用的情况，由此来反映学术共同体对某期刊在某段时间内的关注度，检验它所发表论文被学界的关注情况。期刊影响因子的最初目的也不是用于"期刊评价"，后来才被人们用于期刊评价。现在的问题是人们将期刊领域的一个期刊评价指标，直接用于学术评价（简单地等同于单篇学术论文质量或学术水平），进一步用于人才评价、学科评价、大学评价等，最终用于各类"资源"的分配。

许多人会问，学术评价评什么？本质是判断评价客体的价值，也就是评价客体对评价主体需求的满足程度。任何事物的价值对于它的使用者来说都是相对的，学术评价也是如此，不同的评价主体、不同的评价目的、不同的评价角度、不同的评价时间，评价结果都会有所不同。概括地说，同一评价客体在不同的"评价情景"中会获得不同的评价结果。

在新的网络数据环境下，科学研究活动发生了哪些变化，学术成果的生产、传播和交流又发生了哪些变化？这些变化对学术评价会产生哪些影响？这是本书要探究的主要问题之一。本书正文共分12章。其中，第一章相当于引言，主要对学术评价的现状进行了分析，同时也阐明了本书所要论述的主要问题。第二至第五章是学术评价的理论基础，主要论述了学术评价的本质、范式、模式、机制与方法等问题。第六至第十章对学术评价活动系统及其要素的作用机制进行了分析，在此基础上重点论述了学术评价的价值尺度、评价标准和评价参照系等，剖析了学术评价结果主观性的根源，以及消除主观性的途径与方法。第十一章是对网络数据环境下学术评价发展的一些思考和探讨，在对现有学术评价范式进行分析的基础上，提出了数据驱动的学术评价范式（简称"数据评价范式"）。第十二章结合新时期大数据和人工智能技术，探讨了数据评价范式实现的方式和方法，相当于是对数据评价范式的一个实证或实例。

客观地说，书中有些问题还是老生常谈，但自认为也有一些亮点，如学术评价的内在价值尺度与外在价值尺度、学术评价参照系，以及数据评价范式和基于认知计算的学术论文评价模式等，这些是我最新的一些研究成果。

本书是我近些年来关于学术评价问题的思考，也是自己教学与科研的一点心得。然而，不得不说，学术评价是一个十分复杂的问题。不仅涉及哲学、认知科学和社会学等理论问题，还涉及众多的实践问题和社会问题。在写作本书之前，时常有一种写作的冲动，希望将自己的想法写出来与同人分享和交流，但当提笔开始写作时，才深感自身知识的局限，也时常陷入被复杂问题纠缠不清的苦恼。我一直在思考这些问题：学术评价问题有没有解？如何解？客观地说，我是否能够找到科学的解，还是一个未知数。不过，我已经在路上，正向着目标前行。

在本书的写作过程中，我参照了约翰·杜威的《评价理论》、冯平的《评价论》、马俊峰的《评价活动论》、刘明的《学术评价制度批判》、邱均平等的《评价学：理论·方法·实践》、陈喜乐等的《构建促进协同创新的人文社科科研评价体系研究》、林定夷的《问题学之探究》和刘大椿的《科学活动论》等，还有数以百计学者的学术论文。在此，我向他们致敬，是他们的思想和成果给了我启发。

本书的出版受到中国人民大学2020年度"中央高校建设世界一流大学（学科）和特色发展引导专项资金"的支持。对学院学术委员会委员们给我的支持表示感谢！对牛力副院长的鼎力帮助表示感谢！

最后，我要感谢科学技术文献出版社众位编辑，他们为本书的编辑出版付出了艰辛的劳动。

索传军于人济山庄

二〇二〇年八月二日

目 录

第一章 学术评价的现状与问题、困境与出路 ······· 1
    第一节 学术评价的现状 ······· 2
    第二节 学术评价存在的问题 ······· 5
    第三节 学术评价发展的困境 ······· 10
    第四节 新时期学术评价的出路 ······· 15

第二章 学术评价的本质 ······· 23
    第一节 学术评价的相关概念 ······· 23
    第二节 评价是判断、比较和选择 ······· 28
    第三节 评价是分类、预测和推荐 ······· 30
    第四节 评价是观念活动 ······· 31
    第五节 学术评价的类型和本质 ······· 32

第三章 学术评价的理论基础 ······· 39
    第一节 评价的相关概念 ······· 39
    第二节 评价活动论的研究角度 ······· 43
    第三节 学术评价的理论基础 ······· 49

第四章 学术评价的范式与模式 ······· 58
    第一节 学术评价范式的内涵 ······· 58
    第二节 西方科学哲学的几种评价范式 ······· 59
    第三节 学术评价范式的演变与发展 ······· 61
    第四节 科学评价的模式 ······· 64

第五章　学术评价的常用方法 …… 71
第一节　同行评议 …… 72
第二节　文献计量法 …… 82

第六章　学术评价系统及其要素分析 …… 89
第一节　学术评价系统 …… 89
第二节　学术评价系统要素分析 …… 92
第三节　学术评价系统的作用机制 …… 103

第七章　学术成果的价值分析 …… 112
第一节　学术成果价值的主体与客体分析 …… 112
第二节　对学术成果价值的认识 …… 116
第三节　学术成果价值的表现分析 …… 118
第四节　学术成果的价值构成分析 …… 124

第八章　学术评价的价值尺度与评价标准 …… 130
第一节　价值尺度的概念、类型与性质 …… 131
第二节　学术评价主体内在价值尺度的形成 …… 142
第三节　评价标准与评价指标体系的构建 …… 146

第九章　学术评价参照系 …… 155
第一节　评价参照系 …… 155
第二节　学术评价参照系的实例 …… 160
第三节　学术谱系在学术评价中的作用 …… 167

第十章　学术评价信息的获取与处理 …… 170
第一节　学术评价信息的种类与来源 …… 170
第二节　学术评价信息的获取与处理方法 …… 174

第十一章　网络数据环境下学术评价的发展 187
　第一节　学术评价的困境与反思 187
　第二节　同行评议的创新实践 193
　第三节　基于数据的学术评价范式 198

第十二章　基于认知计算的单篇学术论文评价 208
　第一节　学术论文的本质 208
　第二节　同行评议活动分析 209
　第三节　基于认知计算的学术论文评价 214
　第四节　基于认知计算开展学术评价的实例 222

附录 1　《关于规范高等学校 SCI 论文相关指标使用树立正确评价导向的若干意见》 229

附录 2　本书涉及的重要概念和术语 232

参考文献 245

后　记 255

第一章
学术评价的现状与问题、困境与出路

旺盛的学术评价需求与落后的评价机制与方法，难以满足人们对学术评价快速增长的需求，是当前我国学术评价最为突出的矛盾。

2017年，施普林格·自然（Spring Nature）出版集团一次性撤销了2012—2016年发表的来自中国的107篇文章，这严重影响了我国的国际学术声誉。改革开放以来，在国家科研政策的鼓励与支持下，我国科学研究得到了较快的发展，学术论文产出数量大幅增加，英文论文发表数量已连续多年位居全球第二。但随之而来的是学术造假、数据造假、图片造假，以及大量低水平、重复性论文的滋生。相较于其他国家，我国的学术不端、学术腐败和学术浮躁行为尤为突出，不可否认这与当下不合理的人才评价体制和欠科学的学术评价机制有着必然的联系。

从国际看，2012年在美国细胞生物学会年会发起并于2013年公开出版的《关于科研评估的旧金山宣言》（*San Francisco Declaration on Research Assessment*，DORA）中强调，不能使用基于期刊的指标。例如，影响因子等作为衡量单篇学术论文质量的替代指标，不能以此来评价科学家的贡献或者用于聘任、晋升和资助决策；同时强调，一篇学术论文的科学内容远比它的外在指标重要得多[1]。2015年 *Nature* 发表的《莱顿宣言》（*The Leiden Manifesto for Research Metrics*）针对科研评价中存在的问题，提出了如何正确使用定量评价

---

① CAGAN R. The San Francisco declaration on research assessment[J]. Disease models & mechanisms, 2013, 6 (4)：869–870.

指标及指导科研评价的十大原则[①]。由此可知，学术评价是世界性的问题。

从国内看，2003年科技部等五部委联合发布的《关于改进科学技术评价工作的决定》中指出："要提倡科学论文内在价值的判断。"2015年中国科协等五部委联合发布的《关于准确把握科技期刊在学术评价中作用的若干意见》中强调："要从看重所发表论文的期刊国别、影响因子和期刊等级向看重论文本身的创新性和社会价值转变。"2018年中共中央办公厅、国务院办公厅和科技部等五部委连发《关于深化项目评审、人才评价、机构评估改革的意见》《关于优化科研管理提升科研绩效若干措施的通知》《关于开展清理"唯论文、唯职称、唯学历、唯奖项"专项行动的通知》3个文件，文件指出："要建立以创新质量和贡献为导向的绩效评价体系，准确评价科研成果的科学价值、技术价值、经济价值、社会价值和文化价值。"

由此可见，无论国内还是国外，学术评价都存在诸多问题。

第一节　学术评价的现状

学术评价是一个极其复杂的受多种因素影响的问题。可以说，学术评价既是学术问题，又是管理问题，还是社会问题。从客观上说，造成学术评价问题的因素是多方面和多层次的。表面来看，学术评价是技术与方法问题。深入地看，学术评价主要包括以下几方面的问题：一是认识问题，本质上学术评价客体类型多样、内容复杂，价值表现隐含、难以量化和测度等；二是长期缺乏理论研究，没有形成科学的学术评价理论体系，学术评价方法不够科学完善，难以适应当前学术评价的需要；三是学术评价的机制和体制不健全，由谁来评（谁应该是评价主体），如何评（学术评价活动如何组织、如何开展），如何看待，以及如何使用评价结果等问题，是长期困扰学术评价的重要问题，也是争议最多的问题。

---

① HICKS D, WOUTERS P, WALTMAN L, et al. Bibliometrics：the leiden manifesto for research metrics[J]. Nature, 2015, 520 (7548)：429-431.

一、学术评价需求旺盛

据统计,过去几十年中,全球科研成果产出数量正以每 9 年翻一倍的速度增长。据 Science 报道,平均每 20 秒就有 1 篇学术论文发表[①]。学术论文呈指数增长,一方面同行评议专家(审稿人)的需求急剧增加;另一方面海量论文在一定程度上增加了用户选择文献的负担,影响了科研人员的工作效率和科研管理效率。学术论文评价问题越来越突出,因而成为全球科研管理界和学术界的热门话题。

例如,在非互联网时代,广大科研人员要参考学术成果,需要到图书馆去查询纸质期刊,由于经费限制和查阅的不便,通常获得的论文数量十分有限,读者可以不加选择地阅读所获取的所有论文。当时的主要矛盾是,人们苦于没有更多的文献可以比较和选择,因而评价的需求被弱化了。现在,人们可以通过互联网随时随地检索全球各类数据库,瞬间就可以获得数百、数千、数万的各种类型、各种语言、各种载体的文献资料。如何从这些庞杂的海量文献中选择出自己需要的文献,成为当前人们面临的最大困难。客观地说,广大科研人员对学术成果的需求问题,已由过去的发现与获取困难,转变为判断与选择困难。因而,学术评价成为学术活动中的重要问题。社会的快速发展对学术成果价值的判断,对广大科研人员及学术工作者提出了新的更高的要求。事实上,生活在高度信息化社会的人们,需要随时随地对各类信息进行评价和选择,或者说,评价成为现代人的一种基本素养。

概括地说,我国学术评价需求的增长主要表现在以下几个方面:一是人才评价。我国社会、经济和科学技术的快速发展,对优秀人才的需求与日俱增,全国各地区各行业都有名目繁多的"人才工程",都需要进行评价或评审。二是项目评审和鉴定。科学技术已经成为第一生产力。各种类型和各种层次的科研项目大幅增加,在一定程度上加剧了对学术评价的需求。三是学科评估和大学排名等相关的学术评价活动,也如雨后春笋般蓬勃发展。四是学术论文发表前的同行评议。

学术评价伴随着科学研究活动的发展而产生,一切和科学研究相关的领域

[①] MUNROE R. The rise of open access[J/OL]. Science, 2013, 342 (6154): 58-59 [2017-04-20]. https://www.sciencemag.org/content/342/6154/58.full.

都有学术评价的需要，因而，学术评价对象（客体）复杂且众多，所有与科学研究相关的人、事、物都是学术评价的对象，如学术论文、科技期刊、著作、研究报告、专利、标准等学术成果，大学、科研院所、智库等科研机构，科研计划、科研项目、科研绩效、科研政策、学科发展等科研工作，以及各类科研人员、科研机构、地区和国家的科研绩效评价等。对于广大科研人员来说，当前文献的发现与获取并不困难，主要矛盾是人们如何从海量文献或信息中，选择出满足自己需求的文献或信息。

总而言之，随着我国科学研究的快速发展，各类学术成果和科研项目急剧增加，广大科研人员和学术机构（如大学和科研院所等）为了获得科研优势和学术地位，人才和资源竞争日趋加剧。越来越多的个人和组织需要获得同行认同和社会承认，因而便产生了旺盛的评价需求。

二、学术不端频发，暴露学术评价机制问题

近年来，我国学者的学术不端现象时有发生，频繁发生的大规模国际撤稿事件，引起了全社会对学术评价问题的关注。相较于其他国家和地区，我国在学术评价方面存在的问题更多，也更严重。一些人将我国当下的学术乱象归因于不合理的学术评价机制。也有调查显示，48.7%的学者认为，"不合理的学术评价体系是当前学术成果问题存在的根源"。其实，更深层的问题是社会问题和文化问题。社会的极度浮躁、学术研究的过度急功近利，是导致部分人员学术道德沦丧的重要原因。

还有部分学者认为，造成我国当前学术乱象的根源其实是不合理的科研体制，但不可否认，我国现有的学术评价机制确有其不合理之处。从宏观层面来看，存在学术评价与奖励机制紧密挂钩、评价制度不健全、评价组织体系不完善、评价方法或指标（体系）程式化严重等问题；从微观层面来看，存在评价主体弱化、评价目的不明、重形式、重数量、行政性过强、人情化过度等问题。

三、学术评价的理论基础薄弱

我国学术评价现状，一方面与落后的评价体制和不合理的评价机制有关；

另一方面与不科学的评价方法有关。

一直以来,无论是学术评价的理论研究,还是评价方法,始终没有取得令人满意的进展。传统的文献计量法和经典的同行评议仍然是最主要、最常用的学术评价方法。例如,同行评议,虽然较准确,但主观性强、效率低、评价面窄,容易夹杂人情,产生不公正。文献计量法,虽然效率高,但评价数据(如引文频次或期刊影响因子等)不直接针对学术成果内容,而且评价时滞较长,容易被人为操纵,精确性差。

忽视对学术评价的理论研究是其中的主要原因,也是整个学术评价研究一直存在的主要问题。具体来说,当下学术论文评价的基本内容始终不明确,学术论文的"质量""价值""影响力""学术水平""贡献"等概念的内涵及区别模糊不清,引文影响力指标被视为评价论文质量、价值、学术水平的"万能指标"。事实上,学术论文的评价本质是学术价值评价,但学术论文学术价值的本质是什么?其价值如何体现?包含哪些类型?具体的表现形式如何?实现过程又如何?影响学术论文价值评价的因素有哪些?如何评价学术论文的价值等关键性的基础理论问题很少有人探讨。

当前,在我国,旺盛的学术评价需求,与不规范、不科学的评价方法,以及不合理的评价结果与资源分配机制之间的矛盾尤为突出。但是,整体上看,重定量轻定性、重形式轻内容、重方法轻理论、重规范轻机制是学术评价存在的共性问题,学术评价也因此而饱受社会各界的诟病。

第二节 学术评价存在的问题

学术评价是一个由多学科专家共同探讨的重要问题,也是一个世界性难题。总体来说,其他国家的学术评价问题,没有我国当前表现得这么突出和严重。

南京大学的叶继元等在《中国学术评价的反思与展望》一文中指出,单就学术评价本身而言,尚存在以下四大难题[①]:评价主体不明、评价标准难以选

---

① 叶继元,袁曦临.中国学术评价的反思与展望[J].中国社会科学评价,2015(1):65-77,129.

择、效用评价的价值难以判断和学术批评氛围不佳。

首先,从评价结果利用的合理性来看,更多的是社会问题,或者说是对学术评价结果不合理使用产生的社会问题。学术评价的初心是评价学术研究之得失,指导学术研究的发展。现在,学术评价的主要目的是管理,通过学术评价实现对人、财等资源的分配和管理。从评价结果的主观性来看,是学术评价的方法问题。从学术评价结果的不公正性来看,是学术评价的机制问题。

其次,评价客体的异质性与评价尺度的单一性问题。人们对评价结果质疑,原因之一是因为评价客体的"异质性"。人们对"一组学术成果"进行评价,然而这一组学术成果,它们的研究主题、研究对象、研究目标、研究方法、研究结果等都是不同的,或者说,它们研究问题的难度和重要程度是不同的,各自的研究基础和目标是不同的。客观上它们不具有可比性,然而我们在进行评价时,往往是基于一个"评价指标体系"进行价值判断,如论文发表期刊的影响因子。因而,评价结果不科学。

对学术成果来说,每个学术成果都是不同的,客观上不存在完全相同的学术成果,学术成果强调的就是创新性。学术成果的价值由学术价值和社会价值构成。学术成果评价就是对它们的学术价值或社会价值进行判断。但在实际的学术评价活动中,被评价的学术成果是不同的。甚至,它们的研究主题、研究问题、研究方法和思路等都是不同的。理论上应该是基于同一主题的比较(就像综述那样),不同主题的不同的研究问题不具有可比性。但在实际的评价活动中,通常会忽视这些差异或问题,因而评价的科学性是存在问题的。

总体上看,学术评价问题是多方面和多层面的,既有其自身的问题,如方法论问题、基础理论问题,也有评价环境问题、社会问题,如学术生态和评价文化的问题。从评价结果的科学性来说,更多的是学术评价自身的问题,这不仅是评价结果的客观性和公正性问题,还有评价自身理论基础及方法论问题。

一、基础理论研究薄弱

评价与管理决策活动有着密切的联系,因而一些学者认为,学术评价就是应用性研究。这些学者将研究重点放在评价方法、评价指标完善、体系构建、评价机制建设等相关实证上，忽视了学术评价方法背后的理论基础研究。例如，为什么引文频次具有评价功能？为什么说文献计量法[①]的评价结果是客观的？同行评议的理论基础是什么？同行评议结果科学性的依据是什么？同行评议结果主观性的根源是什么？若不能回答这些问题，将难以从根本上直面学术评价遇到的现实困境。

基础理论是指在某门学科的科学理论体系中起基础性作用，并具有稳定性、根本性、普遍性特点的理论原理。然而，长期以来，"重应用方法、轻理论研究"一直是学术评价研究存在的主要问题，无论是论文评价、期刊评价、人才评价，还是项目评审、机构评估等。这是学术评价至今没有突破现有"格局"的根本原因之一。

理论对方法的构建具有指导意义。学术评价方法通常分为定性评价和定量评价。定性评价有同行评议、德尔斐法和标杆法等；定量评价有文献计量法和经济计量法等。文献计量法的理论基础是文献增长和老化规律、布拉德福定律、加菲尔德定律、普赖斯定律和引文分析理论等。但是，这些定律都是基于20世纪非网络化学术交流环境下产生的经验性统计规律。在数据网络环境下，上述定律是否适用，不得而知。但可以知晓的是，近年来尚无新的理论或规律被提出。

同行评议被许多人认为是最合理的学术评价方法。但实际上，现在社会上许多对学术评价的质疑，都是同行评议造成的。同行评议没有明确的理论依据，相关学者只是从认知科学和科学社会学视角对其产生和存在的合理性做出过一些解释。同行评议中的"同行"是指同属于某个学术共同体的专家。其理论前提是，同一学术共同体内部具有相同或相似的科学思想和研究范式。也就是说，科学系统中的同行评议，实际上是学术共同体内的科学家（通常指有较深造诣的科学家）采用同一范式对该学术共同体内的新理论、新发现进行评价。但是，学术共同体内的学者都具有相似的知识体系吗？都遵循相同的研究范式吗？都开展相同或相近主题或问题的科学研究吗？都具有一样的价值观吗？很显然不是。特别是当今，学科的分化、交叉与融合越来越频繁，即使是小同行，也未

---

① 在本书中，文献计量法是指基于引文的文献计量学评价方法，统一简称为"文献计量法"。

必具有相同的研究范式和认知能力。

在科学系统内，任何知识产品都要接受科学同行的严格审查，而只有真正具有科学价值的知识产品才能得到学术共同体的承认。正是由于学术评价缺乏基础理论的支撑，导致人们面对新环境，学术评价实践出现了一系列新问题，从而显得束手无策。学术评价基础理论体系的缺失，严重制约了评价方法和评价实践的有效发展。因而，无论是定量评价研究，还是定性评价研究，都亟待对其基础理论进行深入的研究。

二、学术评价方法存在的问题

通常，人们将学术评价方法分为定性评价、定量评价和综合评价。综合评价法是综合利用定性评价和定量评价相结合的方法，因而本质上只有定性评价和定量评价两种基本方法。方法是人类认识客观世界和改造客观世界应遵循的某种方式、途径和程序的总和。方法是指为获得某种东西或达到某种目的而采取的手段与行为方式。当前，学术评价存在的诸多问题中，评价方法自身的局限性是评价结果难以令人信服的主要原因之一。

简单地说，基于引文分析的学术评价方法有待深入研究。首先，引文指标到底能测量什么，这是学术评价中引文评价法的基础理论性问题。虽然多数学者认为，引文指标测度的是论文"影响力"，但仍有学者认为其测度的是"质量"或"价值"。因此，引文评价法的评价内容及其理论阐释问题还需进一步研究。其次，由于引用动机的复杂性，引用功能的多元性，引用情感、引用强度、引用位置等的差异性，每一次的引用都是不等价的，只有深入引用内容才能准确地揭示学术成果的真实影响力和学术价值。

三、学术评价实践存在的问题

从整个学术评价研究来看，对我国现有学术评价体系或评价体制进行批判和反思的文献占了相当大的比重，其中探讨最多的问题主要集中在评价实践与管理层面，具体表现如下。

（一）同行评议实践中存在的问题

同行评议是应用最广的一种学术评价形式。它不仅是科学制度的设计，而且由于易于实施，受到科研和人事管理等部门的青睐。客观上由于同行评议方法自身的问题，主观上评价组织者对影响评价活动的因素考虑不周，导致人们对同行评议结果的不满意。主要表现为以下几个方面。

①"同行"专家选择困难。随着学科细分和交叉，以及科研人员规模的急剧扩大，精确匹配到能够胜任评审任务的"小同行"专家越来越难。

②评价过程流于形式。随着科研经费的竞争越来越激烈，"拉关系""走后门"现象在成果鉴定和项目评审中越来越普遍，导致在项目验收、职称评定、科研奖励、人才评价等评价活动中对于学术成果的评价常常流于形式、走过场。

③评价官僚主义倾向严重。在很多情况下，评价活动的开展由行政部门主导，而行政部门主导的学术评价活动往往更看重"效率"。因此，留给专家的评审时间较短，导致很多专家没有足够的时间去仔细阅读评审材料，从而影响评价结果的准确性、客观性和公正性。

④缺少权威、科学的评价标准和评价指标体系。虽然若干学者提出了学术评价的定性指标体系，但是在具体的评价实践中，不同评价主体所采用的评价标准不同，导致评价结果相差悬殊。

（二）引文评价存在的问题

基于引文的学术评价的合理性早在20世纪60年代就受到了质疑。目前，对学术评价批判较多的是，对定量评价方法的过度依赖，以及在评价实践中对定量评价方法的不合理使用。具体表现在以下几个方面。

①"以刊评文"。影响因子是评价期刊影响力的指标，多项研究证明，期刊刊载的论文被引频次呈非正态分布。因此，使用影响因子代表单篇论文"质量"不符合统计学意义，但在具体的评价活动中，"以刊评文"现象非常普遍，在我国尤其严重。

②注重形式特征。在具体的评价实践中，评价主体或行政部门过分看重论文是否被 ESI、SCI、SSCI、CSSCI 等国际国内知名引文数据库收录，根据论

文是否来自基金资助项目、是否获奖等直接判定其"质量"。

③引文评价的使用过于泛化。基于引文频次对学术论文的影响力进行评价具有一定的合理性，但将学术论文的影响力等同于学术价值或质量就不太科学了。

第三节　学术评价发展的困境

随着科学技术与网络环境的快速发展，每年发表论文的数量、字数和参考文献数量都在发生变化。人们迫切需要能够快速评价（或判断）科学论文的方法，一方面加速论文的发表；另一方面节省论文的选择时间和难度。基于期刊影响因子或引文频次的学术评价简单易行，备受人事和科研管理部门的青睐，但产生了许多不良的社会现象，引起了社会的广泛关注。这些问题也引起了学界的注意，一些学者从不同角度开展了研究，以期找到优化和完善学术评价的理论与方法，摆脱学术评价发展的困境。

一、学术评价机制困境

机制，是指各要素之间的结构关系和运行方式[①]。学术评价机制是指学术评价系统中各要素之间的关系和运行方式。本质上，学术评价作为科学管理或科学研究的子系统，究竟应该包括哪些要素？这些要素之间应该是何关系？学术评价主体是谁？价值主体是谁？应该由谁来开展学术评价活动？学术共同体，还是第三方机构？不同的评价对象，评价方法和评价指标上应该有何区别？基于什么价值尺度（或评价标准）进行评价？学术评价结果该如何使用？等等一系列问题，都是学术评价机制面临的现实困境。

二、学术评价理论与方法困境

有调查显示，近半数的学者认为，"不合理的学术评价体系是当前学术成果

---

① 机制[EB/OL].[2019-12-18].https://baike.baidu.com/item/机制/1433787?fr=aladdin.

问题存在的根源"①。目前的学术评价研究，主要集中在评价方法和评价指标（体系）的构建方面。简单地说，学术评价理论与方法的研究，始终没有取得令人满意的研究成果。学术评价的绝大多数相关研究，主要集中于两个方面：一方面是学术评价结果产生的社会现象的研究；另一方面主要是讨论评价活动中相关要素的合理性或科学性问题，如评价指标的问题、评价主体的问题等。

互联网的快速发展，学术交流环境的变革，人们迫切需要快速判断学术成果的价值，节省选择时间和利用难度。文献计量法简单易行，但属于"后评价"，时滞太长，准确度低，且易于被操控。同行评议效果较好，但效率低、成本高，且易受到不良文化风气所干扰，因而使用范围受到局限。客观地说，当前我国学术评价的发展面临着诸多困境。但从全球范围和学科发展看，主要还是理论与方法问题。

（一）同行评议的问题与困境

有专家认为，同行评议的关键问题是找到"最合适的评议人"，也就是将被评议的学术成果交给最了解的评议专家，从而解决因评议人认知能力不足造成的主观性。这从理论上看是合理的。但如何知道这篇学术成果最适合谁评议，又涉及两个问题：一是如何知道评议人适合评议什么类型的论文；二是如何了解被评议学术成果的内容和类型。如果依据学术成果人的陈述，那就是验证他的"自评"是否正确。

同行评议被认为是学术论文质量的首要控制机制，是目前较为公认的论文评价方法。Ware 调查发现，93% 的学者认为同行评议在学术论文评价中是必要的②。但由于易受个人和社会因素影响，同行评议也一直备受质疑。首先，同行评议是一种主观判断，这种主观判断容易受专家学术视野、学术喜好、知识结构等个人因素，以及人情关系、竞争关系等社会因素的影响。其次，学术论文的同行评议不仅花费大量经费，还需要专家投入大量时间和精力，评价效率却往往不尽人意。最后，评价标准的缺失也使得评审过程和评价结果无据可循。

---

① 唐红丽. 学术成果问题根源于"评价体系"[N]. 中国社会科学报，2014-11-07（A01）.

② WARE M. Peer review in scholarly journals: perspective of the scholarly community-an international study[J]. Information services & use, 2008, 28 (2): 109-112.

虽然有学者提出论文定性的评价指标（或体系），但其评价实践仍依赖于评价主体的主观判断，缺乏可操作性，而且目前尚没有一种被学术共同体普遍接受或认可的评价标准或指标体系。然而，尽管同行评议存在诸多缺陷，但由于没有更合理的替代方法，目前仍然是判断学术论文优劣的最常用的方式。

从认知心理学来看，同行评议的主观性和不公正性是客观的。理论上，我们只能在一定程度上减少主观性和不公正性，但无法从根本上消除。因为任何人都有认知局限，任何人都是社会人，都有情感、都受环境影响。这也是同行评议发展的困境。然而，是否存在替代人对学术成果评价的方法呢？我们需要从其问题的根源分析。

（二）文献计量法的问题与困境

文献计量法是图书情报机构和社会第三方评价机构采用最多的评价方法。应该说是社会影响最大，也是诟病最多的学术评价方法。现在教育部的学科评价，各类大学排名本质上都是计量法。但是，在这些评估或排名中，评价对象往往是比较宏观、多元和复杂的。例如，一所大学包含若干个不同门类的学科，一个学科又包含着若干个专业或学术团队。又如，以期刊影响因子或期刊的等级（中文的核心和非核心，外文的 Q_1 区、Q_2 区、Q_3 区等）来评价学术论文。期刊和学术论文是"一对多"的关系。期刊的影响因子反映的是一段时间内该期刊发表的一组学术论文的集合平均被引情况，因而用整体的被引情况代替整个集合中一篇论文的情况，这显然是不合理的。

文献计量法饱受诟病的主要原因包括以下方面：一是文献计量法中所依据的计量数据，通常不能客观地反映被评价对象的性质、质量或水平等。例如，大学排名中以发表某等级的论文数作为衡量一所高校的学术水平；又如，以获得科研项目数量和研究经费作为衡量一所大学科研水平的指标。客观上说，科研项目、经费、论文数量与一所高校的科研能力、水平、产出效率及整体的学术水平有一定关系，但既不是等同关系，也不是因果关系。二是在微观评价中，如学术论文评价，忽视论文内容是文献计量法评价存在的根本问题。文献计量法主要根据学术论文间的引证关系对其进行间接评价，无法从内容上揭示被引文献对施引文献的效用和价值。三是文献计量法的指标容易被人操纵。例如，学术论文的被引频次易被期刊杂志社操纵，影响期刊影响因子的客观性。

另外，文献计量法用于学术论文评价的理论基础是被引频次与论文质量之间存在相关关系，但在具体的评价实践中往往将相关关系视为等同或因果关系。忽视引文差异和个体差异是文献计量法在学术论文评价实践中的主要弊端。文献计量法指标的本质是被引频次，而简单的被引次数无法揭示被引论文的价值。而且有研究证明，期刊影响因子与刊载的每篇论文的被引量之间并无正相关关系，期刊发表的论文被引频次往往呈非正态分布。因而，以整个期刊的平均值来衡量个体论文质量明显不够科学和准确[①]。

三、学术评价发展困境的根源分析

自 20 世纪 60 年代美国科学引文索引（SCI）、社会科学引文索引（SSCI）和艺术与人文引文索引（A&HCI）问世以来，世界各国有关"基于引文的评价与同行评议"的争论一直延续至今。在我国已经演变为两种学术评价方法。但是，这两种方法都存在十分突出的问题，即难以适应新的网络数字学术交流环境下学术评价发展的需要。

（一）同行评议发展困境的根本问题

从同行评议看，评议结果的主观性和不公正性是其根本问题，根源是同行评议主体。主观性主要是由评价主体的认知局限造成的，并非其主观有意所为。不公正性是评价主体基于情感因素的有意识行为。不公正性可以通过评价机制等方法加以抑制。但凡有人参与或开展的评价活动，或多或少都带有一定的情感因素，其区别在于有些是评价主体有意识的，有些是无意识的。这是因为人是社会人，都会或多或少地受到社会环境和评价情境的影响。因而，从认知科学可知，同行评议结果的主观性和不公正性的根源是评议主体。

评议人主观性的决定因素是评价图式。评价图式受评价主体的心理背景系统和认知图式等多种因素影响。一些学者早已认识到这一问题，并试图通过改变评

---

① SEGLEN P O. Why the impact factor of journals should not be used for evaluating research[J]. BMJ, 1997, 314 (7079): 498-502.

价主体，克服主观性的问题。伍军红等[①]在《大数据支撑下的创新同行评议》一文中重点探讨了基于文献大数据小同行评议专家的选择问题，试图基于 CNKI 知识服务平台构建"文献（评价客体）—小同行（评价主体）"大数据网络，找到"最合适的评价主体——小同行"。然而，在科学技术飞速发展的今天，任何人都不是科学超人，每个人都有自己的研究主题，也都有其认知局限。因而，希望通过选择最合适的评价主体（小同行）解决评价结果的主观性，从认知心理上看，是不科学的。那么，在网络数据时代，能否用"机器"取代人开展"同行评议"呢？

（二）文献计量法问题的根源分析

通常认为，文献计量法的不足是引文数据不能反映被引文献（评价客体）的内容；优点是文献计量法所依据的"评价数据"是客观的，其评价结果也较为客观公正。然而，随着数字出版和自然语言处理技术的发展，在一定程度上可以揭示施引文献作者（评议人）的引文内容（评价客体的内容片断）。因而，有学者基于"引文内容"视角对文献计量法的发展进行了探讨，但并未从根本上解决文献计量法的不足。

另外，引文数据和计量结果真的客观公正吗？其实不然，文献计量法使用的引文（频次）数据，从表现形式上看是客观的"数值型数据"，然而每次引文行为，施引文献作者的引文动机都是主观的，因而文献计量法的计量结果同样具有主观性和不公正性。只是相对于同行评议来说，更加隐蔽。所以，文献计量结果的主观性和不公正性是由施引文献作者的引文动机和行为的主观性造成的。

①引文数据的主观性分析。施引文献作者的引文行为，不像同行评议活动是有组织、有目的、有统一评价标准的行为（尽管同行评议结果也存在主观性，但每个评价主体所做出的评价结果都是基于同一目的，依据同一评价指标框架做出的）。每次引文行为，施引文献作者的目的（或动机）都是不一样的。客观地说，每次引文行为都是在不同情境下，施引文献作者（不同的学术共同体成员）基于某一视角对被引文献（评价客体）做出的评价（施引文献作者在特定情景下依据自己的需求做出的价值判断）。每次引文行为的动机都是不同的，每

---

① 伍军红，汤丽云，肖宏. 大数据支撑下的创新同行评议[J]. 甘肃社会科学，2015（4）：31-33.

次引文结果（引文内容、位置、引用深度等）都是不同的。如前所述，每条引文数据都是异质的，语义内容都是不同的。因而，简单假设，每次引文行为是等效的，并将每条引文数据等同对待，简单地累计和相加，是非常不科学的。这也是造成引文分析法结果不科学的根本原因之一。然而，在现实评价中，引文分析结果的主观性往往被人们所忽视。

②引文数据的不公正性分析。文献计量法同样存在不公正性。施引文献作者的引用动机同样带有情感因素，主要表现为"互惠引""虚假引用""过度自引"等。作者的引文动机较为复杂，每次引用数据都是施引文献作者带着某种情感或心理因素产生的引用行为，蕴含着施引文献作者的情感和心理因素，因而引文频次同样包含着不公正性，只是更隐蔽而已。

事实上，从引文的性质看，引文行为客观上反映的是施引文献作者对被引文献的"认同"，其"认同"（或评议）的表现形式是"引用"。因而，文献计量法本质上也是同行评议，是广义的同行评议。只是它不是一个组织在同一时间开展的"同一目的"的同行评议活动。施引文献的作者也不是"被选择"的评议人，也不一定是"小同行"。

综上所述，本质上同行评议和文献计量这两种评价方法都是一种方法，只是评议活动的组织形式、评议数据的处理方法和评议结果的表现形式存在较大的差异，二者的评价结果都具有一定的主观性和不公正性。只是，同行评议结果的表达方式和反映形式更直接，文献计量法的评价结果更隐蔽，其主观性和不公正性隐藏在客观数据之中。

概括地说，无论是同行评议，还是文献计量法，评价结果的主观性和不公正性是其根本问题，造成这个根本问题的根源是"评议人"，是评议人的"认知图式"或"引文动机"。因而，要想从根本上解决评价结果的主观性和不公正性，就必须避免"评议人"参与具体的评价活动。然而，在新的网络学术交流环境下，是否存在新的学术评价范式能够替代或辅助评价主体开展学术评价活动的方法呢？

第四节 新时期学术评价的出路

学术评价是规范学术行为、保障学术环境、激励学术创新、促进学术发展的一项重要工作。这也是学术评价的目的。理论上，一切与科学活动相关的人、事、物都是学术评价的对象，如学术论文、著作、科研项目。

其实，无论什么类型的学术评价，最终都会回归到学术成果的评价。可以说，学术成果评价是各类学术评价活动的基础，而占学术成果比例最大的学术论文的评价是学术评价的最终落脚点。然而，目前学术论文评价的理论研究还很薄弱，致使目前"以刊评文"盛行，从而产生很多的负面影响。因此，当前社会急需具有建设性的学术评价体制和机制，具有创新思想的学术评价理论和方法的指导。

一、我国科学评价的相关政策

自2000年以来，党和国家政府相继发布了多项与学术评价相关的政策文件（表1-1），引导、规范我国学术评价工作，促进了我国科学技术的健康发展。2020年2月20日，教育部和科技部印发《关于规范高等学校SCI论文相关指标使用 树立正确评价导向的若干意见》（简称《意见》）[①]。《意见》指出，为扭转当前科研评价中存在的SCI论文相关指标片面、过度、扭曲使用等现象，规范各类评价工作中SCI论文相关指标的使用，鼓励定性与定量相结合的综合评价方式，探索建立科学的评价体系，引导评价工作突出科学精神、创新之路、服务贡献，推动高等学校回归学术初心，净化学术风气，优化学术生态。

表1-1 我国最近几年发布的学术评价相关政策文件

发布日期	发布单位	文件名称
2000-12-28	科技部	《科技评估管理暂行办法》
2003-05-07	科技部、教育部、中国科学院、中国工程院、国家自然科学基金委员会	《关于改进科学技术评价工作的决定》
2003-09-20	科技部	《科学技术评价办法（试行）》

① 《意见》内容详见附录1。

续表

发布日期	发布单位	文件名称
2011-11-07	教育部	《教育部关于进一步改进高等学校哲学社会科学研究评价的意见》
2015-11-03	中国科学技术协会、教育部、国家新闻出版广电总局、中国科学院、中国工程院	《关于准确把握科技期刊在学术评价中作用的若干意见》
2016-12-11	科技部、财政部、发展改革委	《科技评估工作规定（试行）》
2018-07-24	国务院	《关于优化科研管理 提升科研绩效若干措施的通知》
2018-07-03	中共中央办公厅、国务院办公厅	《关于深化项目评审、人才评价、机构评估改革的意见》
2018-10-15	科技部、教育部、人力资源社会保障部、中国科学院、中国工程院	《关于开展清理"唯论文、唯职称、唯学历、唯奖项"专项行动的通知》
2020-02-20	教育部、科技部	《关于规范高等学校SCI论文相关指标使用 树立正确评价导向的若干意见》

二、新环境下学术评价的发展

新环境是指高度网络化与数据化的社会环境。万事万物相互连接（物联网—万物互联），万物可计算是新环境的重要特征。对于我国来说，新环境还包括良好的社会经济、科学技术、学术交流和文化环境。我国科学研究的快速发展，为学术评价研究提供了丰富的社会实践。

新环境下科学研究推进了新的研究范式——数据范式的产生和发展。数据研究范式，也为学术评价研究的发展提供了新视角。理论上，学术评价的过程就是学术评价主体对学术评价客体的相关信息和数据的收集、整理、分析和处理的过程。或者说，学术评价就是学术评价主体依据学术评价尺度，通过对学术评价客体相关数据分析，从而实现对其价值判断的过程。但是，由于学术评价对象的特殊性，以及对评价客体信息获取手段的限制，过去往往不能全面、准确地获取评价所需的相关信息和数据，使得评价结果存在一定的主观性。新环境下，为获取评价对象信息提供了更多途径和可能。例如，替代计量学方法就是对传统的文献计量法的发展，不仅利用传统的引文指标，还利用社交网络上有关评价对象的评价数据。

（一）出版业的数字转型有利于学术评价的发展

互联网为人们获取和分享信息提供了便捷的渠道，对以信息、知识生产和传播为主的传统出版业产生了巨大冲击，也促进了出版业的变革与发展。互联网环境下的出版物（学术论文和电子图书等）不再是单纯的文本，而是一个以"文本"为基体，关联了更多相关实体（或有意义的内容单元或知识元）的一个数字对象集合。这些相互关联的数字出版物不断生长，将构成一个高度网络化的数据生态。

数字出版的发展，为互联网环境下的学术活动营造了一个数字对象。人们可以从更多的角度和"粒度"去获取、分享、利用和认识学术出版物。学术评价主体可以利用更多的手段和方式去认知学术成果的内容，降低同行评议专家对评议对象理解的难度。

1. 新的出版形式有利于同行评议的发展

中国科学信息研究所周杰等认为，数字出版实现对每篇论文的编码，而语义出版则侧重知识的统一编码。利用本体挖掘资源之间的语义关联，并将其以特定格式进行存储，不仅如此，还存储与知识条目相关的事件、来源和使用记录等相关信息[①]。当前，新的出版物有数字出版、增强出版、数据出版和语义出版等多种形式。

增强型出版物可定义为增强了研究数据、额外材料、出版后数据、数据库记录等对象的出版物，增强对象之间具有基于对象结构的明确链接，涉及出版物、其他数据和元数据3个实体[②]。增强型出版物是连接文献与数据的桥梁和纽带，其增强的数据内容（增补信息）既是令论文更完整的辅助材料，也是令同

---

① 周杰，曾建勋. 数字环境下的语义出版研究[J]. 情报理论与实践，2013（8）：32–35.
② 李小燕，田欣，郑军卫，等. 科技期刊增强出版及实现流程[J]. 中国科技期刊研究，2018，29（3）：259–264.

行评议结论更可靠的辅助材料。

增强出版的理念是交叉连接、富数据、开放共享。因此,增强出版具有以下功能:①满足科研人员对学术信息获取、传递等的更多需求;②关联并实现科学信息的完整性,延伸成果的转化与应用,提高论文被发现和引用的可能;③拓展研究成果与思想表达的空间与手段,实现知识的充分交流与共享;④提高同行评价的效率与质量,保证出版的有效性和控制出版过程,并有效遏制学术不端行为[①]。

很显然,数字出版、增强出版和语义出版都是出版业面对新的网络和数据环境的发展对策。其实,不仅是出版物形式的变化(组织形式和出版方式的变化),更重要的是所揭示的文献深度也发生了变化,从而使得人们利用文献的方式也发生了深刻的变化。这些变化,一方面改变了人们利用文献的方式,节省了人们的时间;另一方面,对文献中一些实体、内容的揭示,极大地方便了人们对文献内容的理解,提高了同行评议的效率。

2. 新型出版物对文献计量法的发展

武汉大学王晓光等认为,语义出版是数字出版的高级形态,有望成为未来数字出版的主流形态。语义出版是一种可以提高期刊上文章的语义,促进它们自动化获取,使其能够链接至语义相关的文章,并提供获取文章内数据的可行性途径,使论文之间的数据整合变得更加容易的出版形式[②]。

引文关系表面上看,是两篇文献之间的引证关系。实际上,引文反映的是施引文献作者对被引文献某种程度上的认同。但传统上,引文既不能反映或显示引文内容,又不能反映施引文献作者的"引用态度"(我们说引文具有评价功能,本质上是指施引文献作者对被引文献的引用态度)。也就是说,施引文献的作者是否真正引用,引用了什么,并不清楚,因而传统的文献计量法只能简单地将不同的"引文关系"等效处理。其实,引文关系是不等效的,不仅表现为施引文献的作者不同,而且引文动机、引文内容、引文位置,以及施引文献作者的引用情感等都不相同。

---

① 李小燕,田欣,郑军卫,等. 科技期刊增强出版及实现流程[J]. 中国科技期刊研究,2018,29(3):259-264.

② 王晓光,陈孝禹. 语义出版的概念与形式[J]. 出版发行研究,2011(11):54-58.

文献计量法的根本问题是"引文频次"不能反映和揭示被引文献的内容，因而基于引文频次对被引文献进行评价，其准确性显然值得商榷。新的数字出版物，一方面人们可获得"引文"之外的网络上其他用户对被引文献的利用和评价数据；另一方面可获得与"引文"相关的数据（引文内容和次数），从而使得用户不仅可以知道谁引用了该文献，而且还可以知道他引用了什么内容。例如，《地理科学》的HTML版，可以获得一篇论文施引文献对被引文献的次数，以及引用的具体内容，从而推进文献计量法从基于"引文频次"向基于"引文内容"评价的发展。

（二）人工智能技术在学术评价中的应用

认知计算是大数据时代发展的产物，是信息分析技术和人工智能技术的结合，通过对各种类型数据的学习和理解，以一种自适应的方式解决现实世界中的复杂性和不确定性问题。认知计算技术对于解决定性评价的主观性和低效率，以及定量评价不针对内容等问题具有潜在的应用价值。因而，从认知计算视角探索新的学术论文评价理论和方法显得极为重要。

1. 认知计算在学术评价中的应用

认知计算（Cognitive Computing）是一项使人类能够和机器合作的技术方法。认知计算这个术语来自认知科学与人工智能，是借助认知科学理论构建算法，模拟人的客观认知和心理认知过程，使机器具备某种程度的"类脑"认知智能[①]。20世纪90年代后，人们开始使用"认知计算"一词。2013年，以IBM 沃森为代表的认知计算系统实现了自主学习，并拥有了类似人脑的能力，能够按照用户需求从自然语言内容中搜寻关键知识，从而拉开了认知计算在各个领域应用的帷幕。

然而，像许多新思想、新方法和新技术一样，认知计算仍处于演进的早期阶段，构建学术论文的认知计算系统仍面临着诸多困难和挑战。

学术论文认知计算系统是探索学术论文评价方法的新视角，充分利用了当前的先进技术和大数据思维，对于完善现有学术论文评价理论和方法具有重要的理论和应用价值。首先，学术论文的认知计算系统能够从论文内容、参考文

---

① 陈敏. 认知计算导论[M]. 武汉：华中科技大学出版社，2017.

献、施引文献和用户评论等多个维度对论文进行评价，能够实现同行评议和文献计量法的有效融合，同时弥补其各自缺陷。其次，基于认知计算的学术论文评价有助于服务科研管理、编辑和审稿专家的评审工作、用户文献获取及阅读体验等，有望成为未来学术论文评价的重要发展方向之一。

2. 自然语言处理技术在学术评价中的应用

随着人们对科学知识创造本质和创造过程的认识，有学者认识到对文献单元的评价其实是对其知识内容的评价，尝试利用自然语言处理和机器学习等技术探索学术论文中的创新点、新知识声明、亮点和重要贡献等，从而实现基于内容的学术论文评价。

Elsevier 数据库为在线论文提供了亮点（Highlights），并将其定义为"描述论文的核心发现，从而帮助用户快速了解论文的 3~5 个要点"，明确说明这些要点仅包含论文的核心结果[1]。我国台湾学者 Yang 对 Highlights 的作用、作者表达习惯、特征词分布等进行了研究，并通过问卷调查了解了作者和编辑对 Highlights 的态度[2]。Ronzano 等学者通过对论文中句子修辞功能的语义标注，借助机器学习和自然语言处理等技术识别和抽取论文中的新贡献和重要发现[3]。Dahl 认为，学术论文中的新知识声明（Knowledge Claims）是作者贡献和新发现的具体体现，对论文中知识声明的识别和抽取进行了研究[4]。Marcondes 等指出，结论是学术论文的主要语义内容，是一篇论文知识内容的总结和凝练，并对结论中科学声明（即论文创新点）的识别、抽取和语义化描述进行了探究[5]。

---

[1] ELSEVIER. Highlishts[EB/OL]. [2017-09-19]. https：//www.elsevier.com/authors/journal-authors/highlights.

[2] 索传军,于果鑫.学术论文亮点的语言学特征与分布规律研究[J].图书情报工作,2020,64(9)：104-113.

[3] RONZANO F, SAGGION H. Knowledge extraction and modeling from scientific publications [C]. Second International Workshop, 2016.

[4] DAHL T. The linguistic representation of rhetorical function：a study of how economists present their knowledge claims[J]. Written communication, 2009, 26 (4)：370-391.

[5] MARCONDES C H. Knowledge network of scientific claims derived from a semantic publication system[J]. Information services & use, 2011 (31)：167-176.

西安电子科技大学温有奎等对学术论文中创新点的识别和抽取进行了研究①。中国人民大学索传军从知识转移视角提出了基于创新知识元的学术论文评价方法②。姜春林等指出，学术论文评价的基本单元是知识单元，论述了同行评议和科学计量方法在知识单元评价中的作用③。

另外，随着结构化全文数据库的出现及开放获取运动的兴起，基于引用内容的学术论文评价方法悄然而生。印第安纳大学丁颖是基于引用内容的引文分析方法的倡导者，她认为基于内容的引文分析是下一代引文分析，并提出了基于引用内容的论文评价指标④。事实上，人们很早就开始探索基于全文的引文分析，只是限于当时的技术水平，只能手工分析小样本数据。例如，Voos 早在 1976 年就对施引文献中的引用位置和引用强度进行了研究，发现大部分引用位于引言中，并指出由于引文在施引文献中的被引用次数不同，引文是不等效的⑤。

概括地说，学术界针对学术论文评价中存在的问题，已经开始了多方面的探讨。其实，无论是定性评价，还是定量评价，也无论是同行评议还是文献计量法都需要对评价客体——学术成果的内容进行分析和理解。对于新的网络数据环境下，科学研究范式、学术成果的出版方式和呈现形式都发生了变化。相对于传统的非网络时代，对于评价客体人们不仅可以获得更多的数据，而且可以有更多的新技术可以利用。因而，如何利用计算机自然语言处理技术和认知计算等信息技术对学术成果内容进行理解、计算，促进学术评价的发展，是未来值得我们深入探讨的重要问题。

---

① 温有奎，吴广印. 碎片化科研创新点动态挖掘研究[J]. 数字图书馆论坛，2014（7）：25-32.

② 索传军. 知识转移视角下的学术论文老化与创新研究[J]. 图书情报工作，2014，58（5）：5-12.

③ 姜春林，张立伟，谷丽，等. 知识单元视角下学术论文评价研究[J]. 情报杂志，2014，33（4）：29-34.

④ DING Y, ZHANG G, CHAMBERS T, et al. Content-based citation analysis：the next generation of citation analysis[J]. Journal of the association for information science & technology, 2014, 65（9）：2244-2248.

⑤ VOOS H, DAGAEV K S.Are all citations equal?or, did we op.cit. your idem[J].Journal of academic librarianship, 1976, 1（6）：19-21.

第二章
学术评价的本质

杜威明确地说：评价不是陈述，而是分析、是权衡、是预测、是判断，是一种认识性活动。评价判断是以现实为基础而形成的对一种行动结果的事前预测性判断[①]。评价判断是对一种价值可能性的判断。从内容上说，评价判断是关于评价对象的条件与结果的判断；从功能上说，评价判断是对于我们的想望、情感和享受的形成应该起着调节作用的判断。

从形式上看，学术评价是评价的一种类型；从内容上看，学术评价本质上是一种学术活动。但学术评价的目的不是发现新知识、不是直接测度学术成果的价值，而是分析、判断、预测学术成果对于学科知识体系或其他学术共同体成员的价值。然而，要探究学术评价的本质，首先需要对学术评价相关概念有一个科学的认识。

第一节 学术评价的相关概念

所谓学术评价是关于学术对于人类社会发展的意义与价值。学术是一个相对抽象的概念，而与其密切相关的学术活动和学术成果就相对具象。学术活动是人们在认识世界过程中发展出来的一类特殊活动，是科研人员利用一定的知识和工具探索和认识新知识的活动。学术活动不仅是一个过程，而且是学术的

---

① 约翰·杜威. 评价理论[M]. 冯平, 余泽娜, 译. 上海：上海译文出版社, 2007.

直接承担者。学术成果是学术活动的产物，是学术内容的记录载体。因而，学术活动及其成果是学术评价的主要对象。

一、何谓学术？

学术评价最直接的含义是"关于学术的评价"。那么，何谓学术？舒尔曼说，"不是所有的智力活动都是学术。只有具备了如下三种成分之一的智力活动才成为学术：公开发表；成为圈内人士严格评价的对象；圈内人士开始使用、参考和发展这些思想和创造活动"[1]。按照这个要求，一个人自己闭门思考、秘而不宣的东西，显然不是学术。学术本身包含评价的成分，秘而不宣的东西不能成为学术同行的评价对象，也就不能作为一种思想或创造活动在学术界中传播、使用、参考和发展。

学术的本质是求真，其灵魂是创新。学术以追求真理和知识创新为目的，这就构成了学术评价的抽象基础、逻辑起点和最终理由[2]。

李佳恒认为，学术是指专门、系统的学问，是知识的一种，是对存在物及其规律的学科化[3]。郝文武认为，学术是指系统专门的学问，泛指高等教育和研究，当代学人将学术概念界定为对存在事物及其规律的学科化论证[4]。很显然，学术评价的客体或对象，并不是学术本身，而是开展的学术活动，以及学术活动产生的学术成果。

简单地说，学术是一个内涵丰富的词语，或者说有广义和狭义之分。广义的学术，泛指一切学术活动，不仅指科学教育和研究活动，而且包括学术研究成果。狭义的学术主要指学术成果，学术评价也就是学术成果评价。在本书中，学术采用狭义的含义，学术评价是指学术成果评价。

---

[1] 张林.基于学术责任的大学学术评价制度重建[J].兴义民族师范学院学报，2019(2)：95-98.

[2] 张保生.学术评价的性质与作用[J].学术研究，2006(5)：5-15.

[3] 李佳恒.高等教育质量内涵建设中教学学术发展的校本途径的研究[J].教育教学论坛，2018(2)：231-232.

[4] 郝文武.学位教育：专业教育应修正为行业教育[J].当代教育与文化，2017(2)：105-109.

二、学术活动

学术活动包括交流、论坛和报告3种形式,是传播科研中期和最终成果的有力手段,也是学术主讲人学风的重要反映[①]。学术活动,显然不止这3种形式。康翠萍认为,学术活动不同于政治活动、经济活动。政治活动属于"权"的范畴,经济活动属于"利"的范畴,而学术活动则属于"理"的范畴。学术活动以追求真理为最终目的,以"理"为中心或核心元素来运作,所反映的是主体对客体的一种认识关系[②]。

概括地说,学术活动不是指一件或某件具体的事情,而是一个抽象的概念,通常是指与学术研究、学术交流等有关的社会活动。学术活动既然是一类社会活动,那么就可以对它进行评价或评估,分析其活动的绩效,分析其成果对社会、对他人的价值。

三、学术成果

学术成果与学术活动密切关联。学术成果是学术活动的产物,但并非所有的学术活动都产生学术成果。有时,学术就指学术活动本身。例如,学术会议就是学界以学术交流为目的,广泛开展的学术活动。学术会议有的有论文集,有的没有。其实,学术会议这类学术活动的本质是学术交流,是与会代表的信息交换,重在信息交流的过程。这种信息交流是无形的,却是客观的。

学术成果是指在系统的专门的或者在对存在物及其规律的学科化论证方面所取得的成就和成绩[③]。学术成果有多种类型,如发表于期刊上的学术论文、会议论文、图书、专利、科研项目的申请书和研究报告等。其中,学术论文是最常见的,也是使用最广泛的学术成果。本书中的学术成果主要是指发表于期刊上的学术论文和与科研项目相关的研究报告等。

---

① 卢辞.试论高校社会科学科研管理体制[J].中国高教研究,2020(8):31-33.
② 康翠萍.学术自由视野下的大学发展[J].教育研究,2007(9):55-58.
③ 学术成果[EB/OL].[2020-01-12].https://baike.baidu.com.

四、学术评价

何谓学术评价？客观上说，目前还没有较为统一的概念或定义。而且，在我国的相关文献中，对相关概念的使用较为混乱，较为相近的概念有科学评价、科技评估、科研评价等，并且这些概念常常交替使用。国外相关文献中较常见的概念有科研评价、科研人员评价、科研成就评价、科研项目评价、科研机构评价等。

目前，关于科学评价的定义主要有以下几种观点。

第1种观点认为，科学评价有两种含义：一是指对科学技术的研究选题、规划和各种形式的研究成果从价值方面进行判断的活动，包括对技术的评价。这种观点类似于当前的科研项目评审。二是指客观的、准确的、符合科学精神的评价方式和评价结论。这种观点主要强调评价的科学性。

第2种观点认为，科学评价是指对科研成果等的有效性、可靠性、科学性及其价值的评定。

第3种观点认为，科学评价有广义和狭义之分。广义的科学评价意指"科学地评价""评价科学化"，是指用科学的方法对一切对象进行评价[①]。这实际上已经超出了科学的范围，是各行各业的各类评价。狭义的科学评价是指以科学为对象的评价，其范围比较窄，主要是对与科学研究活动有关的人、事、物的评价，是指评价科学。其中包括科学出版物评价、科研工作评价、学科评价、科研机构评价、教学评价等。这时，科学评价完全等同于学术评价。

由于社会上不同学科、不同领域的人对学术的理解存在一定的差异，对学术评价含义的理解也有差异。西南民族大学的姜春林认为，学术评价是指依据一定的评价目的，对学术研究主体的创造性和研究成果的创新性等进行系统性的识别活动[②]。这个概念主要强调了两点：一是评价目的；二是对学术主体的创造性和研究成果的创新性的识别。张保生认为，学术评价是以学术标准为尺度对学术活动

---

① 科学评价 [EB/OL]. [2020-12-16]. https://baike.sogou.com/v63129916.htm?ch=ww.xqy.xgbk.

② 姜春林. 学术评价学的学科体系及创建策略 [J]. 西南民族大学学报（人文社科版），2018（2）：225-232.

效果做出价值判断的过程[①]。解雯认为，学术评价是指通过一定的评价标准和评价方式对科研人员的学术成果和学术工作进行价值判断的活动[②]。柯莉群认为，所谓学术评价是针对学者、学术成果及学术机构的评论、判断与鉴别。无论是学者、学术成果还是学术机构，其核心要素首先是学术[③]。吴宇认为，学术评价是鉴定学术成果、审核学术质量、指引学术方向的一种学术科研制度，也是高校研究生学术研究活动的基本导向[④]。南京大学的苏新宁等认为，学术评价是指针对学术成果的学术贡献、学术创新、学术价值、学术影响，以及社会影响、应用价值、经济效益等方面的评估[⑤]。中国社会科学院田禾等认为，学术评价是依据一定的标准对学术研究成果进行客观的鉴定、分析，对评价对象的学术能力得出令人信服的结论[⑥]。从这几个定义可以看出，学术评价的对象（或客体）主要是学术成果、学者和学术机构。也有学者提到学术工作，实际上就是学术活动。

综上所述，学术评价是依据一定的评价标准，采用一定的方法，对学术成果的价值进行分析、判断和选择的活动。其中，学术成果是最常见的学术评价客体之一。学术成果评价是整个学术评价活动的基础和核心。其中，占学术成果比例最大的学术论文是学术评价的基础和最终落脚点。学术论文评价是自第一本科学期刊诞生以来就存在的一项活动，是规范学术行为、保障学术环境、激励学术创新、促进学术发展的一项极为重要的工作。科学发展离不开学术评价，学术评价离不开对学术论文的评价。人才评价、项目评审、机构评估、期刊评价、学科评估、科研奖励、学位授予、职称晋升等一切科学活动的评价最终都要落到对学术论文的评价。

---

① 张保生. 学术评价的性质与作用 [J]. 学术研究，2006（5）：5-15.
② 解雯. 构建和完善以代表作为核心的人文学科学术评价体系 [J]. 高教论坛，2015（5）：96-98.
③ 柯莉群. 高校学术评价制度的问题与对策：以厦门大学为个案 [J]. 中国电力教育，2011（17）：25-26.
④ 吴宇. 论建立研究生学术道德和学术规范教育的长效机制 [J]. 中国研究生，2012（3）：46-48.
⑤ 苏新宁，王东波. 学术评价相关问题与思考 [J]. 信息资源管理学报，2018（3）：4-11.
⑥ 田禾. 中国学术评价机制的弊端和改革之路 [J]. 社会科学管理与评论，2013（1）：13-25.

第二节 评价是判断、比较和选择

一、评价是基于判断的比较

在人类活动中,评价具有 4 种最基本的功能:其一是判断功能;其二是预测功能;其三是选择功能;其四是导向功能[①]。

评价,在绝对意义上是判定价值客体对于价值主体有无满足关系的认识活动;而在相对意义上,是判定这一满足关系大小的认识活动。在评价活动中,比较同一类客体,从而做出判断,是如此重要,乃至人们通常将评价简单地等同于一种比较。

英国哲学家 W.D. 拉蒙特,在肯定了价值判断和比较这两种形式后,认为前者虽是后者的基础,但后者更为重要,没有后者评价主体便无法选择,没有后者前者就毫无意义。拉蒙特并进一步认为,从广义上说,这两种形式(判断和比较)都是评价的形式,但从狭义上说,只有后者才是评价[①]。

评价是依据评价活动给定的价值尺度对两个或多个评价客体价值的比较,是从两个或多个评价客体中,进行判断、比较后,选出价值相对较高的评价客体。很显然,学术评价就是对两个或多个学术活动及其要素的价值比较,然后从其中选出价值相对较高的学术活动或学术成果。

例如,文献检索活动。文献检索是广大科研工作者最常用的学术评价活动形式之一。每当科研人员要开展科学研究总会查询同行的相关研究成果。他们通常会从数据库中获得一组相关学术成果,不过由于时间有限、研究问题与目的不同,他们会从这组相关学术成果中选择与自己需求最相关或相似的成果,并下载和阅读。这个文献检索的过程,就是对学术成果的比较、判断和选择的过程。

---

① 冯平. 评价论[M]. 北京:东方出版社,1997.

二、评价是比较基础上的选择

日常生活中，人们（评价主体）确立目的的过程，同时也是选择的过程。而且，目的一经确立，便又面临着选择的问题。通常，对于任何一个目的，实现的途径或方法是多种多样的。也就是说，目的虽然只有一个，但实现目的的手段或途径可以很多。人们可以根据自身的条件、所处的环境，有条件地选择实现目的的手段、方法和途径。科学项目申请活动便是如此。对于一项研究，要解决问题的目标是一定的，但不同的课题组或研究人员会选择不同的研究方法，采用不同的研究方案。

例如，一篇学术成果的评价问题，对其评价是目的，是唯一的。但是为了实现或达到评价的目的，人们有多种方法或途径可以选择。具体地说，可以通过同行评议的方法对其评价，可以利用引文分析的方法对其评价，还可以同时选择利用同行评议和引文分析的方法对其评价。

生活中人们总是首先选择那些他认为最有价值、最有利的手段，利用它达到目的。人类的评价活动也是如此。人们为自己选择目的，更要选择实现的手段。而选择的客观根据是价值，主观根据是评价。也可以说，评价是选择的主观根据，选择是评价的外化或实现。主体有什么样的评价，也就有什么样的选择。

然而，随着社会的发展，事情越来越复杂，涉及的因素越来越多，对事物的判断、比较和选择的难度也会越来越大。事实上，当今互联网的发展，社会已经高度信息化，或者说，我们生活在信息海洋之中，不仅没有减轻人们对事物选择的难度，从某种程度上说判断和选择的难度更大了。信息不仅没有减少我们决策的不确定性，我们反而被杂乱无序的信息所迷惑。因而可以说，我们每个人每时每刻都处在信息判断和选择之中。判断和选择是我们生活的一部分，不存在没有评价的选择，也不存在没有选择的评价。评价是为了选择，选择是评价的目的。我们开展学术评价研究，目的就是使人们面对纷繁复杂的学术成果选择时，降低选择的难度，减少和节省选择的时间。

第三节　评价是分类、预测和推荐

评价是人们生活中常见的活动，在许多情况下，评价的真正目的不是对被评价对象的客观价值做出判断，而是将被评对象进行分类，然后将评价结果较好的一类评价对象推荐给有关组织或个人，如职称评定中对人的评价。因而，评价与分类存在着密切的关系，分类中包含着评价。

分类与归类是同义词。分类是图书馆学术语。实际上，分类就是依据一定的标准将一组事物，依据它们的功能或属性（或原则）分成几个具有相同功能或属性的小组。或者说，将一个集合中的元素，按照一定的原则分成若干个子集。有专家认为，分类是指按照种类、等级或性质分别归类。分类就是将被评价客体按照其特征联合为一个同类总体（组）[①]。按某种标准将事件或物体归类的方法，不同领域有不同的认识，其实本质是一样的，不同的只是分类的标准和原则。

在我们的工作和生活中，时时处处都存在着评价和分类的问题。物以类聚、人以群分，指的就是这个道理。我们的微信群朋友圈，其实就是一个具有相同或相近兴趣和爱好的一个群体。我们查找信息的过程，本身就包含着对信息进行分类或评价的问题。搜索引擎的算法，其实就是一个对信息进行评价和分类的机制。当人们发起信息搜索请求时，搜索引擎就会依据你的请求在它的指引库（或数据库）中进行"比较"，将与你需求相同或相关的信息归为一类并推荐给你。因而，评价的过程也就是对事物进行分类的过程。

不过，评价与分类也存在着明显的差异。分类通常是按照事物的一个特征进行，若同时依据一个以上特征或属性进行分类，就会出现交叉，难以将事物归入相应的类，也就是类之间具有"互斥性"。评价即可依据事物的一个特征进行评价，同时也可以按照多个特征进行评价。一般情况，有组织有目标的评价活动都有一个评价指标体系，包含着被评价对象（客体）的若干个特征或属性。因而，评价通常是对事物多方面特征了解的基础上做出的较为全面的分类。

---

① 达维久克. 应用社会学词典[M]. 于显洋, 等译. 哈尔滨：黑龙江人民出版社, 1988.

第四节　评价是观念活动

评价是一种特殊的观念掌握活动，是一种特殊的反映。包含着以下几层意思。

第一，评价是一种反映，是人作为主体掌握反映对象的一种样式、一种形式。学术评价也是一种反映，是学术评价专家对评价客体——学术成果或学术活动主观认识的一种反映，是评价专家了解、掌握学术评价客体价值的一种形式。

第二，评价反映的不是客观性事实、不是自然事实，而是主观性事实，是纳入社会存在范围的价值事实，是一定的存在、事物、现象对评价主体的意义和价值。通常，我们说学术评价的主观性就是如此。评价专家对学术成果的评价结果，只是评价专家基于个人主观的价值尺度对学术评价客体——学术成果（如学术论文、图书、研究报告等）等的认识，反映的是被评价客体的价值（或者被其认识到的价值）。或者说，评价结果不是对评价客体是什么的客观性描述，只是评价专家对评价客体所认识到的意义和价值。

第三，评价这种反映是借助一定的标准或规范进行的，是以一定标准衡量和测度评价事物、现象之意义的过程。同样，学术评价也需要借助一定的评价标准或规范。但通常并不存在一个唯一的评价标准。这个标准因不同的评价主体、不同的评价目的而不同。这个标准既可以是一个具体的能反映价值主体需求的评价指标体系，也可以是一个较为抽象的评价指南或规范。

第四，评价结果作为价值判断虽也具有描述意义、认知意义，但主要是规范意义或规定意义。评价的任务和功能不在于揭示事物的本质和规律，而在于掌握它的价值的性质、大小、变化及其可能性。评价作为价值这种主体性事实的反映，意味着是价值决定评价，而不是评价决定价值。

第五节　学术评价的类型和本质

叶继元等认为,从本质上说,学术评价是学术交流的一种重要形式,通过学术评价,可以为学者引领学术方向,评估研究得失,进而为学术研究提供一个公正、有序的环境和管理机制,以便于人们追求真理[①]。学术评价本质上是以学术活动及其成果为研究对象,目的是探究如何科学有效地发现和测度学术成果的价值。所以,学术评价的精髓就是通过学术评价深刻了解学术研究的状况,由此引领学术发展[②]。

一、学术评价的类型

依据评价主体对评价客体所了解的程度（实际上也是评价所依据的信息形式）,将学术评价分为以下两种类型。

一是基于内容的学术评价,即基于学术发展内在规律和学科本身逻辑结构的评价方法,如综述和同行评议等。基于内容的评价模式就是以学术成果的语义内容为依据进行的学术评价。显然,基于内容的评价模式是最符合逻辑的学术评价方式。基于内容的评价模式的先决条件是评价主体应该能够认识和理解学术成果的内容,应该对相关的学术领域有深刻的了解和非凡的洞察力。而要满足这样的条件,评价主体非该领域的专家莫属。所以,基于内容的学术评价本质上就是专家评价,或学术共同体同行评价。许多学术刊物采用的专家审稿（或同行评议）就是一种典型的基于内容的学术评价方式。而学术论文中的综述就是最经典的基于内容的学术评价形式之一。

二是基于形式的评价方法,即不对学术成果（评价客体）本身进行研究,主要依据学术成果的外在特征（如发表期刊的影响因子）和学术成果之间的形

---

① 叶继元,袁曦临. 中国学术评价的反思与展望[J]. 中国社会科学评价,2015（1）：65–77,129.

② 苏新宁,王东波. 学术评价相关问题与思考[J]. 信息资源管理学报,2018（3）：4–11.

式联系（如被引频次等），从而描绘出学术研究的形式化图景，从而达到学术评估的目的，如引文分析等。

基于内容的学术评价，理论上是一种最符合逻辑的评价，优势很明显，但缺点也很突出；基于形式的学术评价，本质上是学术成果内容价值外显化的特征，是对基于内容评价的补充。基于形式的学术评价和基于内容的评价方法相反，它主要利用学术研究成果的客观性参量来描述学术成果的客观特征及其与其他成果之间的相关关系，从而达到评价的目的。

这两种方法，各有各的优势，对于每一种单一的评价方法都有一定的局限。无论是基于内容的学术评价，还是基于形式的学术评价，都有优势和局限。因而，针对实际的评价活动，应该选择相对合理的评价方法，然后再辅助其他评价方法。所以，还有人将定性与定量相结合的方法称为综合评价法。

二、文献综述的优势与局限

每当科研人员开始某项科学研究或撰写学术论文时，都会从相关问题或研究的综述开始。综述不仅可以了解学术共同体其他成员关于该问题的研究现状，而且还可以验证自己研究问题的意义和价值。本质上，文献综述的过程就是对相关研究问题的研究成果进行评价的过程，因而文献综述是科学工作者最常见的一种学术评价活动。

（一）文献综述

在各种基于内容的学术评价方法中，最典型的评价模式是文献综述，这是学术评价的最好方法。文献综述简称综述，是对某一领域、某一专业或某一方面的问题或研究专题搜集大量的相关资料，然后通过分析、阅读、整理、提炼当前问题或研究专题的最新进展、学术见解或建议，对其做出综合性介绍和阐述的一种学术论文[1]。一篇优秀的文献综述其实就是一幅学术谱系图。写文献综

---

[1] 文献综述[EB/OL].[2019-11-28]. https：//baike.baidu.com/item/文献综述/3691537?fr=aladdin.

述不仅是为了陈述以往的相关研究,更是要求学科专家对某一时期内相关主题领域里的研究情况做系统梳理和总结,揭示文献之间的关系与研究发展的脉络,重点描绘出一段时期内相关问题的重要研究进展和未来发展趋势。显而易见,文献综述就是一种学术评价活动。

(二)文献综述评价的优点

文献综述之所以是一种理想的评价方式,原因主要有两点:一是文献综述的作者本身就是这个领域的研究者,甚至是领先的研究者,他们对所讨论的研究问题有比较深刻的理解,具有比较敏锐的学术洞察力。二是文献综述是基于对相关文献研究内容的比较和分析,遵循本学科的内在逻辑和研究范式,可以较为准确地判断和描述出该学科相关研究的优势与不足,以及预测未来的发展趋势,由此可以比较准确地对学术研究成果做出评价。

另外,文献综述的目的是回顾学术研究本身的发展历程,描述学术研究的现状和预期未来的发展方向。从目的上讲,文献综述的评价目的比较学术化、比较单纯,这样就使得学术综述更加客观,并确保综述的价值中立。所以,文献综述是一种比较理想的学术评价方式。

(三)文献综述评价的局限

文献综述评价的局限,主要体现在这种评价方法往往受到综述者主观因素的影响。基于内容的评价主要依托评价主体(文献综述的作者或小同行)对评价客体(如学术成果等)内容的理解,这往往受制于评价主体的学识、兴趣、经验、情感等个人因素的影响。这些因素会影响评价主体对评价客体内容的理解和价值的判断,会降低学术评价的准确性、公正性。为了尽量降低这种主观因素的影响,基于内容的评价(如同行评议等)往往需要多个评价主体从不同的方面进行评价,就像一篇论文会有若干个专家评审一样,这样会有效降低主观因素对学术评价所产生的负面影响。

综述往往是一个人对不同时期多个学术共同体成员的多篇学术成果的分析和述评。要达到对每篇学术成果的背景、视角、方法和结论全面了解和理解是很困难的。这不仅受专业因素影响,还有时间和经济因素。因而,综述虽然是学术评价最好的方式之一，但其主观性和局限性也是客观存在的。

三、学术评价与学术批评的区别与联系

（一）学术批评及其类型

学术批评是指遵循一定学术规范，以学术问题为对象，不同观点的讨论、商榷、评析赞同、反对、批评与反批评[①]。通常，学术批评主要有书评式批评、切磋争鸣式批评、打假式批评等。

①书评式批评是常见的一种学术批评形式，许多专业期刊都设有书评专栏。高质量的书评，不仅要求具备丰富的知识，并对所评书籍的内容有透彻的了解，而且对所评书籍的优点、缺点都要说得清清楚楚，不能做模棱两可之言。此外，书评式批评不应仅仅局限于原书的具体内容，有时应对原书所涉及的重要问题发表自己的看法，把问题引向深处。

②切磋争鸣式批评是指通过对学术流派、作品和观点的批评、讨论、商榷、回应、争鸣，在学者之间互相砥砺，共同撞击中迸发思想火花，点燃智慧之光，提炼思想精品，推动学术发展。切磋争鸣式批评是学术批评的主流，是学术批评的重心所在。

③打假式批评通过揭露典型的粗制滥造、抄袭剽窃、假冒伪劣之作，警示学术腐败的危害性，呼吁学人守住底线，阻止道德的进一步滑坡。其侧重点是揭示科学研究中的故意越轨行为。

（二）学术评价与学术批评的区别

学术评价与学术批评有时候很难区分，因为它们具有一些共性，从广义上说，学术批评也是学术同行的一种评价。但从狭义上说，它们之间具有以下三点区别[②]。

---

① 学术批评[EB/OL]. [2020-05-19]. https://zhidao.baidu.com/question/1579403114469100020.html.

② 张保生. 学术评价的性质与作用[J]. 学术研究，2006（2）：5-15.

第一,学术评价的社会性和学术批评的私人性。如果说学术评价是同行学者对评价对象是否符合一定学术标准及符合程度做出权威判断的学术活动,那么,学术批评就是同行学者对评价对象做出个人判断的学术活动。学术批评带有某种主动性,即使不申请,批评也会落到研究者头上来。

第二,学术评价具有权威性,它是由评价机构主持的评价活动。学术评价的权威性与评价机构的中立性、公认性有关,如果没有评价机构主持,学者之间自发的学术批评,就会因其缺乏统一标准,各种评价结论可能互相冲突,从而失去权威性。学术评价的权威性还来源于公正性和客观性。公正性主要指学术评价制度和程序的公正性,评价结论的公正性只是其副产品;客观性主要指评价结论与评价对象实际情况相符的程度,歪曲性评价是学术评价的大忌。所以,学术评价要求建立公正的制度和程序,统一标准,实现评价工作规范化。而学术批评则不需要这些条件,个人行为的特点比较明显。所以,人们一般不用权威性对自由的学术批评进行挑剔。

第三,学术评价遵循民主原则,学术批评则遵循自由原则。学术评价以少数服从多数的民主形式对评价对象做出判断,它所体现的是程序正义而非实质正义。用投票的方法来裁决学术价值的有无或学术水平的高低,有时会造成多数人的暴政或程序暴政,因为真理有时掌握在少数人手里。罗尔斯就对程序正义的绝对化有所保留,他说:"我们不能因为一种特殊结果是在遵循一种公平的程序中达到的就说它是正义的。这个口子开得太大,会导致荒唐的不公正的结果。"[①]在这个问题上,与其说推崇程序正义的人放弃了对实质正义的追求,不如说追求实质正义受到人的认识和实践能力的限制,人们不得不做出这种选择。如此,只要大家在投票前接受了学术评价的标准和程序,就必须接受投票的结果,并且不能认为多数人的决定不公正。绝对公正,可望而不可即,人们只能退而求其次,让民主程序发挥错误过滤器的作用。

---

① 约翰·罗尔斯.正义论[M].何怀宏,何包刚,廖申白,译.北京:中国社会科学出版社,1988.

四、学术评价的本质是促进学术发展

任何事物（无论物质的，还是精神的）都是由一组属性构成的。事物之间的差别就是本质属性的不同。事物的发展和变化就是其属性值的改变。离开了属性，事物就不存在了。或者说，根本就不存在没有属性的事物。因而，尽管学术评价本质上也是学术活动，但它与一般意义上的学术活动是不同的，是存在区别的，学术评价有其自身的属性和特点。

学术评价是评价的一种类型。其评价客体主要是与学术活动有关的各类客体，如科研人员、科研项目、科研成果等。狭义上通常是指学术成果评价。学术评价也是科研工作者一种普通的学术活动，伴随着科研工作人员学术活动的各个环节。由评价的本质可知，学术评价也是一种特殊的观念活动，是关于学术成果的价值判断、比较、选择、分类和预测等的活动。但学术评价的客体主要是学术成果，学术成果具有自己的特征和属性，因而学术评价有其自身的特殊性。

学术评价亦称理论评价，是对一定的理论、学说、观点、方法的学术价值或理论价值的评估或预测[1]。理论价值不同于其他价值的地方不在于其客体是理论，科学理论也可以具有很重要的实用功利价值，即所谓的社会价值，或者说社会价值也可以以理论为对象；而在于它是专指一定理论对于学术发展、理论发展的价值，亦即对人类求知、求真的价值，对人们求知、求真需求的满足。

学术评价是一种价值判断。"评价，即评定、估量、比较价值，是人把握价值的主要精神形式[2]"。学术评价所要把握的价值是研究成果的学术价值，是它对人类知识体系的贡献，因此，对机构、团队或学者的评价往往都是通过对研究成果学术价值的评价来实现的。

概括地说，学术评价的本质是促进学术发展，更重要的是能够促进学术的

---

[1] 马俊峰. 评价活动论[M]. 北京：中国人民大学出版社，1994.
[2] 李德顺. 价值新论[M]. 北京：中国青年出版社，1993.

未来发展和引领学术研究。学术评价应当重视学术规律和学科特征，通过对重要研究领域的探索和深度分析，发现各领域未来的发展趋势，引领科学研究发展。因而，本质上，学术评价对学术研究具有促进、监督、规范、传播等积极的引导作用。

第三章
学术评价的理论基础

学术评价作为一类认识世界的学术活动，其研究对象是学术活动及其相关要素，目的是如何有效地对学术活动及其成果价值进行分析、判断或测度。学术评价不是直接测度学术活动及其成果的价值，而是发现、预测它具有某种价值的概率。或者说，学术评价研究不是探究与测度被评价客体自身的价值，而是研究如何分析、判断、比较和预测评价客体具有某种价值的方法。

第一节　评价的相关概念

评价来源于人们的生活实践。评价是指对一件事、物或一个人进行分析、判断后的结论。我们生活的世界就是一个复杂的社会评价系统，包含众多的标准、准则和观念。其中，文化就是最庞大、最复杂的社会评价标准和评价系统。

一、何谓评价

评价就是评价主体对评价客体价值的判断。它是一种认识活动，它以主体对客体的认识为基础，揭示客体对于主体的价值和意义。评价并不创造价值，它只是揭示客体的价值，即判断客体有无价值、有什么价值、有多大价值。评价客体自身的功能、价值和意义是评价主体判断价值的前提。

价值包含两个因素，即客体属性和主体需要。一方面，价值离不开物（客体）的内在属性，物的内在属性是价值的物质承担者；另一方面，价值离不开人（主体）的需要，需要是人类生存和发展，以及进行各种活动的内在动因和客观依据。按照马克思主义哲学的观点，人的需要即人的本性，没有人的需要便没有价值。

例如，学术论文的价值。学术论文的价值同样包含着两个因素：一是学术论文自身的新思想、新观点、新方法等创新知识元。这些具有创新性的知识元承担着学术论文的学术价值。二是学术共同体成员对其的引用。学术论文间的引用关系恰恰反映了被引学术论文对施引文献作者的需要。但是，并不能简单地认为，一篇学术论文没有引用就没有价值。历史上出现过一些"睡美人"论文。在一定时期内，其内在的学术价值未能被学术共同体其他成员所认识，表现为 0 次引用。但经过一段时间后，当它被人们认识时，就会进入高被引状态。但是，整体上还是遵循马克思主义哲学观点的，若一篇学术论文在整个生命周期中，没有学术共同体成员引用，就没有价值。

但是，价值的这两个因素不能各自成为价值，只有当主体和客体发生关系，两个因素结合起来时，才能产生价值。因而，哲学中的价值，已经抽象为物质满足人和社会需要的属性，也就是物对人和社会的有用性，是物对人类社会有积极意义的东西。

概括地说，价值就是客体属性对于主体需求的满足。有满足就有价值，没有满足就没有价值；有价值的东西就是能够满足我们需要的东西。因而，我们可以将评价定义为一种价值判断活动，是客体满足主体需要程度的判断。也就是说，评价是依据一定的标准（价值尺度），运用科学合理的方法，对人和事（评价客体）进行价值判断的活动。评价具有主观性、客观性和相对性。

二、评价的类型

人们通常从评价的一般性质和特点对其进行划分。

①依据评价的时间特点，评价可分为事先评价（预测性评价）、事中评价（过程性评价）和事后评价（追溯性评价或总结性评价）。例如，期刊论文发表之前的同行评审，项目审批之前的同行评议都属于事前评价或预测性评价。也就是在知识发表和批准之前，对其价值进行预测。项目结项时的专家评审就属

于事后评价，而项目中期检查就属于事中评价。

②依据评价结果的性质，分为正确评价和错误评价、正当评价和失当评价、有效评价和无效评价、合理评价和不合理评价。

③根据评价过程的特点，分为肯定评价和否定评价、绝对性评价和相对性评价、盲目评价和自觉评价、随意评价和非随意评价、理性评价和非理性评价。

④根据评价的层次，分为本能式的或下意识水平的评价、心理—情感水平和观念水平的评价等[①]。

⑤依据评价信息的特点，分为定性评价和定量评价。这是最常见的分类方式，也是最常用的评价方法。我们熟悉的同行评议就属于定性评价，而文献计量法、引文分析法和标杆法等都属于定量评价。

三、评价活动的要素与职能

（一）评价活动的要素

评价活动与人类的其他活动一样，也由多种要素构成。评价活动是由评价者（评价组织者和评价主体）、评价标准（评价指标体系，评价主体的价值尺度）、评价客体（被评价的对象，如学术评价中的学术成果等）等要素构成的。在评价活动中，评价主体通过评价组织者提供的评价标准（价值尺度）对评价客体做出判断和选择。

在实际的评价活动中，由于评价活动的组织者往往是评价的价值主体，但并不对评价客体进行实际的评价，为了区别评价组织者和评价者，本书将评价组织者称为评价活动主体，实际的评价者称为评价主体。另外，由于评价是对评价客体的价值判断，本书将评价活动中所依据的评价标准或指标体系等统称为价值尺度。

除了这些要素外，评价活动还有一些相关要素，如评价参照物或参照系。如前所述，评价是基于判断的比较。没有比较，就没有评价。若有比较，就必

---

① 马俊峰.评价活动论[M].北京：中国人民大学出版社，1994.

须有参照物。但通常在评价活动中，评价组织者并没有提供或明确评价参照物，这是由于评价参照物存储在评价主体的大脑中，当评价主体进行比较时，就会调动大脑中的参照物，与评价客体做出比较。这也是为什么同行评议一定要选择"小同行"评议的重要原因。不仅"小同行"具有相似的研究范式和知识体系，能够认识被评价学术成果的价值，同时"小同行"了解相关研究主题或问题的研究现状，也就是大脑中有一个"潜在的评价参照系"。

概括地说，评价活动要素有评价活动主体（也就是评价活动组织者）、评价主体（实际的评价专家）、评价客体、评价标准和评价参照物等。有时，评价活动主体和评价主体合二为一，这在日常评价活动是比较常见的。另外，评价参照物在评价活动中是客观存在的，但通常它并不直接显现，而是隐含在评价主体的大脑中。

（二）评价活动各要素的职能

评价活动的要素在评价活动中具有不同的职责和功能。以期刊杂志社的同行评议为例。期刊杂志社为了选择发表对其读者群有较高价值的学术论文，通常在论文正式发表之前，组织同行专家对投稿的论文进行同行评议，杂志社的主编会参考同行评议结果做出是否录用的决定。在同行评议活动中，杂志社是同行评议活动的组织者，而同行评议专家是评价主体，杂志社为评议专家提供的论文评议参考框架就是评价标准。

1. 评价主体的职能

人类的任何活动都是有目的的，是主体在活动之前预先构成的某种价值状态。目的的选择和确立，要以一定对象及条件的认知为基础，但核心的东西是价值和评价。在实际评价中，评价主体会不断地修正自己的价值尺度，使得评价结果与自己预想的目标相一致。因而，评价是基于一种特定目的的价值判断活动，不同时间、不同评价目的，或不同评价情景、不同评价主体，其评价结果不具可比性。评价主体在评价活动中是评价信息的收集、整理、分析和处理者，是评价客体的价值判断者。

2. 评价活动主体的职能

评价活动主体是评价活动的组织者，在评价活动中发挥着组织管理职责。

具体包括以下3个方面的职责：一是评价活动方案的制定与实施；二是评价主体的选择；三是评价标准的提供或制定。

3．评价客体的职能

评价客体在评价活动中是评价主体的认识对象，是价值关系的主要承担者之一。

4．评价标准的职能

评价标准在评价活动中发挥着价值尺度的功能。它是由评价活动主体提供的，是判断评价客体价值大小的尺度。

5．评价参照物的职能

顾名思义，评价参照物在评价活动中发挥着与评价客体功能或属性进行对比的功能。

简而言之，学术评价属于一种常见的评价活动，是学术共同体成员对学术活动或学术活动要素（如学术成果）的价值判断活动。学术评价也是评价主体基于某种目的对学术成果的价值进行判断的过程。相比生活中的一般评价活动，学术评价相对复杂，其评价客体——学术成果的价值具有一定的隐含性，对其价值的判断，需要一定的方法，具有一定的难度。

第二节 评价活动论的研究角度

对于任何科学问题的研究，研究视角不同，其研究思路和方案（或路径）也不同。评价活动通常有4种研究角度：心理学、语言学、认识论和价值论[①]。

除此之外，笔者认为，学术评价的客体是学术成果，包含着丰富的信息和知识，对学术成果价值分析和判断的过程，也是对其包含信息和知识的处理过程，因而如何科学有效地认识和处理学术成果内的信息和知识，是学术评价应该研究的重要问题。特别是处于网络化、数字化和数据化时代，万物皆数据，万物皆计算，因而，信息管理学应成为学术评价研究新的重要的研究视角。

---

① 马俊峰．评价活动论[M]．北京：中国人民大学出版社，1994．

一、心理学的研究视角

在西方，一些人（如艾耶尔等）认为，价值存在于评价之中，它是一种心理现象或情感现象，而评价就是对情感的表露和表达。他们主张价值判断是没有意义的，认为它仅仅表现了评价者的情感和情绪，没有所指的事实。

我们认为，评价过程中包含或涉及评价者大量的情绪、直觉这类非理性因素，因而从心理学角度充分揭示这些因素形成的机制和作用，对于评价活动研究具有重要意义。

例如，同行评议结果的主观性与不公正性。在同行评议中，评议专家往往带有某种个人主观认识或偏见，基于自己的价值取向和认知水平（可以称为认知图式）去审视被评议的学术成果，同行评议意见通常带有某种主观性，因而从心理学角度分析评议专家在评议过程中的心理活动很有意义。

再如，基于引文分析的学术评价，理论上引文是施引文献的作者对被引文献的选择和判断，但实际上作者的引文动机十分复杂，因而从心理学的角度分析作者的引文动机，对于引文分析结果的主观性和科学性也很有意义。

但是，如果因此就把评价归结为非理性的直觉活动或情感活动有失偏颇。其实，更重要的是，评价活动不是纯个人的心理活动，而是社会性的，受社会价值取向、价值观念的影响活动，是社会化的人把握社会化的对象的价值观念的活动。因而，学术评价是一种学术活动、社会活动，在评价过程中评价主体由于个人所处的文化环境，所受的教育，自觉或不自觉地夹杂着某种个人主观情感是一种客观现实。但是，学术评价，如同行评议，是社会活动，具有社会属性，评议人的评议结果，会受到其他学术共同体成员的评价。

心理学的研究角度，就是要剖析评价主体的心理活动规律，以及产生这种心理的原因，采用何种评价机制减少评价结果的主观性。现在，国内外都在探索"开放同行评议"问题，希望通过这种评价模式，减少同行评议活动中评议专家的主观性及个人情感因素。客观地说，评议专家的主观性是客观存在的，并不是采用什么方式就能够消除的。专家评价结果的主观性是由其个人价值取向和认知框架决定的，受其认知图式的影响，并不会因为开放了评议结果，就可以消除。

二、语言学的研究视角

近年来，随着大数据和人工智能的快速发展，人们希望计算机能够处理文本信息，理解文本含义。因而，文本分析（本质上是语言分析）与计算机自然语言处理技术越来越受到重视和发展。语言分析包括语义分析、语法分析、语用分析和语音分析等。现在语音技术获得了前所未有的发展，并在一些领域得到了较好的应用。但文本分析还主要停留在小句之下的语词分析，以及基于小句的语义依存、语法依存分析等方面。事实上，仅仅通过语言分析试图把握和揭示文本作者所要表达的意思是很困难的。至少目前是这样。

评价与文本或语言所表达的内容与方式既有联系又有区别，不仅有"言不尽意"的问题，也有语义遗漏的问题，更有社会文化背景等其他方面的问题。生活中所说、所写、所想与所做是几种不同的现象。在评价活动中，既有理智的观念层次，又有下意识的层次和情感的心理层次，句子分析、价值判断等多是对理智层次评价的表达。即使假设语言表达没有言不尽意的问题，那也仅仅只能说明它与理智的观念层次的评价有密切关联，它无法穷尽评价其他层次的内容。

同行评议是当前应用最广泛的评价方式，也是存在争议最多的评价活动之一。究其原因，一方面是来自同行评议的机制及同行评议活动的管理；另一方面从语言学看，存在着客观的问题。例如，评价专家对评审客体——学术成果文本语义的理解，以及被评审客体的作者想要表达的思想与语言符号（文本）所表达的含义，都存在一定的区别。这不仅是作者的语言表达能力和水平问题，还有语言符号自身的问题，也有评议专家的认识问题。因而，同行评议的主观性，不仅仅是评价主体的心理因素，从语言学角度看，也有其客观性。

学术评价的语言学研究角度，主要研究以下问题，如何科学揭示评价客体的语义、学术成果的语义描述有何规律、影响学术成果文本语义理解的因素有哪些、如何使"作者所想""文本所表达"与"评价者所理解"相一致等。从当前看，计算机自然语言处理技术对学术论文等这样的长文本语义理解还有困难，但要真正减少学术评价结果的主观性，理论上需要减少人（评价主体）的参与，让机器参与评价是一个值得探索的研究方向。

三、认识论的研究视角

认知是评价的前提,没有对评价客体的认知,就不能对客体进行正确评价。研究评价问题,就必然涉及认识论。基于认识论对评价研究的角度有两种:其一是把价值理解为价值客体(评价客体)的某种属性,评价就是对评价客体这种属性的认知。这实际上就是将评价等同于认知,否定了评价与认知的区别。其二是承认评价与认知的区别,承认价值是不同于科学事实的一种存在。很显然,评价不同于认知,但二者又紧密联系。对评价客体的认知是评价的基础,而评价又是为了对评价客体更好地认知。因而,既不能将二者等同,又不能将二者对立。

评价活动有两种存在形态:一种是依附性;另一种是相对独立性。评价与认知、知识紧密联系,但二者的地位和比重是不同的。在前者中占主要地位的是认知和知识,评价为认知服务,处于依附地位,这就是认识过程中的评价。同行评议实际上遵循这一理念,希望通过同行专家对评价客体的认识、理解,最终实现科学评价。在后者中,认知、知识则处于次要地位,它们服务于评价目的,如在道德评价和审美评价中就是如此。这是评价的典型形态。

认识论的研究角度也有一定的局限性。认识论视角的研究由于没有抓住评价的典型形态,因而无法揭示评价活动的特有本质和规律。另外,评价活动的一个突出特点是评价标准的先在性,评价是依据一定的标准来衡量对象(评价客体)的价值。如果按照价值感知、价值表象、价值概念的方向去研究,势必把评价等同于认知。

情感、兴趣和偏好等在评价中起着十分重要的作用,这是不同于认知的。要保证评价的客观性,就必须排斥这些因素。认知的最高极致是真理,真还是假,是判断一定认识成果的根本尺度,而在实际评价中,真理显然没有这么高的地位。这其实是说,认识论的研究角度也有一定的局限性。

评价与认知既有区别,又有联系。评价不同于认知,但认知在评价中具有十分重要的作用。科学的评价是建立在对评价客体的正确认知基础之上的,或者说没有对评价客体的科学认知,评价的合理性就会受到质疑。

简单地说,我们研究学术评价,就需要研究在学术评价中,评价主体是如何对评价客体（学术成果或学术活动）进行认知的？以及如何使评价主体能够快速、有效、准确地对评价客体进行认知？影响评价专家对学术成果价值认知的因素是什么，以及如何有效地克服那些对评价主体认知产生影响的因素等，这些都是需要从认识论角度去研究科学评价的重要问题。

四、价值论的研究视角

何谓价值论研究角度？简单地说，就是从人与世界的价值关系出发，从价值客体与价值主体的辩证关系出发，分析研究评价活动，判断评价客体对评价主体的价值，或者发现评价客体与主体的关系。因而，评价就是个人主观把握这种价值关系的活动，是人揭示事物的存在和变化对自己意义的活动。

评价也可以理解为一种信息转换和处理的过程（这是从信息论的角度看问题），但它更注重信息的"语用"方面，而不是"语义"方面，或者说更注重它的用途意义，而不是真假意义。但对于学术评价来说，并非如此。学术成果通常存在学术价值和社会价值，特别是学术价值，不同于普通商品的使用价值。若评价的目的是对学术成果的学术价值判断，那么就应更加重视学术成果的语义方面；若评价目的是学术成果的社会价值，那么就应注重对其用途意义的分析。例如，"研究综述"是学术论文中的一种类型，学界通常认为它是对前人成果的总结，没有创新性，也就不具备学术价值，但是"综述"通常是阅读量最大和被引频次最高的一类论文，这体现了其社会价值（或使用价值）。

从价值论研究评价有以下4点：①评价活动论从属于价值论，是价值论的一个重要组成部分。评价与价值的关系问题是价值论中的基本问题。②评价作为价值意识的对象活动，要求研究评价必须对价值意识的产生、价值意识的生理—心理基础和实践基础做出必要的探讨，对评价与认知的实质性区别做出合理的界定和说明，从而揭示出评价活动的特点与本质，揭示出情感、信念等非理性因素在评价中的特殊作用（其实就是说，评价的主观性具有一定的客观必然性）。③价值论是哲学层面上的研究，评价也就不能局限于某一种具体的评价活动。④价值论的研究视角并不排斥其他研究视角。

基于价值论研究学术评价，首先，要研究学术成果的价值表现是什么？或者说，学术成果与社会、与人们的关系是什么？学术成果满足了或能满足人们的哪些需求？其次，要研究人们如何认识学术成果的价值？学术成果的价值有哪些表现形式？学术成果的价值是如何形成的？哪些价值是客观的，哪些价值是主观的？等等。

五、信息管理的研究视角

评价就是评价主体依据评价标准和一定的信息对评价客体的价值做出分析和判断的过程。评价活动始终伴随着评价信息的运动。评价的过程实质上就是评价主体基于一定的方法对评价客体信息的获取与处理、分析和判断的过程。因而，评价结果是否科学合理，不仅取决于评价方法是否科学，还取决于对评价信息获取的准确度和丰富度，以及对评价信息处理方法是否科学等因素的制约。

当前，同行评议和文献计量法是学术评价活动中最常用的两种方法。人们常依据这两种评价方法在评价过程中使用信息的类型，将其称为定性评价和定量评价。同行评议和文献计量法也是存在争议较多的评价方法。其中，与评价过程中所使用的信息及对信息的处理方式存在着密切的关系。以文献计量法为例，文献计量法对学术论文评价的依据是被引频次，也就是评价信息。通常人们认为被引频次是客观的数值型数据，因而评价结果较为客观。其实，每次引用都是施引文献作者的主观活动，都包含着作者的引文动机。这些信息都"隐含"在被引频次的数据之中，如是谁引用？引用动机是什么？引用情感是什么？引用的具体内容是什么？引文在被引文献中的位置，以及引文在施引文献中的位置等信息。只有将隐含在被引频次之中丰富的信息揭示出来，并应用于文献计量法的评价之中，其评价结果的科学性才会进一步得到人们的认可。

评价的信息管理研究视角，其研究对象是评价活动中相关要素的信息，研究问题是评价客体、主体、参照物、参照系等信息的获取、分类与处理的科学方法。评价的信息管理研究视角为图书情报学与评价学的交叉融合提供了新机遇。

六、机器学习的研究视角

机器学习（Machine Learning，ML）是一门多领域交叉学科，涉及概率论、统计学、算法复杂度理论等多门学科。专门研究计算机怎样模拟或实现人类的学习行为，以获取新的知识或技能，重新组织已有的知识结构，使之不断改善自身的性能。评价是我们人类认识事物的一种活动。但是随着社会的发展，人们不仅需要认识越来越复杂的事物，还需要对越来越多的事物进行评价，这给传统的、以人为主体的评价活动带来了巨大的挑战。如何快速有效地对事物进行科学合理的评价，是我们今天不得不面对的现实问题。

云计算、大数据和机器学习（人工智能的核心技术）的快速发展，为我们快速有效地认识和评价事物提供可能。这些技术能够促进人们对复杂事物的认识，提高或拓展我们的认知能力，弥补或完善我们个人的认知局限，减少或降低评价的主观性，从而提高评价的科学性。

评价的机器学习研究视角，有待研究的问题是如何让机器辅助人进行评价活动、如何让机器辅助收集评价客体的信息、如何让机器辅助处理评价信息与评价结果等。例如，如何利用认知计算技术对学术成果的价值进行预测等。通常，一项科学研究的研究报告有十几万字之多，需要评审专家一个月的时间完成研究报告的评价任务。不仅时间长，而且研究报告涉及的文献资料和信息来源多，处理复杂，机器能否协助评审专家获取和处理这些基本的资料和信息，节省评审专家的时间，提高评审的效率呢？再如，学科评价，一级指标和二级指标有几十个，能否让机器协助处理？

第三节　学术评价的理论基础

一、价值论

评价不是研究评价客体的价值，是发现或判断它的价值。

价值是价值主体与价值客体关系的和。价值是对人的价值。价值与人的需求密切联系。价值认识每时每刻都不能脱离人和人的需要。评价不是研究评价客体（被评价对象）的价值，而是发现或判断它的价值。同样，学术评价也不是研究学术活动客体的价值，而是研究发现或判断其对于学术共同体其他成员的价值。学术成果的价值与学术共同体成员密切相关。

学术评价并不创造价值，它只是揭示学术成果或学术活动等评价客体的价值，即判定学术评价客体有无价值、有什么价值、有多大价值等。学术成果自身具有价值，是评价的前提。评价客体的价值包括两个因素：一是客体属性；二是主体需求。学术成果的内在属性是价值的物质承担者。人的需要不能排除在价值认识的内容之外，它构成了价值认识的重要组成部分。在价值认识中，人的需要则是作为认识的一种尺度、一种成分，以直接的方式影响着活动。同一事物与不同需要的主体相联系，构成了不同的价值关系，产生了不同的价值认识。这就是价值主观性的根源，也是同行评议结果具有一定主观性的根源。

评价是一种价值认识活动，因而评价是评价主体对评价客体价值认识的主观活动，具有主观性。因而，任何由人开展的评价活动，无论目的是什么，也无论方式方法如何，其评价结果都具有一定的主观性。这种主观性取决于每个评价主体对评价客体价值的认识。例如，同行评议是学界在学术成果评奖或鉴定、项目评审和人才管理中最常用的一种评价方法。通常，评价组织者（通常是科研或人事管理机构等）出于某种管理目的和需要，组织一组专家（学术共同体成员）对一组（$n \geqslant 1$）评价客体（科研项目或学术成果或科研人员）的价值（评价客体的价值属性）进行判断，评议组每个成员由于认知水平和价值取向不同，评价结果必然包含每个人的主观认识和判断，也必然存在一定的差异。因而，在同行评议等的评价活动中，不同的评价者对同一学术成果的评价结果存在差异是客观的、合理的。因而，同行评议结果的主观性是由这种评价机制和方法决定的。我们可以对同行评议的相关要素和程序做一定的优化，减少主观性，但永远消除不了。或者说，同行评议的主观性是客观存在的，这是这种评价方法的一种客观局限。

概括地说，一个事物就其自身或其客观属性来说，其价值是客观的、绝对的。这也是对其评价的前提和基础。但就其对不同主体的需求来说，价值是主观的、相对的，价值的大小因人而异。例如，对一本书价值的评价。一本书的内容是作者劳动创作的精神作品，其内容包含着作者一定的劳动价值，是客观的，或者说，作者通过写作这种创造性的劳动方式，将自己的精神思想赋予了作品，也可以说作者将自己的富含某种价值的精神思想，希望通过作品这种形式转移给读者。从这些方面来看，书的价值是客观的。其价值大小由作者的思想水平和所付出的劳动所决定。但是，书是给读者看的，每个读者从书中得到什么启发、得到多少启发，一方面与读者自身的文化素质、生活、工作和学习阅历与社会环境等多方面的因素有关；另一方面与读者阅读的动机有关。因而，每个读者对于书的感受是不同的，价值（或需求的满足）是不同的，评论也是不同的。书对于读者来说，价值是主观的，是相对的。因而，对一本书或一个事物的评价，不能仅从其自身的客观（价值）属性出发，还必须考虑其目标用户的实际需求。

二、认识论

评价不是陈述，而是分析、是权衡、是预测、是判断，是一种认识性活动[1]。

认识是评价的前提或基础。只有能认识或被认识的事物才可以评价。如果客观存在着的一切事物都是可以认识的对象，那么唯有价值的对象性即客体的社会存在，才是评价的对象[2]。评价是主体对客体价值的揭示活动，它以评价主体对评价客体的认识为基础，揭示评价客体对于评价主体的价值和意义。

评价在本质上属于认识，具有认识的一般特性。评价是认识的一种特殊形式，具有一般认识所不具备的特点。因此，评价是一种特殊的认识活动，即价值认识活动[3]。评价作为认识价值的一种观念性活动，它既属于价值论研究的范畴，同时也属于认识论研究的范围[4]。

无论是评价的客体，还是评价的主体；无论是评价的过程，还是评价的结果，就它们的性质而言，与认识的主客体及对活动的认识，都不相同。认识判断和评价判断在功能方面是有区别的。主体在认识过程中意识到的是客观现实，而在评价中意识到的则是所认识的现实是什么，以及自己在现实中处于怎

---

[1] 约翰·杜威. 评价理论[M]. 冯平, 余泽娜, 译. 上海：上海译文出版社, 2007.
[2] 马俊峰. 评价活动论[M]. 北京：中国人民大学出版社, 1994.
[3] 袁贵仁. 价值学引论[M]. 北京：北京师范大学出版社, 1991.
[4] 冯平. 评价论[M]. 北京：东方出版社, 1995.

样的地位。

认识的本质反映,是主体把握世界的方式或过程。认识的基础是实践,这是马克思主义认识论最基本的观点。学术评价同样需要以学术实践为基础,在学术实践中不断地发展完善,并得到学术实践的检验。评价作为一种主观的活动,只有在实践中才能检验其科学性和有效性。例如,一种学术成果的评价方法是否科学,只有将其应用在广大科研人员的科学实践活动中。在科学研究过程中,广大科研人员利用此评价方法,能够科学地判断和选择自己需要的学术成果,也就是自己对学术成果的评价需求达到有效的满足,那就证明该评价方法是科学的。

评价和认识是主体和客体相互作用的两种特殊形式。它们共同构成人类完整的认识。我们无论认识何种客体,都既要认识它的自然属性和客观规律(事实认识),又要认识它对于人和人类社会的意义(价值认识)。只有这样,才是对客体的全面认识。即把狭义的认识根据其所反映的对象称为"事实认识",而把价值评价称为"价值认识"。所以,认识就有了两种形式,即事实认识和价值认识[①]。

在价值认识活动中,人的需要则是作为认识的一种尺度、一种成分,以直接的方式影响着活动。同一事物与不同需要的主体相联系,构成了不同的价值关系,产生了不同的价值认识。

价值认识具有很强的主体性、主观性和相对性。价值认识不仅相对于一定条件的某一事物,而且相对于一定条件下的某一主体(人)。它不仅随着事物及其条件的变化而变化,而且随着价值主体(对价值判断者)及其条件的变化而变化。客体不同,价值认识不同;主体不同,对同一客体的价值认识也可能相同。

对于价值认识的科学研究,正确揭示价值认识的方法、途径和规则,对于人们在实践中获得正确的价值评价是十分有益的。无数事实证明,无论进行何种形式的价值认识,只有当我们弄清了客体属性、主体需要、评价的参照系等多方面的事实情况时,才可能评价客体的意义。

---

① 刘则渊,韩霞. 大学评价的理论基础和指标体系[M]. 北京:华夏出版社,2005.

①评价是人们认识客观事物的一种特殊的认识活动。认识是一个辩证的过程。列宁说过,"所谓认识就是由不知到知的转化"[①]。学术评价作为对学术成果(客体)意义或价值的判断,也就是实现评价主体(专家学者)对客体意义和价值从不知到知,从知之不多到知之较多的发展过程。它需要经历实践、评价、再实践、再评价这样循环往复的发展过程。

评价是一种特殊的认识活动。因而,评价结果也同认识结果一样,是由概念、判断、思想和观念等认识因素构成的。认识与评价密切相关,认识活动(包括事实认识和价值认识)是科学评价的基础。科学评价就是在事实和价值认识的基础之上,评价主体对评价客体的价值、意义或影响等所做的合理判断。

②评价的目的是寻求同行认同,社会承认。我们说,某人口碑很好。其实这就是说,某人在这个"群体"中得到了相对多数人的认同。学术评价亦是如此。我们说,某篇学术成果很好,是指这篇论文所属学科的学术共同体对这篇论文的认同、对其学术价值的肯定。从一定程度上,我们认为,引用也是施引文献作者对被引文献的认同,因而基于引文频次的评价也具有一定的科学性和合理性。

③评价是一种价值认识和判断的行为,即价值评价。认识是评价的基础,同时科学评价也是人们准确全面认识事物的一种有效方法,对事物的科学评价有利于其他人去认识被评价的事物。

简单地说,评价就是在对事物(评价客体)认识基础上所进行的价值判断活动。本质上,评价是一种对评价客体价值的判断过程及认识过程,因而评价也是一种认识活动,是一种对事物价值认识的活动。因此,认识论和价值论是评价的理论基础。

三、科学社会学理论

评价是文化认同,是价值认同,是社会承认。

任何评价活动都不是孤立的。评价组织者都有明确的目标或目的。任何评

---

① 列宁. 列宁全集[M]. 中共中央马克思恩格斯列宁斯大林著作编译局,译. 北京:人民出版社,1972.

价活动都会受到当时的社会环境（科学、经济、技术和文化等）所影响。因而，评价是一个系统问题。我们对某物、某人的评价，总不能孤立地对其及其属性加以评价，而总是和其他事物或人进行比较。也就是任何评价都不能脱离其所处的环境、所在的系统。因为任何事物都不是孤立的，总是或多或少地与其他事物存在着这样或那样的联系。这些联系可能是直接的，如可能具有相同的角色等；也可能是间接的，基于第三方的联系，如都认识某个人，或都在某个学校学习过等。

例如，一个人有多个角色，实际上就是他（她）同时存在于多个系统之中。一个人是家庭的一个成员，在家庭这个系统中有一个角色；同时他（她）是其所处组织的一员，在这个组织系统中他（她）有自己的角色，即使一个人没有参与一定的组织，那么他（她）也是社会大家庭的一员。我们对他（她）的评价，只能基于他（她）所处的某个系统，基于他（她）所承担的角色进行评价。一个人在一个系统中所承担的角色，就相当于他（她）在这个系统中，具有某种属性，与他人具有某种关系或价值。我们对他（她）进行评价，就是基于某个系统对其某种属性的评价。当前的一些评价活动中，明显存在跨系统交叉评价的现象。例如，对某项目申请书的评价。本质上，我们应该将该项目拟研究的问题放在其所在的学科主题领域之中，从学科发展脉络和相关问题谱系分析、判断其潜在的研究价值。然而，在实际的项目评审中，一些同行评议专家，首先会看申请人的行政职务、学术职称，以及学术头衔。申请人的这些属性与申请项目并没有直接联系，也不属于一个系统，不应该作为项目评价的内容。我国教育部和科技部联合发文，明确"破五唯"，也就是针对有关评价中的不科学因素，建设科学文明的"评价文化"。

学术论文是科学工作者最常见的学术成果形式之一。学术论文（或参考文献）的选择与评价，是他们科学活动的一部分，也是他们常常需要做的，我们同样需要基于系统论的理论进行分析。学术论文属于整个学术成果大系统中的一分子，属于某一学科子系统的一分子，属于某一学科子系统中某个主题学术成果集合中的一分子。因而，我们对某篇学术论文进行评价，就要基于它所在的学科、所属的主题，也就是将其放在这个学科的该主题学术成果集合中加以考察。脱离了其所在的这个学科与主题，对这篇论文学术价值的评价就是不科学的。因而,学术成果评价必须基于一定的视域或一定参照系或一定学术谱系进行分析。

任何评价都有时代(或时间)特征。这实际是说,任何评价活动都受当时的社会文化环境所影响,或者说,任何评价结果都会或多或少地带有时代的印记。客观地说,不同时代,人们的价值观会有所不同,也是人们常说的"代沟",它会成为每个人"认知图式"的一部分。反映在评价上,就是对被评价客体的认识,或者说考量事物的价值尺度会有所不同。

以学术成果的评价为例。在20年前的非互联网时代,由于人们较难获取参考文献,因而篇均参考文献的数量远少于当前。再如,在非大数据时代,人们通过小样本的抽样进行调查和分析,而今人们获取和处理数据的能力都发生了翻天覆地的变化,同行评议专家在进行学术成果评议时,对参考文献数量、调查样本数量等都会有不同的认知和要求。

四、计量学理论

世界上任何事物都有好坏之分,大小之别。也就是说,任何事物都可度量、可以评价,因而,计量在我们生活中无处不在。对事物的计量,要注意3个方面的问题:一是计量什么(即确定和区分计量的对象);二是如何计量(采用什么标准、尺度、方式、方法、工具来计量);三是计量的效果如何(即怎样检验和改进计量的效果)。

很显然,评价离不了计量,计量学理论是评价学重要的理论来源和理论基础。科学评价主要是对被评价对象的质和量进行的评价,而计量学理论则是完成评价学科学量化分析的基础[1]。评价包括"质"的评价和"量"的测度两个方面。"质"的评价,通常是定性评价,评价结果是"优、良、中、差"。"量"的评价主要是利用数学和统计学的方法对评价客体的数量特征(或属性)进行统计分析,以揭示其发展状态、水平及其规律。例如,引文次数就是对学术成果发表之后一段时间内被他人引用(关注或认同)的计量。被引次数作为学术成果被他人使用的数量特征,在引文评价中被作为主要的计量指标,通过被引次数的

---

[1] 邱均平,文庭孝,等. 评价学:理论·方法·实践[M]. 北京:科学出版社,2017.

计量分析揭示学术成果发表之后被引用的规律。

科技文献是科学研究成果的主要表现形式之一，其质量和数量是人才评价、机构评价的重要指标，也是判断一个国家、地区、部门、机构科学技术发展水平的重要指标。科学活动（如科学研究）的数量和质量特征又往往与科学文献的状况密切相关。科学发展，在很大程度上是由人才、项目、经费、成果等体现的，而这些方面的发展变化又集中反映在科学文献的各种变化上。科学文献的数量与质量无疑是对科学水平的一种度量，是衡量科研状况的重要指标。所以，利用文献计量学（或科学计量学）理论和方法对某地区或组织机构开展科学研究的定量评价，是一种行之有效的方法。

五、分类与比较理论

分类与比较是人们认识世界和事物常用的一种方式和方法。评价是分类、是比较、是选择。评价首先是分类，然后是同类比较和排序。通常所说的"物以类聚，人以群分"就是指分类的评价功能。

评价包含着比较。不过，不是每一种比较都是评价。须知，我们能够进行比较的是事物的特性、大小和数量等。例如，我们对两篇论文创新度的比较，这属于评价。然而，断定在某一人群中，女性多于男性，这不是评价，这是一种客观事实。

在评价过程中，每一个主体（都有自己的价值取向和认知图式）总是选择符合自己的需要和兴趣的那些东西作为评价的标准和参照物。正是这种比较变成了评价。在评价过程中，评价主体本身表现为不可替代的标准。因为主体正是基于自己的利益和需要不断地选择、采用和确立评价参照物。借助于参照物，才能对评价物进行比较。任何一种评价与认识的区别在于：比较是评价主体对于评价客体兴趣的反映。这实际上说明，同行评议的主观性是客观现实，是无法避免的。在实际的评价活动中，同行评议专家总会基于自己比较熟悉的问题和兴趣，与被评议的项目和成果进行比较。因而，在同行评议活动中出现截然相反的评议结果也是正常的现象。

比较，通常有两种方法：一种是将一组物体两两进行比较，然后从小到大或从大到小进行排序；另一种是用一个尺度去度量一组物体中的所有物体，然后按照升序或降序的方式进行排列。这两种方法没有优劣高低之分，选择哪种方法，需要依据评价目的、评价情景与评价对象进行选择。通常对于比较简单或被评价对象比较少时，两两比较简单易行。但是，当评价客体比较复杂，不能通过单一属性或特征进行比较、判断和选择时，或被评价的事物比较多时，第二种方法较为可行。例如，在学术论文评价中，基于引文的文献计量评价法，对学术论文评价的依据就是单一的学术论文被引频次或发表期刊的影响因子，这显然属于第一种方法。两篇论文哪篇被引频次高，或哪篇发表期刊的影响因子高，其质量或价值就高。若对两篇论文分别采用被引频次和影响因子，可能会得到两种结果。但在利用科学计量法对大学进行评价排名时，就制定了多维度的评价指标体系（评价尺度综合考虑了教师、毕业生质量的社会声誉、科研成果等多因素），对所有大学进行比较，属于第二种方法。

概括地说，学术评价属于评价的一种类型。在科学研究与科研管理活动中，经常会利用学术评价的方法，对学术活动或学术成果进行认识和管理。评价是分类、比较和选择，但评价不是分类和比较的工具。评价不是陈述，而是分析、权衡、预测和判断，是一种认识性活动，是评价主体的心理认识活动。评价的目的不是研究评价客体的价值，而是发现或判断它的价值。因而，研究学术评价，需要从心理学、认识论、价值论等视角探究其运动变化规律，同时还要评价客体及其环境的变化，充分利用网络信息技术，促进评价主体对评价客体的科学认识。

第四章
学术评价的范式与模式

学术评价范式是指学术评价共同体共同遵循的信念和规范体系,是其共有的价值观和方法论,是指导学术评价的理论体系或范例。

长期以来,不同的学科或学派,从不同的角度、不同的理论基础出发,形成了不同的学术评价范式、模式和方法,丰富了学术评价的理论体系,推动了学术评价研究的不断深入和发展。

第一节 学术评价范式的内涵

美国科学史家托马斯·塞缪尔·库恩认为,范式是指特定的科学共同体从事某一类科学活动所必须遵循的公认的"模式",包括共有的世界观、基本理论、范例、方法、手段、标准等与科学研究有关的所有东西[1]。由此可见,所谓范式就是研究者看待研究对象的方式和视角,其决定了研究者开展科学研究时所采用的理论、方法和技术[2]。

托马斯·库恩(Thomas Kuhn)主要在两种意义上使用"范式"的概念:一是共同体成员共有的价值准则、信念、理论、思想、规范、方法、技术等的综合

---

[1] Centre for Educational Research and Innovation. PISA problem solving for tomorrow's world: first measures of cross curricular competencies from PISA 2003 (complete edition—ISBN 9264006427) [J]. SourceOECD education & skills, 2005 (28): 154.

[2] 邵朝友. 评价范式视角下的核心素养评价[J]. 教育发展研究, 2017, 37 (4): 42—47.

体；二是某一问题的解题范例①。广义上，任何一种哲学或理论框架都可以是一种范式。在社会科学领域，范式主要包含3种含义：一是学术共同体成员共有的世界观和哲学思想；二是学术共同体成员共同遵循的方法论；三是学术共同体解决某一特定问题的模型或范例②。因而，范式能够为学术共同体成员提供观察问题的方式或解决问题的理论框架，决定着研究活动所采用的理论、方法和技术，对共同体成员的科学研究和实践活动起宏观统领性作用。

学术评价也属于一类科学活动。随着科学技术的发展，人们认识事物的途径、方法、手段等都发生了变化，从而也导致科学活动的范式发生了变化。科学研究已从最初的实验范式发展为数据范式。学术评价服务于科学活动，科学活动范式的变化，必然要求学术评价的范式也发生相应的变化，从而适应科学活动发展的需要。

根据库恩范式的概念和学术评价的性质，本书认为，学术评价范式是指学术评价共同体共同遵循的信念和规范体系，是学术评价共同体共同的价值观和方法论，以及指导学术评价的理论框架或范例。

第二节 西方科学哲学的几种评价范式

自20世纪20年代以来，西方科学哲学出现了逻辑经验主义学派、批判理性学派、历史主义学派等诸多学派。他们均对科学评价问题予以关注，并针对评价的主体、客体、标准、意义等问题进行了不同的阐述，为评价理论在世界观上的发展完善奠定了基础。经过长期发展，西方科学评价范式经历了从经验证实评价范式到理性批判评价范式，再到历史理解评价范式的转变。

一、经验证实评价范式

经验证实评价范式发展于20世纪20—50年代，代表人物有石里克、卡尔

---

① 陈俊. 库恩"范式"的本质及认识论意蕴[J]. 自然辩证法研究，2007，23（11）：104-108.
② 陆启越. 高校德育评价范式转换研究[D]. 长沙：湖南大学，2018.

纳普、赖欣巴哈、艾耶尔和亨普尔[①]。他们认为，科学理论是由观察陈述和理论陈述构成的关于经验事实的综合命题，评价的目的就是用经验来证实理论，存在着对科学理论进行评价的不随历史发展而变化的客观的和绝对的元标准，对科学理论的评价应遵循证实原则，即由经验来证实理论。

经验证实评价范式的评价标准是逻辑标准和经验标准。逻辑标准指的是"可检验性"，具体来说，就是经验内容或经验意义。经验标准即理论描述与经验事实的一致性。显然，逻辑标准是经验标准的基础，因为逻辑标准指的是经验的可能性，是哲学家用来逻辑分析的标准，而经验标准是用经验事实验证科学理论考察事实与命题的一致性，这是科学家的任务。

经验证实评价范式对科学理论的评价完全是基于逻辑和经验的事实，而与价值无关。经验实证评价范式研究的焦点是理论的逻辑可证实性和理论同经验事实的一致性。

经验证实评价范式有两个缺陷：一是理论的前提，观察的客观性和独立性受到怀疑，也成为逻辑经验主义致命的缺陷；二是证实原则的可靠性问题。归纳法自身的缺陷对证实原则的打击是致命的。

二、理性批判评价范式

理性批判评价范式与经验证实评价范式几乎同时兴起，发展于20世纪20—60年代，代表人物有波普尔和沃金斯。他们批判经验实证评价范式的"证实原则"，认为对任何全称命题的证实都是不可能的，只有证伪才可能，进而提出"证伪原则"，并形成了科学理论评价的理性批判范式。

理性批判评价范式将科学理论评价分为前验评价和后验评价两个阶段。理性批判评价范式的评价标准为理论的可证伪度和确证度。可证伪度是理论方面的标准，指理论的潜在进步性；确证度是实践方面的标准，经过实验检验，得到经验的确证才称得上真正进步的理论。

理性批判评价范式研究的焦点是理论的逻辑可证伪性及理论同经验事实的

---

① 陈喜乐，李腾达，等．构建促进协同创新的人文社科科研评价体系研究[M]．厦门：厦门大学出版社，2016．

一致性。因此，评价的价值倾向与经验证实评价范式是相同的，都是基于逻辑和经验所进行的事实评价，价值因素的影响很少。

理性批判评价范式的不足包含两点：其一是证伪原则的片面性；其二是逼真性真理观存在缺陷。批判理性主义的内在矛盾和局限性，为其后的哲学家提供了需要解决的问题。历史主义学派通过对科学发展历史的研究，并结合先前哲学家的合理观点，对这些问题进行了回答。

三、历史理解评价范式

历史理解评价范式发展于20世纪50—70年代，代表人物有库恩、拉卡托斯和费耶阿本德。他们在批判逻辑经验主义和批判理性主义的理论基础上，根据科学史研究成果，立足于历史来理解和评价科学理论，形成了历史理解评价范式。

历史理解评价范式的评价标准是多元的。库恩科学理论评价的客观标准，就是他提出的5条准则：精确性、一致性、广泛性、简单性和有效性。然而，不同的科学家对选择标准的理解和偏好是不同的，这就导致了评价结果的不同。出现这种情况的原因有多个，如个人主观因素、个人经历和个人的价值取向等都会渗透到客观评价标准中。

历史理解评价范式研究的焦点是理论的历史发展，以及其受社会因素的影响，在此基础之上形成了理论评价的整体论。他们在价值取向上，关注的是科学共同体对理论的比较，而科学共同体对理论的比较，除了客观标准外，还受到心理和社会等多方面因素的影响，因此是价值类型的表现。

历史理解评价范式虽然克服了经验证实评价范式和理性批判评价范式的一些不足，但其自身也并不完美，主要表现在：一是理论评价整体论不利于理论的比较；二是过于重视心理和社会因素的影响。

第三节 学术评价范式的演变与发展

依据库恩对范式概念的界定，范式是指学术共同体从科学活动所必须遵循的共有"模式"，也就是开展科学活动共有的世界观、基本理论或范例等。库恩的范式更像我国古代哲学中的"道",更多是思想和精神层面的。

一、学术评价的几种范式演变分析

在科学哲学领域,人们普遍认为,学术评价的核心是其提出的科学理论,学术评价的最终落脚点是它所承载的科学理论。科学理论评价范式是指学术评价共同体对科学理论开展评价研究或评价实践时所形成的范式[①]。因而,在一定程度上,科学理论评价就是学术评价的范例,或者说是学术论文评价的一个范例。了解科学理论的评价范式,在一定程度上可以为现有的学术评价范式及构建新的评价范式提供借鉴和参考。

简单地说,经验证实评价范式和理性批判评价范式都是基于逻辑和事实的评价,与价值主体的需求没有直接的关系。历史理解评价范式关注了学术共同体的需求,考虑了被评价客体与其他客体的关系,因而较经验证实评价范式和理性批判评价范式更加符合社会实际需要。

现有的文献计量法,客观上属于经验证实评价范式,评价的依据和标准是学术共同体成员的引文数据,与学术论文所表达的内容没有直接联系,与学术论文的学术价值也没有直接关系。而同行评议是评议专家基于自己的评价图式和评价视域,采用比较法,在对被评议学术论文阅读理解或认识的基础上,做出的价值判断,本质上属于历史理解评价范式。但这3种评价范式都是非网络环境时代,传统学术交流环境下的学术评价范式。其评价主体都是相关领域的专家,同样存在主观性和不公正性。因而,在新的网络学术交流环境下,能否用机器辅助评审专家开展学术评价,能否将学术评价客体的内容转换为机器可理解的数据,实现基于数据的学术评价。或者说,是否会出现新的学术评价范式,如基于数据的学术评价范式。

---

① 陈喜乐,李腾达,等. 构建促进协同创新的人文社科科研评价体系研究[M]. 厦门:厦门大学出版社,2016.

二、基于数据的学术评价范式

由以上3种科学理论评价范式的演变可知，无论是重建主义的经验证实评价范式，还是理性批判评价范式，抑或建构主义的历史理解评价范式，每种范式都存在自身的合理性和不足。因而，要实现对科学理论的科学合理评价，就需要克服它们各自的缺陷和不足，取长补短，坚持具体和历史的统一，使得科学理论的评价更加科学。

网络化和数据化是当代社会的主要特征，它是指社会高度网络化与数据化。世界上万事万物相互连接（物联网——万物互联）、可计算是新时期的重要特征。科学研究也进入了新的研究范式——数据范式。依托于科学研究的学术评价，在网络化和数据化环境下是否能够获得新发展呢？

网络化和数据化环境改变了传统的以印刷型出版物为载体的学术活动的方式。网络数据环境下学术成果的组织与表现形式、传播与交流、获取和利用的方式发生了变革。为了满足用户，适应社会发展的需要，传统出版业正在向网络化、数字化和数据化转型。文献（出版物）是记录知识的载体，是记录知识的容器。以往，人们将新思想、新观点、新方法和新知识以语言文字符号为载体记录下来，出版社再以纸张为载体将其印刷、出版和发行。人们基于这种有型的物质载体的图书、期刊等为媒介进行传播、交流和利用。这不仅效率低下，而且对物质资源消耗巨大。

网络数据环境下出版物（文献）是一组数字对象（或内容组件单元）的逻辑组合，是一组相互关联的数据（如概念、方法等知识元）。简单地说，文献可以用一组数据进行描述，文献内容可以通过对相关数据的分析和计算。换句话说，未来的出版物，计算机可计算、可理解。

因而，笔者认为，在未来以数据形式存在的学术出版物将形成一个学术研究和学术评价生态。人们可以依据被评价的学术文献所处的学术评价生态环境或系统，分析计算或预测其价值。数据驱动的学术评价范式将一篇学术成果的内容视为一组相互关联的"数据"集合，通过对构成学术成果内容的数据的计算，分析其在所处学术谱系中的位置与重要度，从而判断或预测其价值。

例如，构成学术论文内容的文本对象单元为"知识元"，旨在将学术论文包含的有独立意义的知识元转换为计算机可识别、理解、分析、计算的结构化数据。创新知识元能够反映和揭示一篇学术论文的主要内容，是一篇学术论文价值的源泉和直接体现。创新性是学术论文的本质属性，构建创新知识元谱系作为学术论文价值判断的标尺或参照系，从创新的角度揭示学术论文的价值。

第四节　科学评价的模式

　　模式，指事物的标准样式。模式是主体行为的一般方式，包括科学实验模式、经济发展模式、企业盈利模式等，是理论和实践之间的中介环节，具有一般性、简单性、重复性、结构性、稳定性、可操作性等特征[①]。模式在实际运用中必须结合具体情况，实现一般性和特殊性的衔接，并根据实际情况的变化随时调整要素与结构才有可操作性。

　　一般意义上，科学评价是科学理论评价的简称。科学理论评价通常认为是学术评价的范例，因而科学评价模式适用于学术评价，或者说学术评价模式遵从科学评价模式。科学评价的模式也是科学评价活动主体行为的一般方式，包括评价主体的选择、评价标准的制定、评价方法和评价结果的处理等。也可以说，科学评价模式是科学评价活动构成要素及其关系的总和。它揭示了科学评价活动的运行机制和过程，对于科学评价具有重要的意义。科学评价模式既要依据科学评价理论，又要适应科学评价实践的需要，是科学评价理论与实践的中间环节。通过对不同学派的科学评价范式的研究可知，科学评价形成了科学社会学中的默顿评价模式和齐曼评价模式，科学知识社会学中的巴恩斯—布鲁尔评价模式、柯林斯评价模式和拉图尔评价模式。

一、默顿评价模式

　　默顿（Meyton）基于对科学知识的实证主义理解，对科学知识增长方式的

---

① 模式[EB/OL].[2020-12-17]. https://baike.baidu.com/item/%e6%a8%a1%e5%bc%8f/700029?fr=aladdin.

积累性认识，把科学理解为追求真理的活动。其主要考察的是科学的真理价值和认识价值，对于科学的实用价值或经济价值（默顿称为潜在价值或价值关联）考察得较少。在此基础上，默顿及其学生提出了以"成就—（评价）—承认—（评价）—奖励"为内在机制的科学奖励系统，形成了"成就—（评价）—承认"和"承认—（评价）—奖励"的两段式科学评价模式。

①默顿评价模式的特点。默顿评价模式以追求真理作为科学评价的出发点，以"承认"作为评价标准，以科学共同体作为评价和奖励的主体，以经验证实、逻辑一致和同行评议作为评价方法，以奖励作为评价目的。

②默顿评价模式的优点与不足。默顿评价模式的优点在于，以科学共同体的承认作为评价的基础，以奖励作为评价目的，在一定程度上揭示了科学家进行科学研究的动力机制。这也比较符合当前以管理为目的的评价。

默顿评价模式的不足在于，评价主体仅限于科学体制内部的科学共同体，对体制外部的评价不够关注；评价标准过于单一，不够全面。同行评议模式就属于默顿模式，评价结果仅限于同行评议专家的个人意见，存在一定的缺陷。简单地说，默顿评价模式仍然是传统逻辑实证主义的分析框架，主要从逻辑和经验的角度出发评价科学，本质上是"非对称性的一元静态评价"[①]。

二、齐曼评价模式

齐曼（Ziman）是科学社会学的代表人物，也是科学学的主要创始人。齐曼认为，对科学的认识主要有两个维度：一是哲学维度，科学生产知识；二是社会学维度，科学是一种特殊的社会建制。齐曼认为，科学知识既是被发现的，也是被制造的。科学知识的生产者已经不仅限于科学家，而是知识工作者。齐曼指出，与学院科学的纯粹理论研究不同，后学院科学要解决科学的实际应用问题。这就要求把科学理论知识与技术结合起来，形成一种新的知识生产方式。

①齐曼评价模式的评价标准。齐曼评价模式与默顿评价模式的不同在于，其科学评价主体和奖励主体更加多元化。这种评价和奖励主体的多元化也决定

---

① 黄祖军. 论科学奖励评价的普遍主义范式[J]. 科学技术哲学研究，2010，27（4）：50-54.

了其评价标准的多元化。默顿评价模式的科学评价主体仅限于科学共同体成员，主要采用"同行评议"方式进行评价活动，注重评价的理性标准。而齐曼评价模式的评价主体，既有科学体制内部的科学共同体，又有体制外的政府部门、企业和非营利组织等。不同的评价主体，各自从各自的角度出发对科学进行评价。在评价活动中，除了依据科学共同体的理性标准外，还有科学体制外的评价主体所依据的"商业价值"标准。

在后学院时代，科学是国际研发系统的驱动力，是为整个经济创造财富的发动机，效用规范被注入科学研究文化的所有环节。因此，对于科学研究来说，发现首先是评估其商业价值，而不是评价其科学性。因而，价值评价是齐曼评价模式的主要特征。

②齐曼评价模式的优点与不足。齐曼评价模式继承和修正了默顿模式，并借鉴了科学知识社会学派的建构主义思想。因此，它既具有二者的优点，但同时也不可避免地延续了二者的缺陷。

齐曼评价模式的优点有以下几点：一是它将"建构"与"发现"都引入科学知识的生产中，避免了二者非此即彼的极端性，更具说服力。二是多元评价标准弥补了默顿评价模式单一的不足，评价标准更加科学全面。三是多元评价主体，科学体制内的评价与体制外的评价相结合，更符合科学发展的实际情况。

齐曼评价模式也有其不足，突出的表现主要有两点：其一是将商业价值作为科学发现的首要评价标准有失偏颇，如基础理论研究、哲学等社会科学研究。其二是价值评价的评价方法缺乏可靠的理论基础。价值评价将科学评价主体范围扩大到科学共同体外的非专家，他们是否具有对科学发现的认知能力。事实上，很难保证所有的评价主体都有比较高的科学素养和对科学前沿的认知能力。因而，齐曼评价模式对科学评价对象（或客体）有一定的局限，它更适合于对产业科学的评价，如技术开发的评价。

三、巴恩斯—布鲁尔评价模式

巴恩斯（Barry Barens）和布鲁尔（David Bloor）是爱丁堡学派的两位代表人物。他们认为知识是社会建构的产物，是得到集体认可的信念，科学知识则是各种社会利益协商一致的结果。在他们看来，包括自然科学知识和社会科学知识在内的所有知识，都是处于一定的社会建构过程之中的信念；所有信念都是相对的、由社会决定的，都是处于一定的社会情境之中的人们进行协商的结果。他们关于科学评价的思想形成了巴恩斯—布鲁尔模式。

①巴恩斯—布鲁尔评价模式，是一种"以协商的方式评价科学理论"。他们并不把科学知识视为"真理""实在"，而是将科学知识视为一种自然现象和一种事物类型。科学家所公认的真理，只是科学家彼此间的约定或共识[①]。科学家在决定支持哪种假设时，表面上看好像由实验结果所决定，但科学史显示，实验结果很少能达成共识，因为科学家总是对结果进行解释。而科学家对科学研究结果（科学知识）的解释总是受他所处的社会利益、价值、信仰、权力等社会因素的影响。因此，科学家对假说的共识是由社会因素决定的。也就是说，科学知识是科学家和社会群体的实践、生活与互动中磋商后才约定的，因此，只是一种在社会文化中所形成的共识。

②巴恩斯将"承认"作为科学评价标准。巴恩斯—布鲁尔认为，不存在统一的科学评价标准，不存在超越历史、文化、情景的真理标准，科学评价过程蕴含着一定的利益和目标，评价结果易受科学共同体成员个人信念、兴趣、爱好、情感取向、利益追求等社会因素的影响。因而，他认为评价取决于行动者（评价活动者）的目的和要求，以及这些目的和要求结合成不同群体特有的规范模式的方式[②]。

巴恩斯指出，科学家一般把自己独创的知识交给整个共同体以换取共同体的认可，而且他们非常在意获得这种认可。因此，认可可以用来作为一种激励和奖励。

③巴恩斯—布鲁尔评价模式的特点。巴恩斯—布鲁尔评价模式将"承认"理解为"通往一切之路"，视为科学奖励的中间环节，而不是终点，比较符合科学发展的实际情况。其缺陷是陷入了"相对主义"。他们将科学知识理解为"社会构建"的，将"协商"视为科学评价的方法，认为科学评价标准受各社会因

---

① 郭启贵. 爱丁堡学派科学知识社会学研究[D]. 武汉：武汉大学，2010.
② 巴里·巴恩斯. 科学知识与社会学理论[M]. 鲁旭东，译. 北京：东方出版社，2001.

素的影响——相对主义表漏无遗。总体上看,巴恩斯—布鲁尔评价模式描绘的是科学共同体成员如何在社会因素影响下,以"协商"的方式评价科学,凸显了科学评价的社会性和相对性[①]。

四、柯林斯评价模式

柯林斯(Collins)是科学知识社会学巴斯学派的代表,其关于科学评价的思想构成了柯林斯评价模式。柯林斯认为,知识是科学行动者之间偶然"谈判"或"协商"的结果,科学知识是按照利益建构的。柯林斯表示,科学知识的社会说优先于逻辑和证据,在科学知识的实际形成过程中,自然所起的作用远小于社会的作用,自然世界的东西即使不是毫不相干的,也是几乎不起作用的,科学知识在本性上是社会的。

①柯林斯评价模式的评价标准。他认为,科学评价的直接对象不是科学理论,而是产生科学理论的科学实验。他认为科学家在科学成果评价中缺乏客观、有效的评价标准。要么在如何评价科学实验的问题上无标准,要么在关于如何评价科学家的资格问题上,缺乏衡量标准。

柯林斯针对科学评价"无标准"问题,结合自己的实际经验,提出了自己的评价标准。关于如何评价科学的问题,他认为,首先要看主流科学观对科学争论的评价,然后看与核心层争论有关的杂志报道,最后看会议记录及会议的论文集等文献。关于如何评价科学家的问题,他认为,主要看科学家发表的论文和被引用率。

②柯林斯评价模式的优点和不足。柯林斯评价模式的优点在于,他提出了以产生科学理论的实验为评价对象的观点,以实验的可靠性来评价科学理论的可靠性具有较强的说服力。不过,他对科学知识的利益建构式理解,使得他的评价标准和方法都不可避免地陷入了相对主义和非理性主义。

---

① 陈喜乐,李腾达,等.构建促进协同创新的人文社科科研评价体系研究[M].厦门:厦门大学出版社,2016.

五、拉图尔评价模式

拉图尔（Latour）是科学知识社会学巴黎学派的代表人物，其科学评价思想形成了科学评价的拉图尔模式。

拉图尔等认为，科学知识是在实验室中构建形成的。实验室是文献记录系统，其目的在于证实，一个陈述就是一个事实[①]。在事实或陈述被其他科学共同体成员认可之后，它就成为某一领域的公共知识或背景知识，科学共同体成员可以随意使用这一事实或陈述，而不会再关注其当初被构建的语境。

①拉图尔评价模式以"可信性（Credit）"作为评价标准。他认为，对于在现代实验室的科学共同体成员来说，通过发表高质量的学术论文，可以在科学共同体内获得更多的"可信性"。他们一旦获得科学共同体内的"可信性"，就有资格向政府或企业申请更大的科研项目、更先进的科研设备、更多的科研资金。同时，"可信性"的增加也来自科学共同体内部的"师承关系"，权威科学家培养学生的过程就是将自己的可信性作为资本投入那些有希望获得成就的年轻研究员身上的投资过程。可信性作为一种学术资本，可以使科学共同体成员在科学研究活动中获得更多的资本，形成更大的学术共同体，生产更多的学术成果。

②拉图尔评价模式以"磋商"的方式评价科学。他认为，所谓真理，只是科学共同体成员的意见磋商、多数同意的结果。他在《实验室生活：科学事实的建构过程》一书中写道："科学活动的认识论或评价性原则蕴含于社会磋商活动中。"

③拉图尔评价模式的优点与不足。拉图尔评价模式注重从微观的角度评价科学，形成了从科学家科学研究活动现场考察与评价科学的特点，具有一定的说服力。不过，这一模式充满了"建构主义"色彩，过于强调社会因素对科学知识的影响。

概括地说，早在20世纪，西方一些学者就提出了一些学术评价范式和模式，指导学术评价的发展。但现在全世界、全人类，已经全面进入互联网时代。

---

① 布鲁诺·拉图尔，史蒂夫·伍尔加. 实验室生活：科学事实的建构过程[M]. 张柏林，刁小英，译. 北京：东方出版社，2004.

互联网对人类社会的改变是全方位的、深层次的。从学术活动来看，互联网不仅从形式上改变了学术活动，而且从认识上也正在发生改变。学术研究已经从最初的依据人的观察与思考、归纳与概括的第一研究范式，发展为高度依赖数据的第四研究范式——数据范式。学术评价，如同行评议，仍然延续着原有的评价模式。传统的评价模式或范式，与快速发展的科学研究对学术评价的强烈需求之间产生了巨大的矛盾。我们亟须思考，基于全新的学术环境，提出符合时代和社会发展需要的学术评价范式。

第五章
学术评价的常用方法

学术评价有多种称谓,如学术评审、科学评价、学术评估等。其中,历史最悠久和最常用的学术评价方法是同行评议和文献计量法。评价方法是实现评价目的的技术手段,是评价主体处理评价对象及其有关信息、数据的方式[1]。学术评价的方法有多种多样,可以依据不同的分类标准,将其分为不同的类型。每种类型又包含多种评价方法。基于学术评价所依据的信息类型和评价结果的表现形式,将其分为定性评价和定量评价。其中,同行评议就是最为典型的定性评价;文献计量法就是最经典的定量评价。

定性评价方法有同行评议、德尔菲法、案例分析法和标杆分析法。这些方法的共同特点是,基于专家个人过去的知识和经验对评价对象做出主观的判断。专家个人的知识和经验是评价的参照系,是评价的价值尺度。同行评议本质上也是比较法,即将被评价学术成果的主题思想与评议专家的知识和经验进行比较。定性评价最常用的就是同行评议。同行评议广泛用于人才评价、科研项目立项和结项、学术论文、图书等评价活动中。在我国,同行评议常用于以下几类学术评价活动:一是各类科研项目的立项和结项中;二是部分期刊杂志社对投稿论文的选择;三是部分单位的人才评价,如我国的各类称号(长江学者等)人才评价、职称的评定等;四是机构的学术水平和质量的评价,如我国开展的学科评估等。

定量评价方法又称为计量方法、统计方法。它是通过把复杂现象简化为指

---

[1] 李金海,刘辉,赵峻岭.评价方法论研究综述[J].河北工业大学学报,2004,33(2):128-134.

标或相关数据，并对科研活动中的指标或相关数据的数值进行统计，用数值比较来进行判断分析的方法。文献计量法也是常用的学术评价方法。随着网络技术的发展，现在与文献计量法相近的定量评价方法还有信息计量法、知识计量法、网络计量法等。目前，用于学术评价的定量方法主要有文献计量法和经济计量法两类。而且，文献计量评价是目前应用较多的定量评价方法。

第一节 同行评议

一、同行评议的历史与现状

学术评价开始于学术论文的同行评议。学术评价的起源，也可以认为是同行评议的起源。

（一）同行评议的起源

学术论文的同行评议起源于科学共同体和科学期刊的诞生。1662 年和 1699 年皇家学会和巴黎皇家科学院成立，分别创办了 *Philosophical Transactions* 和 *Journal des Savans* 两种内部期刊，逐渐取代了过去通信交流实验报告和科学发现的方式[①]。1731 年，爱丁堡皇家学会创办了 *Medical Essays and Observations* 期刊，首次正式定义科学论文的同行评议流程[②]。进入 20 世纪 60 年代以后，同行评议成为科学界学术共同体公认的客观评判学术成果学术价值的制度。用物理学家和科学作家齐曼的话来说，同行评议是"整个科学事业的转折点"[③]。尽管学术论文的同行评议已有 200 多年历史，但当前形式的同行评议直到 19 世纪

---

① LEE C J, SUGIMOTO C R, ZHANG G, et al. Bias in peer review[J]. Journal of the association for information science & technology, 2003, 64 (1): 2-17.

② SPIER R. The history of the peer-review process[J]. Trends in biotechnology, 2002, 20 (8): 357-358.

③ KOHLER R E. Partners in science: foundations and natural scientists, 1900-1945[M]. Chicago: University of Chicago Press, 1991.

才形成，标准于1967年才得以确立，被视为学术论文质量评价的金标准①。

同行评议来源于人们学术活动实践。早在300多年前，英国皇家学会为其出版物《科学哲学》选择论文而开始采用同行评议了。同行评议（或称同行评审）这一术语正式提出于20世纪60年代，它的前身审稿系统（Referee System）可追溯到18世纪的欧洲（Kronick，1990），但第一个可被承认的审稿系统是由英国的科学协会在19世纪初设立的（Csiszar，2016）。在当时，科学期刊成为科学知识呈现、认证和注册制度上的主要场所（Baldwin，2015a）②③④。

最近，PubMed Central这个组织为基于网络的生命科学论文提供同行评议⑤。Polka等简单回顾了同行评议发展的历史轨迹，重点探讨了未来开放同行评议机制的发展问题⑥。BURNHAM.J.C探讨了编辑同行评议的演变的问题。他认为，实际上没有任何关于同行评议演变的历史记载。直到第二次世界大战后，同行评议的做法才变得普遍起来。

（二）同行评议的定义

根据Chubin（1990）的定义，同行评议是一种用于评价科学工作的组织方法，用以评判程序的正确性和结果的可靠性，以及分配有限资源（期刊版面、研究经费、认可及特殊荣誉等）⑦。早在1946年Polanyi就认为，尽管在科学领域中，对于某些特定的作品存在着许多不同的评价判断，但科学权威的结构多

---

① AZAM A P, ROGER W. Peer review and the publication process[J]. Nursing open, 2016, 3 (4): 193–202.

② KRONICK D A. Peer review in 18th-century scientific journalism[J]. JAMA: The journal of the American medical association, 1990, 263 (10): 1321–1322.

③ CSISZAR A. Troubled from the start[J].Nature, 2016, 532 (21): 306–308.

④ BALDWIN M. Credibility, peer review, and Nature, 1945–1990[J]. Notes and records of the royal society, 2015, 69 (3): 337–352.

⑤ BUTLER D. Publishing group offers peer review on PubMed Central[J]. Nature, 1999, 402 (6758): 110.

⑥ POLKA J K, KILEY R, KONFORTI B, et al. Publish peer reviews[M]. London: Nature Publishing Group, 2018.

⑦ CHUBIN D E H E. Peerless science: peer review and U.S. science policy[J]. The journal of higher education, 1990, 63 (3): 267.

年来一直在运作,因此表现出了相当程度的一致性。例如,作为同一篇论文的审稿人,两位互不相识的科学家对论文的价值判断基本达成一致。虽然活跃在与论文作者相同领域的同行可能并不了解其他观点,但他们被视为最可能知道一篇论文是否达到质量标准或做出知识贡献的人。

同行评议是最早的学术评价形式之一。伴随着学术出版的诞生,就有了同行评议。因而同行评议的历史可以追溯到学术出版或学术出版物的起源。同行评议是同行专家基于学术成果内容对学术成果的学术价值做出的自我判断,属于基于文献内容的评价。也可以说,同行评议是基于内容的学术评价的方式之一,也是最古老、最常用的方式之一,被各类期刊杂志社、科研管理和人事管理等部门广泛采用。

后来,逐渐被引入政府投资的研究机构进行项目选择。美国国家科学基金会将同行评议定义为:"美国国家科学基金会根据决策过程的标准,确定应对哪些事情项目提供研究经费。因为美国国家科学基金会负责审理申请项目的官员在确定哪些申请者可以获得资助时,是根据与申请者同一研究领域的其他专家对该申请项目的评议结果做出的。"而英国将同行评议定义为:"由从事该领域或接近该领域的专家来评定一项研究工作的学术水平或重要性的一种方法。"

广义地说,同行评议是充分依靠科学家群体(学术共同体)进行民主管理,引入竞争机制,择优支持,从而使得知识生产的要素得以优化配置的一种方法[①]。同行评议发展至今,有多种类型,如通信同行评议、现场同行评议等,被广泛地应用于各类管理之中。同行评议也有多种形式或许多同义词,如专家鉴定、价值评议、同行评价、同行评审、同行审查、同行判断等。

二、同行评议的理论基础

从政策科学角度看,同行评议是决策民主化的一种手段。或者说,采用同行评议有助于决策民主化。广义地说,决策是一种选择活动。同行评议是科学活动中的一种评价方式,评价有利于减少决策过程中信息的不确定性,保证决策的科学化和民主化。在同行评议中,同行评议小组的"群体效应"能够把客

---

① 吴述尧.同行评议方法论[M].北京:科学出版社,1996.

观因素与主观因素、共同准则和个人准则（个人的价值尺度）有效统一起来，形成一种某一评价个体无法取代的科学功能。

（一）同行评议的理论假设

同行评议的理论基础或假设：从科学社会学角度看，同行评议中的"同行"，实际上是同属于某个科学共同体的一群科学工作者。他们依据统一的标准对同一事物进行评价，实际上是将评价标准具体化为该共同体的一种基本的行为范式。不过，这只是一种假设、是一种理想。或者说，科学共同体内部具有相同的科学思想和研究范式，科学共同体成员具有对本学科学术成果的认知能力。

科学共同体是由科学观念相同的科学家所组成的集合体——科学活动的主体。科学共同体是指遵循某一研究范式的科学工作的群体。一般来说，一个科学共同体由一种研究范式所支配，这种范式被该领域从事科学研究的人员所接受。作为一种研究范式的重要基础是，一种业已确定且进行综合的理论体系，以及这种范式的研究方法和解决问题的技巧。这样，在一个科学共同体内，大多数研究是针对那些"形式框架"进行求解的。例如，在牛顿力学范式框架内，天文学家可以求解在万有引力作用下太阳和行星的运行规律等许多问题。由此可见，研究范式是科学共同体存在的依据。它既是认识论上的知识体系，又是知识的社会形式。因此，科学共同体内具有相同的科学思想和研究范式。这就是同行评议的理论基础。

然而，这一基础和假设，越来越不适应当前的科学活动。随着社会经济和科学研究的快速发展，一方面，原有的一些学科（知识体系）在快速地分化；另一方面，随着社会和问题的复杂度提高，学科又在快速地交叉融合。学科不断地分化和交叉融合，学科的边界越来越模糊。一个科学工作者同时隶属于多个学术共同体；一个学术共同体也同时拥有多种研究范式。一个热点研究问题，多学科的学术共同体成员会同时从多个研究视角，采用多种研究范式开展研究的情形越来越普遍，如数字人文。因而，一个学术共同体一种研究范式的时代已经过去。随着科学研究的发展，学术共同体分化和融合都在加剧。一方面，真正的学术共同体成员规模越来越小，也就是小同行，才具有对相关学术成果的认知能力。即使在一个一级学科内，不同的二级学科相互之间也越来越生疏。

同一个二级学科，不同的研究领域或主题的学者也越来越缺乏共同语言。另一方面，具有多学科背景的学术共同体成员越来越多。一个学术共同体同时具有多种研究范式，或不同学术共同体具有相同研究范式的情况越来越多。这也是同行评议面临的时代挑战。

（二）同行评议的原理

同行评议是最常用的学术评价方法，但这种方式并不完美，因为同行评议取决于进行评议的小同行专家的认知水平和评价经验。小同行之中每个人都是不完美的（世界上存在完美的人吗），都有一定的局限性。在对待学术成果中的新观点、新方法、新发现时，在一定程度上或多或少地会夹杂着复杂的心理，因而偏见、不客观、不公正、主观甚至妒忌都是难以避免的。

1. 文献间的引证关系是否是施引文献作者对被引文献价值的确证

学术成果的被引用，是否等同于同行对其成果价值的"确认"呢？若是确认，那么用被引频次评价学术成果的价值就具有一定的科学性与合理性。否则，就不能简单地认同。大量的统计研究表明，在一篇学术论文的所有被引频次中，多数是施引文献作者"提及"被引文献或被引文献的作者，并未对被引文献的主题思想的科学性或价值进行确证[①]。同样，也存在部分施引文献作者对被引文献价值的确证，但同时存在对被引文献价值的怀疑，甚至否定。

理论上，文献间的引证关系，反映了被引文献对施引文献作者需求的满足，本质上也是"同行评议"，或者说，也是同行评议的一种形式，评议的结果以"引证关系"方式呈现。与现行的同行评议不同的是，现有的同行评议其评议主体和客体都是评议组织者事先有目的组织的。引证活动，其一是科研人员自发的、随机的、未知的。当然，这些科研人员也是同行，只是并不一定是小同行、并不一定是社会承认的小同行知名专家。其二，施引者基于什么目的引用，并不一定要给被引文献一个清晰明确的评价意见。其三，施引者是自发的，数量又不一致，其动机、目的、标准等也就不一定相同，这就是所谓的引文关系的"不等效性"，也是引文分析粗放的、不科学的一面。

---

① 索传军，王雪艳. 引用行为的演变趋势及其对引文评价的影响分析[J]. 图书情报工作，2019，63（24）：97-106.

2. 同行评议中的两个原理

同行评议是科学发现获得社会承认的形式，通过评议而被确认。当然，确认的过程必须强调科学发现对客观实在的依赖，由此提出可重复性实验、判断性实验、理论证明等程序。承认依赖于实践检验，这是同行评议的根本原理。

但是，同行评议也是一个与其他人类活动密切相关的过程，其中渗透着种种社会学和心理学的考虑，因而表现为复杂的社会活动。"普朗克原理""权威决定原理"就是在同行评议中起作用的两个重要社会因素。

①"普朗克原理"，指出了在同行评议过程中年龄因素所起的作用。科学史上有许多例子说明年龄作用是实在的，尽管也有人认为年龄与接受新发现之间的关系并不像普朗克所说的那样重要。一般而言，经验和知识随着年龄的增长而增长，对新思想、新发现的接受能力在达到一定年龄之后，就会出现随着年龄的增长而减弱。当然，年事已高的科学家，具备更为深刻的理解能力，但容易受到已有范式的支配，对新理论、新观点和新方法等具有排他性。

②权威决定原理。在科学发现的确认过程中，科学权威是一个举足轻重的砝码。我们姑且把同行评议中的这个社会因素叫作"权威决定原理"。著名学者或科学家具有较高的社会地位和非凡品质，他们具有较大的社会和学术影响力。他们善于发现和捕捉具有较高价值的重大科学问题。因而，他们是各类同行评议机构或科研管理部门倚重的同行评议专家。在同行评议中，他们的意见总是具有权威性的决定作用。

我们应当看到，权威在科学活动中，在科学发现的承认过程中具有两重性。既有作为学术核心推动科学前进的一面，又有造成学术迷信而压制科学的一面。因而，在学术评价中，既要尊重权威，发挥权威专家知识渊博、理解能力强的优势，又要避免盲目崇拜权威。

（三）同行评议的功能

同行评议的社会功能表现在两个方面：一方面是保障决策的科学化和民主化；另一方面是保障科学活动的动力机制。

①保障决策的科学化和民主化。保障决策的科学化在"同行评议的理论基础"部分已经论述。其实还有一个重要方面是有利于科学资源的合理分配。这

实际上是决策结果科学化的一个应用，但同时体现了决策的民主化。科学系统是社会大系统的一个子系统，其主要功能是创造新知识和培养科学人才。科学子系统的投入是社会稀缺资源——资金和科研人员，产出是各类科研成果——专利、论文和研究报告等。然而，如何使有限的经费发挥最大的社会效益呢？那就是将有限的资金分配给最好的科研项目。许多国家都是以同行评议为手段，以实现资源的合理分配和利用。第二次世界大战后，美国建立了以同行评议为基础的国家科学资助机构，管理和使用科研经费。从某种意义上说，同行评议作为科学资助质量控制机制，将政府、科学共同体和科学资助机构联系在了一起。

②保障科学活动的动力机制。科学活动的动力机制是科学的荣誉系统和奖励体系。科学界对知识生产者反映其科研成果价值与科研能力的社会承认，外在表现形式就是科学荣誉。所谓科学荣誉是指科学同行根据知识生产者的知识产品对社会的贡献大小，对他们所做的专业评价或对其科学能力以相当形式的承认[①]。

除以上两个方面外，同行评议可对科学共同体进行社会控制。在科学共同体内部，同行评议的社会控制功能体现在两个方面：一方面，在科学共同体内，任何知识产品（或科学成果）都要接受科学共同体的审查和监督，只有真正有学术价值和社会价值的产品或成果才能得到科学共同体的认同和社会承认，成为人类社会共有的精神和物质财富；另一方面，科学共同体成员的科学荣誉和社会承认是建立在同行评议基础之上的。也就是说，他们的科学荣誉是在他们的科学成果经过同行评议之后才能获得的。这其实是说，科学共同体成员要想获得科学荣誉与奖励，必须遵守学术共同体的行为规范。

（四）同行评议的局限

同行评议作为一种保障民主和公平的社会制度的存在，在许多地区和国家，许多行业都获得了广泛的应用。同行评议在科学子系统中的作用和社会功能更为突出，现已成为我国科研立项与结项、论文发表、科研成果评奖，以及科学奖励和荣誉授予等普遍采用的评价方法。

---

① 吴述尧．同行评议方法论[M]．北京：科学出版社，1996．

但是，在同行评议的实践中也存在一些问题（客观上，有些问题并不是同行评议本身的问题），同行评议一经采用，对它的批评和责难也就随之而来。美国是在科学系统率先使用同行评议的国家，也是同行评议制度较为规范的一个国家，但是在美国一直有人批评和责难，甚至反对同行评议制度。美国国会曾经就公众对同行评议的批评举行过听证会和做过专门的调查。类似的情况在英国也曾发生过。我们国家同行评议制度的建立相对较晚。但近些年，随着我国科学技术事业的飞速发展，各类同行评议的应用也越来越广泛，但同时也可以看到，来自社会各界的批评之声越来越多。

如前所述，同行评议作为定性学术评价常用的方法，其公正性、公平性和客观性等备受质疑。另外，同行评议活动需要学术共同体成员作为评价主体进行评价。然而，随着科学活动和科学成果的急剧增长，难以找到更多的评审专家（小同行）满足同行评议发展的需求。高成本和低效率的同行评议难以解决"人们快速增长的社会承认"的迫切需求。这些都有待同行评议在新的历史时期，获得新的发展。

三、同行评议的新发展

随着学术活动的变化和发展，以及评价理论和实践活动的深入，同行评议方法也在不断完善。同行评议方法根据评价客体的不同特点，演变出了多种不同的评议形式，如通信评议、会议评议、调查评议、网络评议和组合评议等，每种评议方式都有相应的组织方式。此外，由于科学研究活动的复杂性，跨学科或多学科研究已经成为学术研究新常态，传统的同行评议方式已经不能满足对多学科研究成果的评议要求，开始向多学科专家共同评议的方向发展。评议组专家不全是学术共同体"小同行"成员，而由多个学术共同体成员专家共同组成。另外，同行评议也积极引入新的信息技术，探索新的同行评议发展模式。

（一）大数据等信息技术辅助同行评议的发展

网络同行评议的形式主要有3种方式：一是通过电子邮箱进行；二是评议组织管理机构建立网络同行评议系统，专家获取密码后远程登录，在网上进行评审；三是召开网络视频会议进行评审。前两种方式是同行评议网络化，后一种是会议评审的网络化。客观地说，网络同行评议有不少优点，但本质上评价质量和效果没有变化。

互联网技术的发展为同行评议活动的开展提供了新的技术手段。网络同行评议已经成为当前同行评议最主要的方式。例如，美国国家自然科学基金会大规模采用网络同行评议方式受理网络申请，1997年仅为4.4%，到2000年已经达到了81.0%。我国自然科学基金委员会也已经普遍采用网络申报和评议的方式，不仅提高了评议效率，而且节省了评议成本。

目前，各种形式的辅助技术已经成为同行评议的通行方法，并极有可能在不远的将来得以扩展。第1种辅助技术是剽窃检测，以CrossCheck为代表的剽窃检测系统目前已被大多数期刊和出版商使用。第2种辅助技术是统计方法检测，人工智能技术辅助下的软件工具已经能够自动评估学术写作中统计检验的完整性、一致性和有效性，从而识别出统计方法的错误使用，以帮助减少学术不端行为。第3种辅助技术是图像篡改检测，现已成功应用于一些期刊。统计方法检测和图像篡改检测的应用还局限在医学、物理学和心理学等少数领域。

有学者认为，在不远的未来，计算机软件很有可能在审稿中扮演更为重要的角色，包括发现低质量的研究（未能报告关键信息或自相矛盾）、数据篡改、图像篡改等，甚至在某些领域实现自动审稿。但实际上这些工具主要被期刊编辑使用，而未对审稿人产生作用，主要针对的是学术不端和错误等问题，它们的应用被视为"同行评议程序"中的辅助，而非代替"同行"进行评议。

除了辅助技术的应用，期刊论文同行评议中还出现了辅助角色，如统计审稿人和方法论审稿人。从20世纪后半叶起，学术论文中统计方法的使用快速增加，日趋复杂的统计模型的出现使人们对统计方法使用的有效性越加关切，期刊和出版商也投入更多注意力在统计分析的审稿之上。从20世纪60年代起，医学和心理学的一些期刊就已经启用专门的统计审稿人来评判投稿统计的合理性和有效性。SMARTA项目汇集各国统计学协会的成员对生物医学文献中的统计使用加以评估（Goodman，2017）。这些发展可能导致期刊论文同行评议中对统计学的更加重视，甚至是审稿人的进一步专业化[①]。

---

① 索传军，于淼. 国外期刊论文同行评议创新态势述评[J]. 图书情报工作，2021，65（1）：128-140.

（二）基于万维网的开放同行评议

维基百科开放同行评议（也称作公开同行评议、透明同行评议），表示几个密切相关的学术同行评议形式。定义多种多样，列举 3 个如下：①开放身份或者归因同行评议（与匿名同行评议相对）；②开放显示或者公开同行评议，同行评议内容可以公众获取；③开放邀请或者开放同行评议，任何感兴趣的人都可以为同行评议程序做贡献，也可以是出版后的同行评议。

2000 年前后，开放同行评议或称开放评议被提出并实践。学术界尚无关于开放同行评议的定义，开放同行评议是公开审稿人身份或审稿人意见的一种同行评议形式。

开放同行评议是在尊重作者和评审者意愿的基础上，向公众开放评审者和作者身份，且可选择进行出版前开放同行评议或出版后开放同行评议，最终将审稿人的建议、作者的修改及回复、公众评议的结果等信息最大化地向公众开放的一种评审制度[①]。

这实际上反映的是"学术道德"问题。若简单采用"公开"这种方式处理，就会将问题或矛盾转换为"社会信任"问题。若杂志社都不信任评议人，同行评议就很难继续。其实，所谓的不公平性和可靠性，并非评审人"有意识"造成的。我们应该从认知心理学进行分析。每个人都有自己的"认知图式"和"评价图式"，也就是每个人的评价结果都是不同的。在成本允许的情况下，适当增加评审专家，在一定程度上可以"消减"不公正性和不可靠性。

据调查，只有 13% 的受访者倾向于开放同行评议，近一半的受访者回答如果开放同行评议他们将更不愿意审稿，只有 27% 的受访者认为开放同行评议能成为一种高效的同行评议模式（Ware et al，2008），另一研究中只有 17% 的受访者认为开放同行评议能成为一种高效的同行评议模式（Melero et al，2001）。有人认为，反对开放同行评议的观点反映的是学者对同行评议态度的代际区别（Kravitz et al，2011）。

概括地说，同行评议是人们普遍采用的一种评价方式，有其突出的优点，

---

① 刘丽萍，刘春丽．开放同行评议利弊分析与建议 [J]．中国科技期刊研究，2017，28（5）：389-395．

也有其致命的缺陷。从目前看，越来越多的组织和专家在探索基于新的网络环境和数据环境的同行评议新方式，如开放同行评议、基于文献大数据的同行评议专家选择等。

第二节 文献计量法

一、文献计量法的起源

文献计量法源于 20 世纪中叶兴起的文献计量学和科学引文分析。文献计量学之父普赖斯[①]于 1962 年和 1963 年先后发表了《巴比伦以来的科学》和《小科学·大科学》两篇奠基性著作，开创了文献定量分析的先河。

文献计量法开始于 20 世纪 50 年代，引文分析法的兴起直接催生了基于引文的学术论文评价的新视角——文献计量法。1955 年，Garfield 开创了从引文角度研究文献的新领域，提出被引频次评价论文影响力的思想。

1963 年，在 Bernal 关于机器处理科学情报思想的启发下，Garfield 创办了科学引文索引（SCI），成为文献计量学发展史上具有划时代意义的科学成果。随后，社会科学引文索引（SSCI）、艺术与人文引文索引（A & HCI）相继创办。一系列引文数据库的创办为服务于科研评价的文献计量学研究提供了多功能的有力工具，促进了文献计量学在学术论文评价领域的应用及研究。1964 年 Garfield[②]再次提出，基于参考文献的引文索引对审稿专家评价论文具有一定的辅助作用。1967 年 Margolis[③]探讨了引文索引的论文评价功能。1963

---

① 德里克·普赖斯（Derek John de Solla Price），美国科学家、科学计量学奠基人和情报科学创始人之一，犹太人。1942 年毕业于伦敦大学物理系，1946 年获物理学博士学位。历任耶鲁大学教授、皮博迪博物馆的历史科技仪器馆馆长等职。

② GARFIELD E. Science citation index-a new dimension in indexing [J]. Science, 1964, 144 (3619): 649-654.

③ MARGOLIS, J. Citation indexing and evaluation of scientific papers [J]. Science, 1967, 155 (3767): 1213-1219.

年 Garfield 等[1]提出期刊影响力评价指标——影响因子。1972年Garfield 正式确立了影响因子的概念和计算方法。1975年期刊引证报告（JCR）被创办，影响因子被正式确立为期刊文献计量学评价指标[2]，并被广泛用于单篇学术论文的评价。

二、文献计量法的基础

文献计量法主要以出版物和出版物的引文、专利和专利的引文为计量对象，考察其在国家、地区、机构、时间、语种和文献类型等不同属性上的数量分布特征和规律，并以此作为依据来评价科研主体的科研水平、实力和能力，作为科研管理和决策、科研资源分配的基础或依据。文献计量法以文献增长与老化规律、布拉德福定律、洛特卡定律、齐普夫定律和引文分析法等基本规律和方法为基础，以 SCI、SSCI、EI、CSCD、CSSCI 等数据库为数据源进行统计分析，形成了一套完善的计量评价方法，被广泛地应用于科研、人才与学科评价及科研管理与决策等领域。在宏观层面的科学评价中，文献计量法有其优势。但是，文献计量法在科学评价中仍处于谨慎应用阶段，大多是作为定性评价方法的一种辅助手段。这是由文献计量法自身的局限性所决定的。不过，随着评价信息的日益丰富，评价方法日益科学，文献计量法本身越发完善，文献计量法会获得更多的应用。

（一）文献计量法的特点

文献计量学以文献体系和文献计量特征为研究对象。文献计量法采用数学、统计学等计量方法，研究文献情报的分布结构与数量关系，探讨科学活动的某些结构、特征和规律。文献计量学现在被广泛应用于其他领域的计量研究。当文献计量学被用于考察科学活动的特征时，它通常被称为科学计量

---

[1] GARFIELD E, SHER I H. New factors in the evaluation of scientific literature through citation indexing[J]. American documentation, 1963, 14 (3): 195-201.

[2] CAMPANARIO J M. Large increases and decreases in journal impact factors in only one year: the effect of journal self-citations[J]. Journal of the American society for information science and technology, 2011, 62 (2): 230-235.

学。当它被用于量化处理更为广泛的信息源和信息传播过程时，它又被称为信息计量学。当它被用于研究网路信息流和数据特征及规律时，又被称为网络信息计量学。

文献计量学统计分析的对象是指文献的各种计量特征。文献计量特征主要有3类：一是书目特征，主要包括文献量及其时间关系、相关论文及其期刊的关系、作者及其论文数量的关系等；二是引文特征，主要有引文量、被引量、引文率、被引率、引文结构、引文关系、自引、引文年代等；三是词频和内容特征，主要包括词频分布与结构、内容分析等。

（二）文献计量法的指标

文献计量法是利用出版物、专利等的引文作为科技绩效指标进行科学评价的一种定量评价方法。出版物（图书、论文等）和专利等是衡量科研产出能力的尺度，引文数量则是衡量出版物等成果影响力的尺度。根据文献计量指标功能的不同，可以把计量评价指标分为两类：描述性指标和关联性指标[1]。

①描述性指标。文献计量法最基本的描述性指标是学术论文、专利和引文数量。通过统计和分析这些指标，可以粗略地估计一个学术成果的影响，粗略地反映一个人或机构的科研产出情况。以这些指标为基础，一些国家还开发了更多的指标用于评价科研的质量和效率，如论文量、引文量、论文与引文的比较优势、单位国民总值的论文数和引文数等。

②关联性指标。一篇学术论文会有多位著者，合作论文的著者分析是最常见的关联性分析，它可以分析和描述学术交流系统中学术共同体成员之间的现存关系，对知识流向进行比较分析，揭示学术共同体成员个体、团体等之间的关系。例如，不同学术机构间的合作关系、不同国家的学术共同体成员之间的合作关系。

共词和共引也是重要的关联性指标。共词从科学术语上揭示了研究主题及它们之间的相互关系；共引反映了科学认识上的关系及研究工作上的网络关系。

---

[1] 邱均平，文庭孝，等．评价学：理论·方法·实践[M]．北京：科学出版社，2017．

（三）文献计量法的优势与不足

1. 文献计量法的优势

文献计量法对于科学评价具有一定的优势，其优势可以分为3类[1]：①结构上的优势，即允许进行多层次分析，实施有关分析的成本相对较低；如指标已内嵌入评价体系中，不需要重新创建评价指标及评价其有效性。②度量上的优势，即数据是可得到的，统计分析等评价过程比较简单。例如，文献计量法可以通过论文和引文数量来定量评价科研和科技产出，也可以通过对核心期刊及其相对影响的分析来进行定性评价。③表述上的优势，即文献计量学指标被科技界认为是科技活动产生成果的有效表示方法。文献计量法的共词和共引等分析，有助于识别学科领域的研究热点等。

2. 文献计量法的不足

文献计量法同样存在着局限和不足，在学术评价中应谨慎使用，特别是要与其他的科学方法结合使用，这样才能发挥文献计量法的特点和优势。文献计量法，尤其是引文分析，评价的是学术成果的影响而不是质量；学术论文统计和引文分析往往忽视学科领域，以及它们所处的生命周期的不同阶段的影响。

文献计量法的局限还表现为忽略了不同引文之间，以及不同施引者的差异。一篇文献被引用了n次，其实这n次都是不同的。每次引用的内容、位置等都不相同。同时，这n次引用的施引者也是不同的，他们对被引文献的"认同度"都不尽相同。

三、网络环境下文献计量法的新发展

文献计量法虽然有许多不足，但由于其相对客观和使用方便，在一些科研管理人员中广受欢迎。特别是随着互联网的发展，文献计量学又拓展了一个全新的研究领域，网络信息计量学（Webmetrics）[2]。

---

[1] 埃利泽．盖斯勒．科学技术测度体系[M]．周萍，黄军英，刘娅，等译．北京：科学技术文献出版社，2003．

[2] 查先进．信息分析与预测[M]．武汉：武汉大学出版社，2000．

（一）替代计量学

2010 年 Priem[①] 发表 Scientometrics 2.0：Toward new metrics of scholarly impact on the social Web 和 Altmetrics 宣言，标志着评价论文社会影响力和短期影响力的替代计量学方法正式诞生。替代计量学（Altmetrics）一经提出立即引起了学术评价领域学者的关注，其在单篇学术论文评价领域的应用和研究热度随之骤升，成为传统文献计量学和同行评议方法的有力补充。Altmetrics 最常用的论文评价指标包括基于 Scopus 等数据库的引文指标、基于下载和浏览次数的使用指标、基于网络链接的网络计量指标、基于分享和评论量的社交媒体指标、基于阅读量和保存量的文献管理指标等[②]。

替代计量学[③]的兴起是单篇论文评价（Article-Level Metrics）、科研成果计量（Eurekometrics）、科研发现计量（Erevnametrics）、科学计量学 2.0（Scientometrics 2.0）等众多研究的融合，与科学交流的网络化密切相关。科学交流的网络化既是提高科学交流效率的需要，也是网络时代科学家交流偏好变化的产物，是一种必然趋势。这种必然性体现在以下方面：一是科学家越来越多地使用计算机和网络来进行学术追踪和交流；二是这种交流不仅在学术圈内，而且已经成为全民的交流习惯；三是这种新的交流体系确实能提高交流效率，降低交流成本；四是以开放存取运动引领的出版体系变革，将以网络出版为重要特征；五是开放学术运动的不断深化，在线科研交流成为实现开放学术的重要手段[④]。

替代计量学并非对既有引文指标的单纯补充，因为替代计量指标能测度引

---

① PRIEM J, HEMMINGER B H. Scientometrics 2.0：new metrics of scholarly impact on the social web[J]. First monday, 2010, 15（7）.

② SUGIMOTO C R, WORK S, LARIVIÈRE V, et al. Scholarly use of social media and altmetrics：a review of the literature[J]. Journal of the association for information science & technology, 2017, 68（9）：2037-2062.

③ 邱均平，余厚强. 替代计量学的提出过程与研究进展[J]. 图书情报工作, 2013（19）：5-12.

④ 替代计量学[EB/OL]. [2019-11-29]. https：//baike.baidu.com/item/替代计量学/15832809?fr=aladdin.

文指标触及不到的领域，如数据集的重用率、学术视频的影响力、学术博客的社会影响力等；替代计量学也并非全盘否定基于引文的传统指标，它要替代的是唯引文至上的学术评价体系，所以可以看到 PlumX 对替代计量指标的分类中，引文仍然是重要的一大类。

Bornann[①] 学者分别从理论和实证层面探讨了 Altmetrics 的论文评价功能，实证研究主要侧重于 Altmetrics 与传统文献计量学指标、同行评议结果之间的相关性分析，研究发现 Altmetrics 的确反映了论文的不同种影响力，是传统引文评价指标的有力补充。但任何评价指标都绝非完美，Altmetrics 同样有其自身无法克服的局限性，如数据有效性、一致性和准确性难以验证。另外，Altmetrics 主要反映的是关注度和流行度，而非影响力。

（二）引文评价的发展

基于引文频次对学术论文进行分析和评价是文献计量法的重要分支。但传统的引文分析法不涉及被评文献的内容，备受质疑。不过，随着信息技术的发展，人们开始探讨引文的内容，尝试基于引文内容的分析与评价。

①基于引文网络的论文评价方法。有学者受 Google 网页重要性识别算法和社会网络分析理论启发，将网络结构思想引入学术论文评价，提出了基于网络结构的引文评价方法。Su 等[②] 学者借鉴 PageRank 算法，同时加入期刊影响因子、论文发表时间、发表机构、作者权威性、学科差异等因素，提出了单篇论文的质量评价算法。宋歌[③] 将社会网络分析理论引入引文评价，指出基于引文的社会网络指标是传统引文指标的有力补充。Schuber 等[④] 学者从直接引用和间接引用角度，对不同层次的引用赋予不同权重，构建了基于单向引文网络结构

---

① BORNMANN L. Usefulness of altmetrics for measuring the broader impact of research[J]. Aslib journal of information management, 2014, 67 (3)：305-319.

② SU C, PAN Y T, ZHEN Y N, et al. PrestigeRank：a new evaluation method for papers and journals[J]. Journal of informetrics, 2011, 5 (1)：1-13.

③ 宋歌. 社会网络分析在引文评价中的应用研究[J]. 图书情报工作, 2010, 54 (14)：16-19.

④ FRAGKIADAKI E, EVANGELIDIS G, SAMARAS N, et al. F-Value：measuring an article's scientific impact[J]. Scientometrics, 2011, 86 (3)：671-686.

的引文评价指标。基于引文网络的评价方法在一定程度上改变了简单以论文被引频次或期刊影响因子评价论文质量的实践,但该方法主要适用于高被引论文的评价。

②基于引用内容的学术论文评价方法。随着结构化全文数据库的出现及开放获取运动的兴起,基于引用内容的学术论文评价方法悄然而生。印第安纳大学丁颖等是基于引用内容的引文分析方法的倡导者,认为基于内容的引文分析是下一代引文分析,并提出了基于引用内容的论文评价指标[①]。事实上,人们很早就开始探索基于全文的引文分析,只是限于当时的技术水平,只能手工分析小样本数据。例如,Voos 等[②] 早在 1976 年就对施引文献中的引用位置和引用强度进行了研究,发现大部分引用位于引言中,并指出由于引文在施引文献中的被引用次数不同,引文是不等效的。

概括地说,学术评价方法问题是导致学术评价诸多问题的主要原因之一。从理论上说,无论学术活动如何发展,学术评价基本方法也只有定性评价和定量评价两种。现在的主要矛盾是,传统的同行评议和文献计量法不适应当前广大学术共同体成员对于学术评价的旺盛需求。或者说,不是要否定或抛弃同行评议或文献计量法,而是应该探索在新的网络和数据环境下如何利用和借助大数据、人工智能等技术促进发展,更好地满足人们对学术评价的需求。

---

① DING Y, ZHANG G, CHAMBERS T, et al. Content-based citation analysis: the next generation of citation analysis[J]. Journal of the association for information science & technology, 2014, 65 (9): 2244-2248.

② VOOS H, DAGAEV K S. Are all citations equal?or, did we op.cit. your idem [J]. Journal of academic librarianship, 1976, 1 (6): 19-21.

第六章
学术评价系统及其要素分析

20世纪下半叶以来,科学研究规模以惊人的速度发展,科学与政府、科学与经济、科学与公众等关系日益密切,即使在西方这个现代科学制度的发源地,科学由于其所处的社会、经济、政治、文化和网络等环境的变迁也发生了深刻的变化。科学不再仅仅是象牙塔里单纯的学术研究活动了,而是与外部环境有着复杂互动关系的社会实践活动。人们开始考虑科学的价值,科学评价就成为一个非常重要的议题。科学评价活动也不再是学术共同体的事了,不再是独立的,或者说纯粹的学术共同体学者的价值判断,而是与社会、经济、政治和文化环境存在着复杂的联系。在我国,随着国家经济、文化和科学技术及互联网等的飞速发展,科学对社会的价值越来越大。科学技术已经成为第一生产力。科学评价已经成为重要的社会活动,受到了全社会的广泛关注。科学评价不仅影响学术活动,影响科学成果的生产、传播和使用,还影响社会资源的分配和社会关系。可以说,科学研究及其评价系统成为社会大系统的一个子系统。

第一节 学术评价系统

系统即若干部分相互联系、相互作用,形成的具有某些功能的整体[1]。我国著名学者钱学森认为,系统是由相互作用、相互依赖的若干组成部分结合而成的,具有特定功能的有机整体,而且这个有机整体又是它从属的更大系统的组成部分[2]。

---

[1] 系统[EB/OL].[2020-12-17].https://baike.baidu.com/item/系统/479832?fr=Aladdin.
[2] 钱学森.论宏观建筑与微观建筑[M].北京:杭州出版社,2001.

学术评价系统属于社会大系统、学术系统的子系统，也是由相互联系、相互作用的各部分形成的一个整体。学术评价系统内的个体（评价者）根据预先确定的规则（评价标准）或计划（评价目标）运作，以实现或完成系统内单个评价主体不能单独实现的功能、性能与结果。因而，按照系统的分类原则，学术评价系统属于人工系统。

一、学术评价系统的构成

学术评价目的是发现评价客体（学术成果或学术活动）的价值。或者说，学术评价是对学术成果的价值进行判断。学术评价是一个系统，学术评价活动不仅包括评价主体和客体，还包括评价组织者、管理者、评价标准、评价机制和评价文化等其他多方面的要素。有时，来自评价客体之外的要素对评价结果产生的影响更大。通过对学术评价活动的分析不难发现，在学术评价系统中不同要素之间存在着多种关系，它们之间相互影响、相互制约。

不仅评价系统内各要素相互作用，评价系统之外的社会要素也与评价系统内的相关要素交换能量或信息。学术评价子系统与社会大系统之间不断进行能量交换。社会大系统影响学术评价系统，但同时学术评价子系统也反作用于社会系统，对社会产生影响。

由于科学技术对社会的贡献度日益提高。学术评价结果也受到了社会各界的广泛关注。许多学者从多方面剖析了学术评价产生的问题。学术评价带来的社会问题，是多方面的。有人将其归结为评价者的原因，也有人认为是评价机制问题，还有人认为是评价标准问题，以及评价活动组织者的管理问题等。其实，任何问题的形成都不是单一因素，是一个多因素构成的复合体。学术评价活动本身不是孤立的，它只是社会系统或科学系统中的一个子系统，需要与科学系统和社会系统不断交换能量。

表面上看，学术评价是一个微观的学术活动，仅取决于评价者对评价客体价值的判断。实际上，学术评价作为科学子系统的一部分，也是社会大系统的一个子系统。学术评价活动不仅会受到中观层面的学术共同体的制约，甚至会受到宏观层面的科学、社会、经济与文化政策的影响。而且，社会、经济与文化等不仅直接作用于科学政策的制定，而且文化具有很强的穿透力，直接作用于微观层面的评价主体，影响评价主体的价值观和价值尺度。通过对学术评价活动的分析，我们发现在学术评价系统中存在着3个相对稳定的"三角形"：

一是政府（科学政策的制定者／国家科学技术管理部门）、科学资助机构（国家科学研究政策实施机构）和评价机制；二是学术评价组织者（国家科学研究政策实施机构，以及单位的科研、人事管理部门）、学术评价主体（学科专家或学术共同体成员等）和价值尺度（学术评价标准、评议准则或评价指标体系的统称）；三是学术评价专家（评价主体）、价值尺度和评价客体。

二、学术评价系统的构成分析

由图6-1可以看出，学术评价系统由多个相互联系的要素构成。这些要素分布在3个不同的层次上。最外层属于学术评价系统的宏观层，也就是社会层或社会系统，负责相关科学政策的制定。中间层属于中观层，也就是科学技术系统（它属于社会系统的子系统），负责学术评价机制的制定。最内层属于微观层，负责具体的学术评价活动的实施。

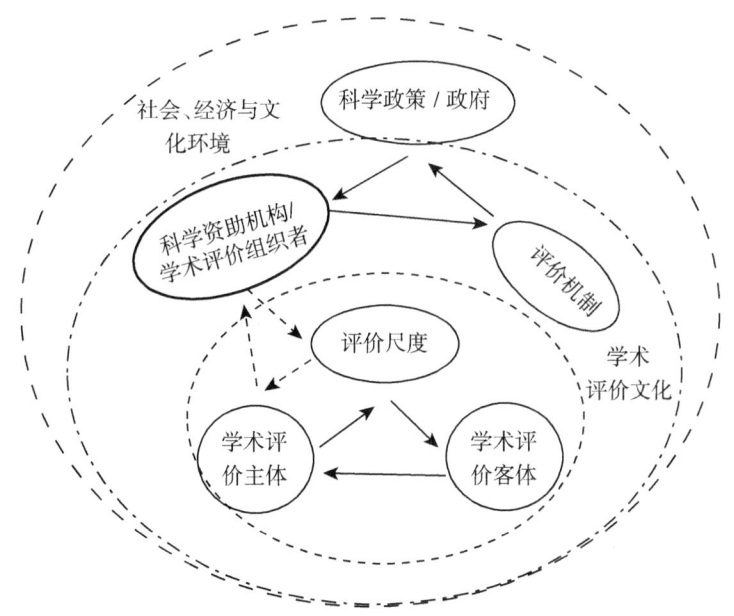

图6-1 学术评价系统相关要素及其关系

学术评价系统由3个相互联系、相互作用的三角形组成。每个三角形的顶点，都是学术评价系统中相关的要素。有些要素直接作用于评价主体，有的间接作用于评价主体。即使是在一个三角形中，3个要素的功能和属性也各不相同。

关于学术评价系统组成要素的分析，已经形成了多种观点。比较有代表性的观点是三要素说和四要素说①。前者认为，评价系统由评价主体（或评价者）、评价对象（评价客体）和评价中介（评价手段）3个基本要素组成，再加上评价目的和评价结果等非基本要素共同构成②。后者认为，要素亦由系统组成，因此，评价系统由主体系统、客体系统、目标系统和参照系统4个子系统构成③。此外，还有学者认为，完整的学术评价系统应包括评价主体、评价目的、评价对象、评价标准、评价内容、评价程序、评价方法、评价指标、评价数据、评价结果等10个要素。

由图6-1可以看出，在这个学术评价系统中，有的要素同时是两个三角形的顶点。例如，学术评价的组织者、评价主体和评价尺度。这些要素是学术评价系统中的关键要素。这些要素连接着两个三角形，在不同的三角形中，其作用有所不同。例如，学术评价组织者既是第一个三角形的顶点，又是第二个三角形的顶点。这两个三角形中都存在"委托代理关系"，在第一个三角形中，学术评价组织者（如科学资助机构）是"代理人"，是政府科学政策实施的代理人；而在第二个三角形中，学术评价组织者（科学资助机构）又成了"委托人"，他并不直接参与科学项目的评审，而是委托学术共同体中的同行专家（代理人）对项目进行评审。

第二节 学术评价系统要素分析

关于评价系统的要素，还有其他一些观点。其实，无论是三要素说、四要

---

① 连燕华，马晓光．评价要素系统结构分析及模型的建立[J]．研究与发现管理，2000，12(4)：14-20.
② 肖新发．评价要素论[J]．武汉大学学报（人文科学版），2004 (5)：523-528.
③ 秦越存．价值评价的本质[J]．学术交流，2002 (2)：1-6.

素说，还是十要素说，综合分析各要素的性质，可以概括地分为两类：①实体性要素，如评价主体（评价活动组织者和评价专家）、评价客体；②联结性要素，如评价标准、方法、目的等[①]。

在联结性要素中，有些要素是独立存在的，有些需要通过其他要素加以反映。例如，在十要素说中，评价指标和评价标准存在交叉，实质上是一致的。评价目的通常是通过评价标准体现的，也就是说，评价组织者在制定评价标准时就充分考虑了评价目的，体现了评价组织者的价值取向。

概括地说，学术评价系统是一个由实体性要素和联结性要素构成的开放的人工系统。任何一个人工系统都处在一定的环境之中，学术评价系统的要素除了其自身的实体性要素和联结性要素外，还有学术评价系统的环境要素。环境要素可以概括为学术评价的政策、经济和文化要素。

一、实体性要素

在学术评价系统中，实体性要素包括评价活动主体、评价主体和评价客体等。

在一些文献中，一些学者没有区分评价活动主体和评价主体，将他们统称为评价主体。其实二者是有区别的。可以通过是否是"价值主体"，或者是否对评价客体进行价值判断，将二者加以区别。通常，评价活动主体是价值主体，而评价主体只是评价客体价值的判断者，并不是真正的价值主体。例如，某机构人事部门组织的人才评价活动，人事部门需要了解被评价主体的学术水平，是真正的价值主体；而具体的评议专家只是对被评价人学术水平做出判断，被评价人的学术水平对于评议专家来说，没有意义。当然，在某些情况下，评价活动主体和评价主体，以及价值主体是一致的。这种情况，通常是我们个人的评价活动。又如，科研人员在科研活动中对一篇学术论文是否对其研究有参考价值的评价，这实际上，没有评价活动的组织者，评价活动的发起人就是评价者，其既是评价主体，又是价值主体。

---

① 陈喜乐，李腾达，等．构建促进协同创新的人文社科科研评价体系研究[M]．厦门：厦门大学出版社，2016．

客观上，在现实中还存在评价活动主体、评价主体和价值主体并存的情况。也就是说，评价活动主体也不是价值主体，其只是评价活动的组织者。以期刊杂志社（或编辑部）组织的同行评议为例，在同行评议活动中，杂志社是组织者，是评价活动主体，评议专家是评价主体，但他们都不是价值主体，而真正的价值主体是期刊的读者。

另外，学术评价活动主体和学术评价主体可以通过二者是否具有"委托—代理关系"进行判断。学术评价的委托人是学术评价活动主体，学术评价的代理人通常是学术评价主体。但也有例外，对于国家自然科学基金委员会来说，它同时具有两种角色。在具体的项目评审活动中，它是委托人，评审专家（学术共同体成员）是代理人，代理国家自然科学基金委员会对申报人申报的项目进行创新性和价值判断。但在国家层面，国家自然科学基金委员会又是代理人，它代理国家开展项目评价活动。

（一）学术评价活动主体

学术评价活动主体是指学术评价活动的组织者。例如，国家自然科学基金委员会和全国哲学社会科学工作办公室，科技部，以及大学等科研机构的科研处和人事处等，这些组织和机构通常是学术评价活动的主体。学术评价活动主体有两个明显的特征，其一它是学术评价活动的发起者；其二它是学术评价的价值主体，或者说，它是学术评价结果的需求者和拥有者。

学术评价作为一项学术活动，其活动的主体，可能是一个人、一个组织，甚至是一个系统或机器。学术评价活动主体既可以是专家学者个体，又可以是学术活动的组织者、管理者，以及这些管理部门所在的组织或机构，还可以是与学术活动无关的第三方。因而，要区分学术评价活动主体与学术评价主体。通常，在评价活动中，二者是不同的。评价活动主体是评价活动的委托人，评价主体是评价的代理人；但有时二者是相同的，也就是委托人和代理人是同一主体。这时，实际上也就不存在"委托—代理关系"关系了。

评价主体与价值主体既有联系又有区别。区别在于：价值主体是与一定对象发生价值关系的人，是价值关系的承担者之一；评价主体则是把握这种价值关系及其运动状态的人，是评价活动的承担者。另外，价值主体与价值客体是满足和不满足的关系,而评价主体与评价客体则是把握和被把握、反映和被反映的关系。联系在于:评价主体在现实中又往往与价值主体相重合,某人是评价主体,就意味着他是从自己或自己所属的群体的利益、要求出发,对评价客体是否具有价值、有多大价值等进行审视,并做出判断。但对于一些学术评价活动来说,学术评价主体并不是真正的价值主体,或者说他们不是价值关系的承担者,他们只是接受学术评价活动主体的委托,对学术评价客体价值做出判断。因而真正的价值主体是学术评价活动的组织者。

另外,从图6-1可以看出,还有一个实体要素——政府。政府并不直接参与学术评价活动,但国家自然科学基金委员会和全国哲学社会科学工作办公室等是政府的代理人,或者说,政府委托他们从事科学政策的贯彻执行;从学术评价活动来说,他们是价值主体,但实质上政府才是真正的价值主体。

(二)学术评价主体

学术评价主体是评价活动的具体承担者。孙丽在《"英语专业基础写作"课程多元化评价模式探索:基于新建应用型本科院校英语专业学生的教学实践研究》一文中指出,评价主体是指参与教学评价的个体或群体,一般而言,将评价他人者称为评价主体,被评价者称为评价客体[①]。而张晓青认为,评价主体是指参与人才培养质量评价活动,并按照一定标准对评价客体进行价值判断的个人或团体[②]。李淮春则认为,评价主体是指评价活动的发起者和承担者,进行评价的人[③]。

学术评价专家通常是学术共同体成员。在学术评价活动中,"同行评议专家"是实际学术评价活动的执行者,是真正的评价主体,具有十分重要的作用。在由"学术评价组织者—价值尺度—学术评价专家"构成的三角形中,学术评价专家是学术评价组织者(如科学资助机构)的"代理人",代理科学资助机构

---

① 孙丽."英语专业基础写作"课程多元化评价模式探索:基于新建应用型本科院校英语专业学生的教学实践研究[J].齐齐哈尔师范高等专科学校学报,2016(3):137-138.

② 张晓青.现代学徒制度市场营销专业人才培养质量评价体系探析[J].教育教学论坛,2016(8):245-246.

③ 李淮春.马克思主义哲学全书[M].北京:中国人民大学出版社,1996.

(委托人)完成对具体科学项目的评价工作。实质上,政府的科学政策是通过学术评价专家得到贯彻的,科学资助机构是监督者。

科学资助机构(学术评价组织者)通过制定评价条例(或办法)和具体的评价标准(价值尺度)作用于学术评价主体。表面上看,科学资助机构不直接参与评价,不直接作用于评价客体,实质上其通过其制定的价值尺度和评价条例(这二者是评价机制的重要组成要素)作用于评价客体。理论上,学术评价主体有自己的价值尺度,对评价客体的价值有自己的认识,但是在评价活动中受到科学资助机构给定的价值尺度(评价标准)所制约。

评价主体的确定是评价活动的首要问题。首先,评价活动是评价主体把握评价客体价值与意义的观念性活动,如果没有评价主体也就没有了活动主体。其次,评价结果只有与评价主体相对应才有意义。不同的评价主体对评价客体(学术成果等)的把握(认知和判断)能力和评价标准的理解(评价组织者的外在价值尺度与评价者的内在价值尺度的融合)是不同的。甚至同一个评价主体在不同的时间、环境和背景下会对同一评价客体做出不同的评价结果。因此,科学评价活动的组织者首先要科学地选择评价主体。

学术评价主体是多元的,其一,学术评价的主体不仅是学术共同体成员,还有编审人员和科研管理人员等非学术共同体成员;其二,评价主体不仅是个人主体,还有组织或群体主体,如学术委员会、评审专家组和学术评价中介机构等,但基础仍然是评价人个体;其三在未来,机器可能承担具体的学术评价活动,成为新的评价主体。

(三)学术评价价值主体

价值主体不同于评价主体。二者可以是统一实体,也可以不是,也可以部分是。价值主体是评价中的价值关系承担者。价值主体的区分,在价值关系的确定中具有至关重要的作用。价值主体是价值关系的主动者,价值关系中的目的,可以说是价值关系的灵魂。尽管价值关系既不可能没有价值主体,也不可能没有价值客体,但两者的地位、作用是有差异的[①]。在现实评价中,价值判断(评价结果)的多元性,从根本上说是由于价值主体的多元性;价值判断混乱,

---

① 冯平. 评价论[M]. 北京. 东方出版社, 1997.

从根本上说是因为价值主体的错位与混乱，所以，评价活动应该首先明确价值主体，区分评价主体与价值主体。

（四）学术评价客体

学术评价有广义和狭义之分。广义的学术评价，其客体既可以是学术活动，也可以是学术活动产生的成果。但狭义的学术评价，主要是指对学术成果的评价，其评价客体是各类学术成果。简单地说，学术评价就是对学术评价客体的学术价值和社会价值的测度。

学术评价的客体（或对象）丰富多样，科学研究系统之中与科学研究相关的事物，无论是人还是物，甚至是精神产品都可以作为评价的对象。学术评价客体，可能是一篇论文、图书、研究报告、科技期刊等出版物，也可以是开展学术活动的组织机构，如大学、科研院所和智库等，还可以是科学研究项目、研究报告等。相对于学术评价的客体，学术评价活动的主体更加复杂和多样。学术评价客体具有多种形态，可以是具体的学术成果，也可以是抽象的概念、方法和理论等，甚至是科学研究活动的过程等。因而，学术评价客体一般可以分为两大类：具体的评价客体和抽象的学术评价客体。

学术评价客体的形态划分不能依据学术成果等的载体表现形式。学术评价是对学术评价客体的内容、功能、作用、效用及其学术思想的评价。对于应用技术类学术成果，可能同时具有有形的实体和无形的内容。但是社会科学类学术成果通常是抽象的、无形的思想和观念。语言文字只是记录学术思想、观念的符号，纸张只是记载这些思想观念的物质载体。这些学术成果的记载、传播和管理等不能脱离这些物质载体，但评价与学术成果具体的载体形式无关。

二、联结性评价要素

在学术评价系统中，除了实体性要素外，还有联结性要素。联结性要素主要是指学术评价机制、评价方法和评价标准。本书认为，学术评价目的和评价结果并不是独立的要素。学术评价目的通常是指学术评价活动发起的理由，它具体体现在评价活动主体制定的学术评价指标体系之中。学术评价结果是学术评价活动的产物。若没有获得学术评价结果，学术评价活动也就失去了意义和价值。

（一）评价机制

评价机制是指在评价活动中建立的，用来客观反映评价系统的变化规律，评价系统中诸要素之间及与外部环境之间的关系[①]。由此不难理解，学术评价机制是指学术评价系统中各要素之间，以及与外部环境之间的关系。学术评价机制是评估科研绩效及学术能力的一系列制度，其作用主要体现在约束与激励两个方面，即对学术不端行为的约束和对学术创新活动的激励。

评价机制不同于政府和科学资助机构，它不是一个实体（要素），但它是客观存在的，在学术评价中起着重要的作用。政府通过科学政策和资金作用于科学资助机构（科学评价活动主体），科学资助机构通过评价机制间接反作用于政府。在分析学术评价存在的问题时，许多学者会将主要原因归结于评价机制，认为评价机制是导致评价结果不科学的主要原因。其实，导致学术评价结果的原因很多，这种现象只能说明评价机制的重要性。

学术评价机制与政府和学术评价组织者之间存在着直接的联系，评价机制并没有直接参与微观的学术评价活动。但实际上，评价机制决定着微观评价活动。因为如何评、由谁来评等问题都由评价机制规定。杨建林等认为，合理的学术评价机制至少包含学术评价组织者、评价主体、评价客体、评价目的、评价标准、评价方式和评价制度等七大要素[②]。①学术评价组织者。是指为了某种评价目的组织学术评价活动的个人或组织。②评价主体。是指实施评价的对象，如对评价对象发表评价意见的个人、团体、社会及媒体等，通常由同行专家或专业评价机构担当。③评价客体。是指被评价的对象，包括研究人员和学者、学术机构、研究项目和计划、学术成果、学术媒体等。④评价目的。是指进行评价所要达到的预期目标及总的原则要求。⑤评价标准。是指人们在评价活动

---

① 张晓旭，吕彩云. 创新型人力资源流动与评价机制研究[J]. 科学管理研究，2012（4）：92-95.

② 杨建林，朱惠，宋唯娜，等. 系统论视角下的学术评价机制[J]. 情报科学，2012（5）：670-674.

中应用于评价对象的价值尺度和界限。评价目的决定评价标准。例如,项目申报的同行评议与学术成果评价的同行评议,评价目的不同,评价标准通常存在明显的差异。⑥评价方式。是指评价过程中使用的工具或手段,包括同行评议法、指标体系法、同行评议与指标体系综合法等。⑦评价制度。是指有关部门制定的保证评价活动进行、要求有关人员共同遵守的规章制度等。

(二)学术评价方法

没有科学的评价方法,也就没有科学的评价结果,科学合理的学术评价方法是学术评价结果科学合理的重要保障。因而,学术评价方法是学术评价活动中的重要因素之一。

科学评价方法有广义与狭义之分。广义的科学评价方法包括评价准备、评价设计、信息获取、评价分析与综合、撰写评价报告等评价活动全过程所涉及的一切方法。狭义的科学评价方法则是特指科学评价分析与综合的具体方法[①]。

科学评价方法有很多,总体上可以分为3类:一是基于专家知识的主观评价(定性评价方法或专家定性判断法);二是基于统计数据的客观评价方法(定量评价方法或定量指标评价法);三是基于系统模型的综合评价方法(包括定性与定量相结合的评价方法和各种综合评价方法)[②]。

国外将科学评价方法分为文献计量分析法(称为文献评价法)、专利分析法(称为专利评价法)、共词分析法(称为内容分析法)、经济影响分析法(称为市场评价法)、同行评议法(包括内部评价、外部评价和定向评价3类)和对影响的下游分析6类[③]。

每一次的学术评价活动,都存在评价方法的选择问题。在学术评价方法选择时,首先要考虑评价客体的特征,如评价客体的信息是定性的还是定量的;其次要考虑评分方法的可行性和经济性问题,要保证学术评价活动的正常开展。另外,不是每种评价方法都适合于所有的评价对象,也不是所有的学术评价活

---

① 邱均平,文庭孝,等.评价学:理论·方法·实践[M].北京:科学出版社,2017.
② 陈敬全.科研评价方法与实证研究[D].武汉:武汉大学,2003.
③ 诶利泽·盖斯勒.科学技术测度体系[M].周萍,等译.北京:科学技术文献出版社,2003.

动都要运用多种方法。因而，如何根据评价客体的特征和每种评价方法的特点及评价活动的实际需要，选择合适的评价方法，是学术评价方法应用研究应该关注的重要问题。

科学评价方法的选择除了受评价客体、评价活动的目标等因素制约外，还受评价文化背景的影响。例如，当前我国许多人认为基于文献计量分析的评价方法不科学，认为学术评价应该以定性评价为主。再如，英国在学术评价中特别关注可计量指标，而法国则限制定量指标的应用。美国则认为，定量指标在处理有关政策争议时不可或缺，其1993年公布和实施的《政府绩效结果法案（GPRA）》中就特别强调要用可计量的指标评价政府资助的基础研究和应用研究[1]。还有一些学者和评价机构认为，任何学术评价方法都有其固有的缺陷，对于较为复杂的学术评价活动，采用任何一种学术评价方法都不可能得到比较满意或理想的评价结果。因此，在进行学术评价时，要根据评价活动组织者的目标和目的，综合利用定性和定量评价方法。

（三）学术评价标准

评议准则是资助机构指导评议人进行评议的重要形式，也是其资助政策的重要表现形式[2]。例如，国家自然科学基金委员会采用的评议准则是，要求评议人在所有NSF项目评议中都依循两项准则，即学术价值和广泛影响。

价值尺度是第2和第3个三角形共有的顶点。价值尺度在实际的评价中通常称为评价标准，或评价指标体系。价值尺度在学术评价中具有十分重要的作用。它是衡量和判断学术评价客体价值的一个"标尺"。但在，这两个三角形中，这个价值尺度并不完全一致。

相对来说，在"科学资助机构—价值尺度—学术评价专家"构成的第2个三角形中，这个价值尺度是科学资助机构依据政府的科学政策和学术共同体的共同价值观形成的一个相对客观的学术成果学术价值的衡量标尺。但是，在实

---

[1] KAUTZ J R, ELLEN N F, RUTH H, et al. The government performance and results act of 1993: implications for social work practice[J]. Social work, 1997, 42 (4): 364-373.

[2] 龚旭. 科学政策与同行评议[M]. 杭州：浙江大学出版社，2009.

际的评价过程中，评价专家会受到自己价值尺度的影响，并不一定严格执行科学资助机构给定的价值尺度。有时评价专家会首先依据自己的价值尺度或自己的认知框架去衡量，这也就是学术评价中难以避免的主观性因素。

学术评价标准是学术评价目的的具体化，具有内生性、统一性和多样性的特点。内生性是指学术评价标准是学术共同体自己制定的专业标准，它体现了学术界的共同价值取向；统一性是指建立在学术共性基础上的国内外同行的认同性；多样性不仅是指基础研究的评价侧重于学术价值和创新，应用研究和对策研究的评价侧重于社会效益，更重要的是指不同学科评价标准的差异性。例如，哲学、文学等人文学科的评价标准可能与经济学、社会学、法学等社会科学的评价标准大不相同[①]。

由于学术成果或学术活动价值的隐含性，其价值的发现也是一项具有挑战性的学术活动。因而学术评价活动具有一定的主观性与不确定性。由于学术评价活动是多要素相互作用的结果，而且在实际评价过程中，评价者还会受到来自评价系统内外多方面因素的影响，因而学术评价结果的科学性和客观性也常常受到人们的质疑。

三、学术评价系统的环境要素

当今社会，科学不再是象牙塔里单纯的研究活动，而是与外部环境有着复杂互动关系的社会实践活动。学术评价活动亦是如此，不是孤立的、单纯的学术共同体的事情，它与社会环境有着千丝万缕的联系。学术评价不仅影响着学术资源的分配，而且间接影响着科学研究活动，以及科学成果的生产、传播和使用。

学术评价系统是一个高度开放的人工系统，其运行不仅受到内部诸因素的影响，还受到外部环境的影响。学术评价系统既是科学研究大系统的子系统，也是社会大系统的子系统。因而，学术评价系统的环境要素也由政策、经济和文化3个方面构成。对于学术评价活动，影响较大的是科学技术政策和社会文化环境，以及学术共同体的文化环境。

---

① 张保生. 学术评价的性质和作用[J]. 学术研究, 2006 (2): 5-15.

（一）学术评价的政策环境

学术评价系统的政策环境是指与学术评价活动相关的各类政策要素的总和。政策环境是宏观环境，它决定着人们活动的目标、性质和方向。学术评价的政策环境，主要是指国家的各类科学技术政策，当然任何学术活动都是社会活动的一部分，也同样受到国家大的政治、经济和文化政策的影响。

一个国家的科学技术政策在一定程度上体现了一个国家某一时期的科学发展目标。例如，第二次世界大战后，美苏两国都投入了巨资开展国防相关的科研活动，开展军备竞赛。我们国家改革开放以来，提出了"科学技术是第一生产力"，科学技术获得了较快的发展。近些年，学术评价结果在社会中产生了较大的社会影响，这也是与国家的科学技术政策密切相关的。从科学管理角度看，科学技术的快速发展及国家投入的加大，为了获得更好的成效，就需要将优质资源配备到优秀的科研团体或个人，这就需要学术评价。

国家自然科学基金委员会、全国哲学社会科学工作办公室和科技部等是我国科学技术项目的管理部门、学术评价活动的主要组织者，也是国家科学技术政策的贯彻执行者，其评价体制和机制，以及项目评价指标体系都包含着国家的各类政策。

（二）学术评价的经济环境

所谓学术评价系统的经济环境是指存在于学术评价系统整体之外并对学术评价活动产生作用和影响的经济因素总和。从学术评价活动看，经济环境为学术评价系统的运行提供了物质基础。而从大的环境看，经济环境是全部社会环境的基础，它不仅决定了科学技术政策，还决定了国家政治和文化政策等。

（三）学术评价的文化环境

学术评价系统的文化环境是指对学术评价产生作用和影响的人类文化因素的总和。文化作为一种社会现象，深刻影响着现实社会中的每一个人。对于学术评价，文化不仅影响着学术评价专家，而且也影响着学术评价的组织者和管理者。价值判断是在一定文化背景中的选择。价值判断是与具体的社会文化情境、具体的行动情境血肉相连的[①]。

文化作为学术评价系统的一种社会环境，它对学术评价的影响主要表现在物质文化的基础作用、组织文化的载体作用和精神文化的主导作用3个方面。物质文化为学术评价活动提供了物质基础。任何学术评价活动都依托于一定的物质载体，对于一些科学技术评价活动，离不开仪器设备等物质载体。

组织文化是一种以各种形式的制度为特定载体的文化形态。这在学术评价中主要是指学术评价的体制。学术评价活动的开展，需要各级政府做出科学合理的制度保障，需要赋予学术评价者充分的评价权力，使其能够按照学术活动的发展规律做出正确的判断。只有这样，才能真正反映学术评价活动的作用和价值。因而，科学合理的学术评价体制是保障学术评价活动有效开展的重要文化因素。

精神文化是一种以价值观和行为规范等形式表现的文化形态。其实，对于每一次具体的学术评价活动，学术评价专家的价值取向是首要因素，其次是其所处的学术共同体的价值取向，然后才是整个社会的价值取向。精神文化或观念文化处于文化的内层，它不仅制约着文化系统结构本身的物质文化和组织文化，而且对人类活动产生着深刻而长远的影响。学术评价活动始终受哲学思想、宗教信仰、伦理道德和审美艺术等内在精神文化氛围的制约。因而，学术评价专家的价值观对于学术评价具有较大的影响。

总之，从学术评价系统的大环境看，它受政治、经济和文化等大环境的影响。但对于一个具体的学术评价活动来说，更多的是受中观层面学术评价体制和机制、微观层面因素的影响。但无论什么样的评价活动，都不可能脱离一定的环境，因而任何学术评价活动的评价结果都多多少少带有时代发展的烙印。

第三节　学术评价系统的作用机制

作用机制是指为实现某一特定功能，一定的系统结构中各要素的内在工作方式及诸要素在一定环境条件下相互联系、相互作用的运行规则和原理[②]。学术

---

① 约翰·杜威. 评价理论[M]. 冯平, 余泽娜, 译. 上海：上海译文出版社, 2007.
② 作用机制[EB/OL].[2020-12-17].https：//zhidao.baidu.com/question/206846800.html.

评价系统的作用机制是指学术评价系统内各要素之间的相互作用，以及内部要素与外部环境要素之间相互作用的关系。客观地说，学术评价系统中包含的要素相对较多，而且一些要素并非"实体"，这些要素间的作用具有一定的隐蔽性。为了更清晰地揭示各要素间的相互作用和关系，参考图6-1可知，他们之间的作用和关系有以下几种情况：其一是图中3个三角形之间的相互作用；其二是每个三角形内3个要素之间的作用；其三是外部环境要素对内部3个三角形及其相关要素的作用。

一、3个三角形之间的相互作用

分析可知，3个三角形代表了社会系统中不同层面的不同利益群体，反映了学术评价系统中的核心要素。第1个三角形的主导者是国家政府或科学技术政策的制定者；第2个三角形的主导者是学术评价活动主体，也就是学术评价的组织者；第3个三角形的主导者是学术评价主体。

第1个三角形代表的是学术评价的价值主体。它是学术评价体制、机制的制定者。它对第2个三角形中的学术评价活动主体（学术评价组织者）产生直接的作用。第2个三角形包括学术评价活动主体和学术评价主体，但由于学术评价活动主体同时也属于第1个三角形，因而它是第1个三角形联系第2个三角形的桥梁。它具有双重身份，在第1个三角形中它是政府的代理者，在第2个三角形中它又是学术评价活动的委托者，是学术评价指标体系或评价标准的制定者。第1个三角形通过学术评价体制和机制对第2个三角形产生作用。

第2个三角形与第3个三角形通过学术评价主体（实体要素）和价值尺度（联结要素）两个重要的要素相连接，这表明两个三角形之间联系十分紧密。

第3个三角形包含学术评价主体和客体两个重要实体要素。学术评价就是学术评价主体依据"价值尺度"对学术评价客体的价值判断，因而第2个三角形通过联结性要素——学术评价的价值尺度对第3个三角形中的学术评价主体和客体进行作用。

二、三角形中 3 个要素的相互作用

图 6-1 每个三角形中的边构成了学术评价活动两个要素间的关系。在每个三角形中，两个要素间的关系也不相同。

（一）政府、科学资助机构与评价机制之间的关系

科学作为一种社会存在，其运行需要一定的基础制度及其环境条件作为支撑。学术评价活动也是科学活动。学术评价作为一种社会性存在，当前表现尤为突出。改革开放 40 年来，科学技术就是生产力，成为社会共识。我国社会、经济和文化的快速发展，急需大量的科学人才和高水平的科学成果。国家制定和出台一系列科学政策，激励和引导科学活动。例如，国家成立的国家自然科学基金委员会，专门负责科研项目的立项、管理和结项等活动。其核心就是同行评议制度的建立。

在这个三角形中，政府是科学政策的制定者，代表国家制定和发布国家的宏观科技政策，保证科学研究的公平公正，同时又能反映国家的科研导向。但由于科学研究的特殊性，政府往往需要委托具有专业知识的学术共同体代理完成科学发展的任务。在这个三角形中，包含着两个十分重要关系：一是政府与学术评价活动组织者，也就是政府与科学资助机构之间的关系；二是学术评价机制与政府和科学资助机构之间的关系。

1. 政府与科学资助机构之间的关系

在这个三角形中，国家政府是科学活动的委托人，而学术评价组织，如国家自然科学基金委员会和全国哲学社会科学工作办公室都是代理人。也就是说，国家的科学政策通过这些代理人得以贯彻和执行。通过这些代理人实施对学术共同体的学术活动进行组织、管理和评价，以及实施资源分配等。很显然，他们之间是委托人和代理人的关系。亦即政府（委托人）为了实现其自身没有能力达到的特定目标，将资源交付给科学（代理人）；科学代理人则利用其专长，使用这些资源以实现政府（委托人）的目标。

然而，在现实社会中，委托人与代理人可以是广义的政府和科学共同体，也可以是具体的国家行政机构或政府专业机构、科学资助机构与同行评议专家

等。有时，有的机构或组织甚至可以集委托人和代理人于一身，从而使得委托代理关系变得十分复杂。例如，科技部既是国家政府机构，负责科技政策的制定、实施与管理，又负责具体科技项目的立项评审、资金分配、结项评价等。

根据委托代理管理理论，政府与科学共同体之间的关系，或者说国家科学政策制定者与学术共同体或科学资助机构之间的关系，具有以下4个方面的特征：①委托人和代理人各自有自身的目标和利益，而且两者可能一致，也可能存在冲突或部分重合。科学共同体或科学家的首要目标是追求知识或真理，而政府的主要目标是追求经济繁荣和社会稳定，两者的目标显然不一致。②委托人面临的最大问题是与代理人之间存在信息不对称性，以及由此产生的"逆向选择"（即代理人并非最好或最合适）和"道德风险"（即代理人谋求私利）的问题。当缺乏专业知识的委托人将发展科学等专业性很强的任务委托给科学共同体时，需要有一种好的机制，以保证遴选出的代理人是正确的。这在学术评价中，就是评价机制问题。委托人通过什么机制，保证代理人的资源分配客观公正。③为了避免和解决信息不对称带来的问题，委托人有权对代理人进行监管（或监督），但由于缺乏足够的信息而无法进行监管，委托人需要付出额外的监管成本。④委托人与代理人之间应当有基本的信任，因为这种信任有助于形成持续稳定的委托关系。

2. 学术评价机制与政府和科学资助机构之间的关系

学术评价机制与政府和科学资助机构之间的关系，又包含了政府与评价机制的关系，科学资助机构与学术评价机制的关系。

①政府与评价机制的关系。在这个三角形中，国家科学资助机构即同行评议的组织者具有重要的作用。在政府与科学资助机构的委托代理关系中，国家科学资助机构（如国家自然科学基金委员会）处于中间的位置，对政府来说它是代理人，代理政府执行科学政策；对于科学共同体来说，它又是委托人，委托科学家开展具体的学术评价活动，它代理政府监管学术评价活动，保证其客观公正。在这个关系中，国家科学资助机构是如何同时获得政府和学术共同体的信任呢？是评价机制。

同行评议作为国家科学资助机构的一种评价机制具有十分重要的意义。在现有的国家科学体制中，国家资助机构具有"双重身份"，一方面需要平衡政府与科学共同体之间的利益;另一方面还要平衡自身科学共同体内部不同科学群体之间的利益。其结果是,政府和资助机构对同行评议政策的评价不一。政府对同行评议这种评价机制的质疑,实质上还是委托人和代理人的目标不完全一致,具体地说,是政府和学术共同体的价值观不一致、对科学研究评价的价值尺度不一致的问题。具体表现为:从政府要求科学共同体承担更多的社会责任到关注科学造假行为,从强调公众参与科学活动到开展科学研究绩效评估,政府从不同角度对学术共同体的同行评议机制提出了种种要求和建议。

②科学资助机构与学术评价机制的关系。长期以来,科学共同体凭借同行评议形成的内部评价机制,在科学活动中实现相当程度的自治。因此,科学共同体坚持政府应当保持对科学自主的信任,不对或少对科学活动进行干预。同行评议这种评价机制是维持这个三角形稳定的一个重要因素。一方面,在科学共同体内,通过同行评议实现学术资源的公平分配;另一方面,通过同行评议这种评价机制,使得政府有限的科学资源得到有效的使用,在保证基本公平的前提下,鼓励竞争,实现优胜劣汰。另外,通过同行评议机制,科学共同体获得政府的信任。因而,从某种意义上说,同行评议作为科学资助质量的控制机制,将政府、科学共同体和科学资助机构联系在一起,政府和科学共同体是资助机构的"赞助者",政府为其提供财政经费,科学共同体为其提供科学资本,从而形成一个相对稳定的委托代理关系(三角形)。

(二)学术评价活动主体、评价主体和价值尺度之间的关系

在这个三角形中包含了学术评价的 3 个重要因素:学术评价活动主体、学术评价主体和价值尺度。其中,学术评价活动主体又是学术评价的价值主体,而价值尺度作为联结性要素,是学术评价活动主体作用于学术评价主体的关键要素。

1. 学术评价活动主体与学术评价主体

学术评价活动主体与学术评价主体是整个学术评价系统中具有主观能动性的两个重要的实体要素。学术评价活动主体委托学术评价主体完成自己对学术评价客体价值的判断。学术评价活动主体通过包含自己评价目的和价值取向的"价值尺度"制约学术评价主体的评价行为。同时,每个学术评价主体都有自

己的内在价值尺度。在每次的学术评价活动中,学术评价主体是基于学术评价委托人提供的外在价值尺度和自己的内在价值尺度对评价客体的价值做出判断。因而,学术评价主体在评价活动中,通过自己的内在价值尺度反作用于学术评价活动主体。

由于学术评价活动主体是价值主体,在这个三角形中,它具有主导作用。也就是说,由谁来作为评价主体进行评价,以及评价结果如何处置或使用,学术评价活动主体具有决定权。当然,学术评价主体也不是完全被动的,当学术评价活动组织者一旦确定了评价主体,其就将自己对评价客体价值判断的权利让渡给了评价主体。因而,在同行评议活动中,评价主体(同行评议专家)的选择十分重要。谁是最合适的评议专家,这实际上是一个很难的问题。现在,有学者认为,基于文献大数据分析确定真正的"小同行",作为评议专家的人选。目前,笔者认为这只是一个值得探索的研究。

学术评价活动主体和评价主体是学术评价系统中具有主观能动性的两个实体性要素,也是最为重要的两个实体性要素。二者的关系,或者二者的目标是否一致,对于整个学术评价活动都十分重要。学术评价活动主体能否把自己的评价目标和目的准确地传达给评价主体,评价主体是否准确无误地理解评价活动主体的评价目的,都关系到评价结果是否合理,甚至决定着评价活动的成败。

2. 学术评价活动主体和评价主体与价值尺度之间的关系

价值尺度是学术评价活动主体与评价主体之间的联结性要素。从上面分析可知,学术评价活动主体与评价主体之间具有"委托—代理关系",其实这个"委托—代理关系"就是通过"价值尺度"来实现的。但二者与价值尺度之间的关系是不同的。

①学术评价活动主体与价值尺度的关系。学术评价活动主体是学术评价价值尺度的制定者,对价值尺度的内容、形式与利用都具有处置权。每次学术评价活动,针对不同的目的、不同类型的学术评价客体,学术评价活动主体都会制定或选择一个相对科学、合理、可行的价值尺度。

价值尺度在具体的评价活动中被形式化为具体的评价指标(体系或框架)。价值尺度形式化的过程,也是学术评价活动主体将自己对评价客体的认知,以及自己价值取向融入价值尺度的过程。因而,学术评价活动主体通过价值尺度间接作用于评价客体。

②学术评价主体与价值尺度的关系。学术评价主体是价值尺度的使用者。理论上说,学术评价主体依据学术评价活动主体提供的价值尺度对价值客体(学术评价客体)的价值做出分析和判断。然而学术评价主体具有主观能动性,也具有自己内在的价值取向,因而在评价过程中,评价主体会依据自己的价值取向去理解和使用评价活动主体提供的(外在)价值尺度。学术评价主体对(外在)价值尺度具有反作用。或者说,学术评价主体通过(外在)价值尺度对学术评价活动主体起反作用。

(三)学术评价主体、客体与价值尺度之间的关系

这个三角形是整个学术评价系统的核心,其中包含着学术评价主体、客体与价值尺度3个要素,其中,学术评价主体与客体是实体性要素,价值尺度是联结性要素。其实,前面已经多次论述了学术评价主体和客体之间的关系,这也反映了这两个要素的重要性。学术评价客体是学术评价主体认识的对象,同时也是价值客体,是价值关系的承担者之一。

①学术评价主体与客体的关系。学术评价主体与客体是认识与被认识的关系。学术评价活动的客体通常是学术成果,它们不仅具有一定的专业性,而且其价值具有隐含性。其专业性与隐含性是说,只有具有一定专业知识的学术共同体成员才能对其隐含的学术价值做出科学的判断。反过来说,对于不同类型的学术评价客体,需要选择不同的学术评价主体。这也是学术评价客体对学术评价主体的反作用。

②学术评价客体与价值尺度的关系。价值尺度是对学术评价客体的价值度量。通常学术评价主体利用价值尺度对学术评价客体的价值做出判断,让人们认识评价客体的价值。价值尺度通常形式化为一组相互联系的评价指标(指标体系),每个指标反映评价客体某一方面的价值,因而价值尺度实际上反映了评价客体的价值属性。

在评价过程中,学术评价主体利用价值尺度去度量评价客体的价值,价值尺度直接作用于评价客体,是人们认识评价客体价值的标尺。但是,在每次评价活动实施前,评价活动主体必须对评价客体进行分析和研究,了解其价值表

现，从而制定科学合理的价值尺度。然后，利用价值尺度对评价主体的价值取向进行一定的限定。因而，价值尺度与3个实体要素具有密切的关系，在学术评价中具有十分重要的作用。

三、环境对学术评价系统的作用

任何系统都处于一定的环境之中，与环境进行着信息和能量的交换。学术评价系统也是如此。学术评价系统同时处于科学研究系统和社会大系统之中。因而，学术评价系统同时与科学研究系统和社会系统进行信息和能量的交换。学术评价系统在与科学研究系统或社会系统进行信息或能量交换的同时，也在影响或改变着科学研究系统或社会系统。

学术评价系统属于人工开放系统，其所处的环境可以具体化为政治、经济、科学技术与文化4个方面的因素。这4个方面的因素对学术评价系统产生作用和影响的形式和大小都是不同的。而且，即使是同一因素，在不同时期对学术评价系统的作用和影响也是不同的。政策对学术评价系统的作用是宏观导向性的，经济是学术评价系统运行的基础。相对而言，科学技术和文化对学术评价系统的影响更加直接和深入。

（一）科学技术系统对学术评价系统的影响

科学技术系统对学术评价系统的影响主要包括两个方面：一方面为学术评价系统提供物质基础，包括评价客体和评价仪器设备；另一方面科学技术的发展需要学术评价系统实现必要的控制和激励。这实际上是学术评价系统对科学技术系统的反作用。

科学技术系统为学术评价系统提供物质基础。学术评价是学术评价主体对客体的评价。学术评价主体通常是学术共同体成员，这些学术共同体成员来自科学技术系统。或者说，是科学技术系统中从事科学研究与管理的学术共同体成员。因而，学术评价系统需要科学技术系统为其提供评价主体。同时，任何评价都依赖于一定的物质基础，科学技术系统为学术评价系统提供评价所需的各类仪器和设备。

学术评价客体通常是各类学术成果。学术成果是科学技术系统运行的产物。科学技术系统为学术评价系统源源不断地提供评价客体。学术评价系统通过对客体的评价（评价结果）作用于科学技术系统。学术评价系统通过对学术成果的评价，实现对科学技术系统资源优化或再分配，从而进一步提高科学技术系统的生产效率和输出产品的质量。

（二）文化对学术评价系统的影响

文化的影响无处不在。文化通过观念影响着每个学术评价活动的参与者，包括学术评价活动组织者（评价活动主体）和实施者（评价主体）。学术评价系统中的"实体"，无论是具有主观能动性的人，还是被评价的客体——学术成果，都多多少少携带着一个时代、一个国家、一个民族、一个学术共同体的"文化印迹"。

在学术评价中，学术评价活动的组织者会依据自己的目的和价值取向制定评价标准（评价依据的价值尺度）。每个评价主体都会依据自己的价值尺度对评价客体进行价值判断。无论是组织和个人的价值取向都包含着文化的因素。文化对学术评价具有实实在在的作用。

价值判断中所有被当作导致主观性的要素，如欲望、情感、兴趣、目的等都是有经验根据的，都是可以进行经验观察和探究的，同时也都是可以通过这种探究而加以改善的[①]。

总之，学术评价是一个开放的人工系统，无时无刻地与科学技术系统和社会系统进行着信息和能量交换。或者说，它在从社会和科学技术系统获得信息和能量的同时，并受到其作用。学术评价系统由实体要素和联结要素构成。相关要素横跨宏观、中观和微观3个层面。它们之间相互作用，形成一个有机的整体。

---

① 约翰·杜威. 评论理论[M]. 冯平，余泽娜，译. 上海：上海译文出版社，2007.

第七章
学术成果的价值分析

学术评价不是研究评价客体的价值，而是发现、分析其价值。

如前所述，本书所述的学术评价是指关于学术成果的评价。学术成果是学术评价的客体，是学术评价的对象，是构成学术评价系统的主要元素之一。学术评价就是对学术成果价值的分析与判断，因而对学术成果价值的分析是学术评价活动的主要任务和内容。

价值问题，无论从其现实的表现，还是人们使用这个词语（概念的语言符号）的语言分析看，都与人的需要密切联系，并受之制约。人们总是把满足的东西，或是现实的满足或是可能的满足，或是实际的满足或是自认为的能满足，称为有价值的东西，也只有那些能满足需求的东西才是有价值的东西。概括地说，价值就是一定事物（客体）对主体需要的满足关系。

第一节 学术成果价值的主体与客体分析

一、学术成果的价值主体分析

（一）价值主体

价值离不开主体，没有主体及其需要，就不会有物的价值属性。所以，评价首先需要确定的就是价值主体，即价值关系中的主体。在价值关系中，主体的需要处于支配地位，它是衡量客体价值的尺度。任何价值都是相对于确定的价值主体而言的，同一事物与具有不同需要的主体形成了不同的价值关系。因此，对于具有不同需求的主体而言，同一事物就具有了不同的价值（或正价值或负价值或无价值）。

例如，一篇学术论文（对谁）是有价值的。在这个例子中，"谁"就是价值主体。很显然，对于一篇学术论文，对于不同的人就有不同的价值。又如，《2015—2019年人工智能研究综述》这篇论文，对于一个刚刚从事人工智能学习的学生来说，亟须了解人工智能的研究现状，这是很有价值的；但是对于一个处于人工智能研究前沿的专家来说，可能没有任何参考作用，没有什么价值。但是，在学术评价中，有时价值主体并不十分明确。再如，一所高校科研处组织同行专家对一本书进行评价。同行专家是评价主体，并非价值主体。科研处是评价活动的组织者，表面上看，同行专家为"科研处"评价，其实科研处并不是真正的价值主体。因而，所谓某物是有价值的，是相对于特定的价值主体的特定需求而言的。有时，价值主体是明确的、具体的，有时并没有明确的价值主体，但并不是说没有，或不存在价值主体。

（二）学术成果的价值主体

学术成果的价值主体是指对学术成果有需要的个人或团体。学术成果的价值就是学术成果对个人或团体需要的满足，体现为对个人或团体的作用与意义等。

在学术评价活动中，价值主体并不一定等于评价主体。通常情况下，学术成果的价值主体是评价活动主体，也就是评价组织者。而评价主体则是第三方评价机构或者专门成立的评审专家组。只有当学术成果被个体用户选择和利用时，评价主体与价值主体相重合，即个体用户既是评价主体，又是价值主体。

对学术成果价值主体进行分析，首先需要分析学术评价活动所发生的具体场景，主要有以下几种情况。

第一，学术成果（如学术论文等）发表之时。严格意义上讲，学术成果在正式进入科学交流系统之前，必须经过期刊编辑和审稿专家的评审和把关。显然，在这一场景下，期刊编辑和审稿专家都扮演评价主体的角色。无论是期刊编辑还是审稿专家，都将价值作为学术评价的主要标准，但二者所考虑的价值主体有所不同。期刊编辑主要根据目标期刊的专业定位来判断论文主题对于目标读者需求的满足情况，而审稿专家则主要根据学术成果的内容来判断学术成果对学科发展的作用、对学科知识体系的贡献、对社会问题的解决及对人类认知的提高等。可见，期刊编辑所面向的价值主体主要是期刊已有的和潜在的读者群体，而审稿专家所面向的价值主体主要是整个学科、整个科学、社会乃至全人类。

第二，学术成果被个体用户选择和利用之时。无论是从事研究工作的科研人员，还是提供政策导向的政府官员，抑或是普通的社会大众，他们在判断和选择要利用的学术成果时，通常先对学术成果的客观价值进行判断，并在此基础上，考虑学术成果对于其自身的主观价值。因此，该场景下的学术成果的价值主体往往是用户自身。

第三，为实现特定目的而对学术成果进行评价之时。无论是人才评价、机构评价，还是期刊评价、项目评审，或是学位授予、职称晋升、科研奖励等活动，最终都要落脚到对学术成果进行评价。在这一场景下，参与评价的学术成果，都是经过评审专家评审并且已经发表了的，且经过一定实践和时间检验的。因此，这些场景下所开展的学术评价，更加关注学术成果所表现出来的、已经实现了的"现实价值"，包括学术价值、技术价值、经济价值和社会价值等，其中，评价主体主要是专门的评审专家组，价值主体不针对具体的用户个体，而是整个学术共同体。

综上所述，学术成果的价值主体是多元化的、多层次的，既包含微观层面的个体（如某一位科研人员、政策制定人员或者普通社会大众），也包含中观层面的组织或者群体（如学术共同体），同时还包含宏观层面的学科、科学、社会及全人类等。对于不同层面的价值主体，学术成果价值的形态和性质是不同的。与微观价值主体相对应的价值是个人价值。个人价值最主要的特征是主观性和相对性。与中观层面价值主体相对应的价值是集体价值。与宏观层面价值主体相对应的价值，是学科价值、科学价值、社会价值（包含经济价值）或人类价值等。每一种价值都有自己特定的"条件域"，从而构成自己的"价值域"。因此，价值都是相对的，集体价值、学科价值、科学价值、社会价值、人类价值也不例外。

二、学术成果的价值客体分析

学术成果的本质是各种具有可用性的知识，包含常识性知识、引证性知识和创新性知识等，核心是创新性知识。学术成果价值，实质就是它所包含的创新性科学知识的价值。学术成果中创新性知识的价值，决定了一篇学术成果不同于其他学术成果的价值所在。创新性科学知识，由若干个创新知识元构成。因此，学术成果作为价值客体的实质，更准确地说，指的就是创新知识元的价值。

通俗地讲，创新知识元就是学术成果中的创新点。关于创新点的定义，不同学者给出了他们各自的认识。例如，Gorley 和 Gioia 认为，创新点是指相对于以前的理论、实证、方法所做出的创新[1]。Whetten 认为，应该从描述标准（是什么及怎么样）、解释标准（为什么）、问题限定的边界标准（针对谁、何时及何处）3 个方面来判断学术成果的创新点[2]。李怀祖则更具体地指出，创新点就是要概括出自己研究工作做出了什么原本人们还不清楚或有误解的结果[3]。周露阳认为，创新点是指学术成果中存在的"有价值"的与已有文献不同的论点[4]。科学创新是一种行为或过程，具有创新性的学术成果是科研人员在科学研究过程中的创新行为或过程的结果。具体地说，创新知识元是指学术成果中表达作者在探究事物或现象本质和规律基础上所获取的新知识，以及作者在传播和运用已知知识过程中所获取的新发现的知识单元。简单地说，创新知识元就是学术成果中由创新点构成的基本单元。学术成果中这些具体创新性的知识，就是学术成果的价值客体。

---

[1] CORLEY K G, GIOIA D A. Building theory about theory building: what constitutes a theoretical contribution[J]. Academy of management review, 2011, 36 (1): 12-32.

[2] WHETTEN D A. What constitutes a theoretical contribution[J]. Academy of management review, 1989, 14 (4): 490-495.

[3] 李怀祖. 管理研究方法论[M]. 2 版. 西安：西安交通大学出版社，2004.

[4] 周露阳. 学术成果的创新途径：基于创新因素的分析[J]. 科技管理研究，2006，26 (8): 195-196.

第二节　对学术成果价值的认识

根据《管理学大辞典》的解释，知识产品是指通过知识、智力结合资本、劳动等因素的投入而产生的满足消费者物质或精神需求的创造性成果[①]。根据价值论，"价值"是客体对主体需要的满足。因此，"创造性成果对消费者物质或精神需求的满足"即为知识产品的"价值"。也就是说，"价值"是知识产品的基本要求，或者说是知识产品的基本属性。学术成果属于知识产品，价值是学术成果的基本属性。尽管学术成果属于知识产品，但它不同于普通的产品或商品，其价值内涵及其表现形式都有自己的特征。

一、学术成果的价值内涵

价值是学术成果的灵魂，决定着学术成果的生命力和影响力。学术评价的初衷和核心是对学术成果的价值进行判断。学术价值是学术成果的本质属性和内在要求，任何学术成果首先都必须具有学术价值。针对不同层面的价值主体，学术成果的学术价值有客观价值和主观价值、绝对价值和相对价值之分。

宏观层面，相对于学术共同体这一价值主体而言的学术价值，其主要体现是学科或科学知识体系的增长和知识结构的改变，是一种客观价值和绝对价值。学术价值主要是指学术成果的理论价值，是对人类科学理论体系发展所具有的作用或意义。经济价值和社会价值是学术成果的应用价值，都属于使用价值，可视为学术价值在经济和社会等领域应用的结果。

学术成果是一种知识产品，是科研人员在一定条件下解决特定问题的结果。因此，学术成果既是科研人员劳动的凝结，又是知识的凝结。一方面，学术成果是科研人员脑力劳动和体力劳动的产物，从科学问题的提出、分析、解决，到以交流科学发现为目的的学术成果写作、评审直至发表，无不凝结着知识生产者和加工者的脑力劳动，以及附着于脑力劳动的体力劳动，这些脑力和体力

---

① 陆雄文. 管理学大辞典[M]. 上海：上海辞书出版社，2013.

劳动必然凝结为价值；另一方面，马克思把科学的价值精辟地概括为认识世界和改造世界的实用价值。学术成果是科技成果的主要表现形式之一，是记录科学知识的重要载体，从"知识价值论"和"科技价值论"来看，学术成果必然具有价值。

因而，从价值创造的源泉来看，学术成果的价值是客观存在的。学术成果的价值是指学术成果对于不同主体所具有的作用或效用，即学术成果对主体某种需要的满足。其中，作用是指对人产生的影响、效果，由于价值是正面的、积极的，因此，此处的影响、效果仅限于正面的和积极的。

二、经济学视角的学术成果价值

科学研究是科学知识的生产活动。科学知识生产是一种具有特殊功能的社会劳动，是具有探索性和创造性的智力劳动。学术成果是科技活动过程中形成的知识形态成果，是科学研究最直接的产出形式之一[①]。学术成果是不可重复的劳动产品，学术成果的生产不存在无差别的人类抽象劳动（包括体力劳动和脑力劳动）。此外，根据美国科学社会学家莫顿提出的"科学的社会规范"，普遍性、公有性、无私利性和有组织的怀疑态度是其主要标准，其中，公有性是指科学知识不应该是发现者的个人财产，而应该贡献给整个科学界。

综上所述，尽管学术成果属于劳动产品，但无论从学术成果生产活动的性质，还是从学术成果的自身性质来看，学术成果都不属于"商品"，也就不存在测量其价值大小的社会必要劳动时间。但这并不是对学术成果"价值"的否定，"劳动创造价值"是客观真理，因而，学术成果的价值是凝结在学术成果中的劳动。但是，创造学术成果价值的人类劳动的"特殊性"，决定了无法用商品的价值测量方法来测量学术成果的价值。

在经济学领域，价值和使用价值是不可分割的，价值是从起源的角度来说明它是如何形成的，强调劳动创造价值；使用价值是从功用的角度来说明价值是什么，强调价值是一种效用[②]。"说商品有使用价值，无非就是说它能满足某

---

① 叶茂林．科技评价理论与方法[M]．北京：社会科学文献出版社，2007．
② 袁贵仁．价值学引论[M]．北京：北京师范大学出版社，1991．

种社会需要"①。使用价值是商品的自然属性,而不是特有属性。马克思不仅对政治经济学领域作为劳动产品的商品的使用价值进行了研究,而且对自然物的使用价值和仅仅作为劳动产品的使用价值进行了讨论。正如马克思所强调的"物的有用性使物成为使用价值",商品首先是物,因此,商品具有使用价值。也就是说,任何能满足某种社会需要的自然物或劳动产品都具有使用价值,学术成果虽然不属于商品,但它作为科研人员的劳动产品,也必然具有使用价值,学术成果的使用价值就是它对人的效用。

三、哲学视角的学术成果价值

在哲学领域,价值是客体对于主体的效用、效益和意义,是客体对主体需要的满足。虽然从表面看,哲学的"价值"内涵与经济学的"使用价值"十分接近,都可以表示物对人的效用,但哲学的价值是从"物的价值""劳动的价值""人的价值"这些价值的个别形态中抽象和提升而来的,既包含用"效用"来表示物的价值、用"效益"来表示劳动的价值,也包含用"意义"来表示人的价值。因此,经济学中的"价值或使用价值"是特殊价值,而哲学的"价值"是一般价值,二者之间是个别与一般的关系②。学术成果首先是物品,其次它还是劳动产品。因此,根据哲学中的"价值"概念,可以认为,学术成果的价值是学术成果这一客体对于主体的效用。

第三节 学术成果价值的表现分析

学术成果对人的价值必须通过它本身的属性和功能表现出来。学术成果作为价值客体,是诸多属性和功能的总和。作为学术性文本,与一般文本不同,科学性、专业性、客观性、继承性、时效性等是学术成果的基本特征。如前所述,记录和交流新知识是学术成果的基本功能。

---

① 选自《马克思恩格斯全集》第 25 卷。
② 袁贵仁. 价值学引论[M]. 北京:北京师范大学出版社,1991.

价值是学术成果的基本属性。学术成果价值的实质就是它所包含的创新性科学知识的价值,学术成果中创新性科学知识的价值决定了一篇学术成果不同于其他学术成果的价值所在。由于生产学术成果的劳动主要是非程式化的脑力劳动,是复杂劳动,是不可重复的,因而学术成果的生产不存在平均化的社会必要劳动时间,不能由社会必要劳动时间来测度价值。学术成果是一种特殊的不以交换为目的的智力劳动产物,其本质是记录各种可用的知识,因而从知识价值论的视角来看,学术成果的价值首先是知识凝结,而不再是一般劳动凝结,劳动是否创造价值,取决于劳动是否对知识创新及扩散有所贡献。因为只有新知识才可能"创造"价值,重复性的知识虽然仍可能"具有"价值,但并不"创造"价值,"创造"是指把以前没有的事物创立或者制造出来。

正如笔者在《知识转移视角下的学术成果老化与创新研究》一文中所述,一篇学术成果学术价值的大小、质量的高低,首先取决于其创新性[①]。创新性是学术成果价值的体现。

尽管学术成果的价值表现形式具有多样性,但无论是学术价值、经济价值还是社会价值,学术成果的价值都首先体现为创新性,其客观价值的大小都取决于创新程度的高低,而创新程度的高低在一定程度上可以由创新知识元的类型和创新方式所反映。也就是说,学术成果的价值,具体体现为它所包含的创新知识元的类型、数量和性质,以及其对不同主体的作用或效用,通过对创新知识元的分析和比较,可以判断一篇学术成果的价值。

一、学术价值

学术成果的首要功能是能够及时与同行交流最新科学发现。"同行"是指同行业的人。学术同行是指同一研究方向或者同一学科领域,以及不同学科领域但共同关注同一研究主题的科学研究人员。实际上就是学术共同体中的"小同行"。交流的主要目的是推动科学进步。因此,学术成果首先要体现为学术价值,学术价值是指学术成果对学术界不同主体所具有的作用或效用,是学术成果在

---

① 索传军. 知识转移视角下的学术成果老化与创新研究[J]. 图书情报工作,2014,58(5):5-12.

学术领域或科学领域所产生的价值。

科研人员通过阅读学术成果，个人头脑中的知识结构发生改变，同时，在此基础上发现新的有待研究的科学问题或者产生新的研究思路，即获得相应启发，并在相关理论、方法和工具基础上开展研究从而实现知识创新，这是学术成果相对于科研人员个体的学术价值实现的基本路径，也是科学知识创新的机制。

科研人员知识结构的改变是学术成果学术价值的初步实现，科研人员在此基础上实现知识创新是学术成果学术价值的最终实现，二者本质上都表现为科学知识体系的增加，但前者是微观个体头脑知识体系的增加，后者是宏观学科或科学知识体系的增加。因此，从学术成果学术价值的实现过程来看，当知识生产者个体（包含同行和非同行）作为价值主体时，学术成果的学术价值主要表现为：第一，增加或者扩展价值主体对某一科学问题的认识。第二，纠正或者改变价值主体对某一科学问题的认识。第三，对价值主体当前或未来的科研工作有所启发。第四，为价值主体的研究工作提供理论、方法或工具。第五，主体在此基础上实现知识创新。

学术成果的学术价值主要表现为学术共同体作为价值主体与学术成果客体之间的关系。"学术共同体"由 20 世纪英国哲学家波兰尼（Polanyi）首次提出，Polanyi 在其文章《科学的自治》中，把全社会从事科学研究的科学家作为一个具有共同信念、共同价值、共同规范的社会群体，以区别于一般的社会群体与社会组织，这样的一个群体被称为学术共同体。

显然，最初的学术共同体是一个大群体，是整个社会系统中的科学组织或科学群体。虽然近年来学术共同体的使用频率比较高，但它仍是一个相对模糊的概念，目前有广义和狭义之分。胡子轩在《学术共同体、学术期刊与学术评价之内在逻辑解读》中指出，Polanyi 提出的其实是广义的学术共同体，而我们通常讲的是狭义的共同体指的是拥有某种共同的学术范式和旨趣的学术同人，是一个小群体，其基本特征是共同体成员拥有共同的信念、理论和方法，并且具有相同的价值标准[①]。

---

① 胡子轩．学术共同体、学术期刊与学术评价之内在逻辑解读[J]. 中国社会科学评价，2015（3）：69-81.

学术共同体作为价值主体时，学术成果的学术价值反映的是集体价值，具体表现为：第一，学科或科学知识体系的增长。第二，开辟新的研究方向、新的学科或学科群。前者是新的科学知识的积累，后者为新知识的创造和生产提供新的土壤和孕育空间，但无论前者还是后者，都需要获得学术共同体的认可和接受。

二、经济价值

科学技术作为人类社会活动的重要组成部分，与其他社会活动及整个社会之间，无不存在着互动关系，这种互动关系的一个重要表现就是科学可以对其他社会活动产生影响和作用。第二次世界大战以来，随着科学与社会之间的联系越来越紧密，以及政府对科研投入力度的加大，人们对学术成果等科研成果的价值也赋予了前所未有的关注，尤其是其经济价值。

在经济学领域，经济价值是指任何事物对人和社会在经济上的意义，包括直接经济价值和间接经济价值，直接经济价值是可以直接得到的社会经济效益的货币表现形式，间接经济价值是由此引起的或衍生出来的社会经济效益的货币表现形式[1]。创新是经济增长和社会进步的重要推动力，科学研究和技术发明是创新的重要方式，科学研究为技术发明提供理论基础，因而，科学研究的终极目标是促进经济发展和社会进步。

学术成果作为科学研究的主要成果，虽然首要价值是学术价值，但有些类型的学术成果，还具有明显的经济价值。例如，记录应用科学或技术开发研究成果的学术成果，其内容是与自然科学理论知识和技术理论知识的应用相关的问题，旨在探索新的应用途径和应用范围，将基础理论知识转化为新的生产技术、新的工艺流程或原理、新的产品或材料设计等物化知识，这些学术成果中的创新知识元主要表现为新技术、新方法、新工艺、新设备、新产品、新材料等，这些类型的学术成果除了具有学术价值，还有较高的经济价值。

学术成果的经济价值指的是学术成果对于人和社会在经济上的意义，包含

---

[1] 经济价值[EB/OL]. [2020-09-18]. https://wiki.mbalib.com/wiki/%E7%BB%8F%E6%B5%8E%E4%BB%B7%E5%80%BC.

直接经济价值、间接经济价值和潜在经济价值 3 种类型。直接经济价值是指学术成果中的原理、方法等直接被企业采用或转化，促进经济增长和生产力的提高，获得经济效益。间接经济价值是指学术成果被专利引用，专利通过转化、转让、许可使用等方式实现技术创新，并进而获得经济效益。潜在经济价值是指暂时还未开发的价值。

学术成果自身的特性决定了其经济价值的主要形式是间接经济价值和潜在经济价值。但有些学科的学术成果，尤其是经济学领域的论文，如企业经营管理方式等，则可能具有直接的经济价值。大多数学术成果不具有直接的经济价值，工程、农业、医药和计算机等领域的应用研究类型的学术成果，通常都具有明显的间接经济价值。而一些关于政治经济学原理类的学术成果，它们可能具有潜在的经济价值。

从微观层面看，学术成果的经济价值主要表现为它所包含的新思想、新规律、新原理、新建议或新策略等作用于经济活动的主体，改变其经济行为，从而对经济发展和社会进步发挥直接的推动作用；从宏观层面看，由于科技创新是促进基本经济制度和经济体制变革的重要因素，而学术成果作为科技创新结果的主要载体，其承载的新的科学发现通过形成符合一定社会意识形态的经济思想和经济文化，可以进而影响整个社会的经济行为。

三、社会价值

在实际研究中，若干学者对个体（人）、资源、产品、企业活动、机构等的社会价值进行了界定。例如，人的社会价值是指人通过劳动为社会和他人做贡献，即对社会和他人具有价值[1]。产品的社会价值是指产品为消费者与其他社会群体提供效用[2]。企业的社会价值是指难以量化的社会影响[3]。机构的社会价值是

---

[1] 马捷莎. 对人的自我价值的思考[J]. 北京青年研究, 2000 (2)：18-25.
[2] 王高峰, 张淑林, 吴亚娟. 互联网众筹出版投资者消费意愿影响因素研究：基于消费价值理论的实证分析[J]. 科技与出版, 2016 (5)：32-36.
[3] 孙世敏. 社会企业价值计量模型及其应用[J]. 财会通讯, 2012 (36)：104-108.

指顾客对该机构在社会中知名度和影响力的感知[①]。由上可以发现，社会价值被定义为客体对社会个体或社会群体的效用，或者客体在社会的影响力，这些定义在本质上与价值的定义基本一致。

社会是一个十分宽泛的概念，人类社会系统是一个复杂系统，根据其构成要素属性，可以划分为科学、技术、经济、政治、文化等5个子系统，5个子系统之间相互联系、相互影响，共同决定了整个社会的特性和功能。严格地讲，学术价值和经济价值都是社会价值的一部分。但由于生产活动是一切社会活动的基础，技术是生产的基本要素之一，是经济发展的重要推动力，技术的终极目标和最终价值是促进经济发展。而学术价值是学术成果的天然属性。因而，本书将学术价值和经济价值从社会价值中分离出来，形成了两个独立的维度。因而可以认为，学术成果的社会价值是学术成果对学术和经济领域以外的社会个体或社会群体所产生的积极影响。

学术成果的社会价值是客观存在的。首先，从学术成果的来源看，学术成果是科学研究活动成果的最终呈现方式，科学研究是一种科学认知活动，也是一种社会活动。任何人类的认知活动都是一种在创新中不断追求社会价值的过程，科学认知活动也不例外。因此，科学研究活动的社会价值属性是显而易见的，学术成果必然蕴含一定的社会价值。其次，从学术成果所涉及的主体来看，包括作者、期刊编辑、评审专家、读者四类，作者和评审专家一般是在科研一线从事科研工作的研究人员，读者的身份主要也是科研人员，同时还包括工程师、技术人员、政策制定人员、管理人员，以及其他普通的社会人员等，但不管何种身份，社会性是他们的本质属性。最后，从学术成果的社会应用来看，除了在学术成果、专利、专著等文献中被引用、在网络社交平台获得非学术群体的参与互动，论文中的思想或观点经过时间和实践的检验，被政策制定人员或管理人员直接采用，进而改变人们的思想观念、思维方式，甚至改变社会的意识形态和政治结构等，都是学术成果社会价值的最终体现。

综上所述，在当前数字化、网络化、移动化大背景下，随着开放科学、开放获取、开放数据等开放运动的兴起及学术交流方式的变革，学术成果不再是

[①] 雷培莉，宋羽，曹建华. 顾客感知价值对中学教育培训机构选择的影响研究[J]. 北京化工大学学报（社会科学版），2012（3）：43-48.

学术人员的专属，社会各个层面包括专业和非专业研究者都可以免费获取和阅读学术成果。因而，学术成果的影响不再局限于学术领域，其作用范围已经扩展到社会的各个领域。

从微观层面看，学术成果的社会价值主要表现为论文中的思想或观点改变社会个体的思想观念、思维方式或社会认知，其外在表现是社会上的非专业研究者个体通过点赞、转发、发表评论等方式与学术成果这一价值客体进行互动，以及政策制定人员或管理人员在政策文件、规章制度、管理条例等中参考学术成果。

从宏观层面看，学术成果的社会价值主要是对政治和文化两个领域所产生的效用，表现在以下几个方面：第一，变革社会思想或社会观念，促进社会进步。学术成果的本质是记录和传播人类在认识世界和改造世界过程中所产生的新思想、新观点和新发现。这些新思想和新发现，又是人类认识和改造世界的手段或工具，可以变革人类的思维方式，并通过人们思想和观念的改变，促进人类社会和人类精神文明的进步。第二，形成符合社会发展的政治价值观念，维护社会的政治稳定，促进社会的政治发展。社会科学领域的学术成果尤其要关注其社会价值。

概括地说，学术成果往往具有多重价值，是学术价值、经济价值、社会价值等的综合体，只是在不同阶段，学术成果各种价值的表现和实现程度有所差异。经济价值和社会价值其实是学术成果学术价值在经济和社会领域应用的结果。与经济价值一样，大多数学术成果的社会价值都是间接的或者潜在的，但无论经济价值，还是社会价值，都越来越受到国家政府部门的重视。因此，从事学术评价工作的专家学者及第三方评价机构，在开展实际的学术评价工作时，必须对其潜在的经济价值或社会价值加以判断和识别。

第四节 学术成果的价值构成分析

一、学术成果的内在价值和外在价值

哲学领域关于价值分类的研究较多，根据存在形态，学术成果的价值可以分

为物质的价值、精神的价值和人的价值，科学的价值属于精神的价值；根据作用方式，学术成果的价值可以分为直接性价值和间接性价值；根据表现方式，学术成果的价值可以分为显性价值和隐性价值等。根据作用主体的不同及价值的从属关系，学术成果的价值可以分为内在价值和外在价值两种类型。内在价值是价值的根本含义，是实现外在价值的根本保证和基本活动方式，是外在价值的基础。

学术成果的价值首先表现为学术价值，学术价值体现为学术成果客体与作为主体的学术共同体之间的关系，是学术成果在学术共同体中的微观体现，决定着学术共同体的知识创新，进而通过知识创新影响和作用于社会。学术成果与社会需求各方之间产生价值关系，并表现出经济价值、文化价值、政治价值和军事价值等。学术价值、经济价值、文化价值等都是学术成果内在价值的具体表现，这些具体表现出来的价值都由其内在价值所决定的。如前所述，学术成果的内在价值主要由创新性来反映。

科学知识是技术发明的基础，技术成果经过开发、生产、销售和使用之后往往会产生一定的经济价值。通常而言，学术成果是科学研究成果的主要表现形式，专利是技术研究成果的主要表现形式，但技艺、规则和技术理论等知识性技术成果也常以学术成果的形式表现。因此，技术应用类型的学术成果，以及管理尤其是企业管理等类型的学术成果，除了具有学术价值以外，可能还会表现出明显的经济价值。另外，由于学术成果外在价值的特殊性、多样性及领域相关性，就不再一一对其文化价值、政治价值等外在价值表现进行讨论，而将在探讨学术成果经济价值的基础上，根据学术成果的自身性质，对其所表现出的宏观社会价值进行讨论。

二、学术成果的绝对价值和相对价值

从绝对性和相对性维度，可以将学术成果的价值划分为绝对价值和相对价值。在一定意义上，价值的绝对性由它的客观性决定。学术成果的价值由其自身内容和所处环境共同决定，论文的自身内容在其发表之时就已经确定，决定着其价值的绝对性。学术成果的绝对价值主要是指由创新性所体现的学术价值，一篇学术成果是否有创新，以及它的创新类型和创新程度等往往具有确定性和绝对性，这就决定了学术成果价值的绝对性。其中，价值主体主要是中观层面学科或科学领域内的学术共同体，或者是抽象的学科或科学。

价值是相对的，具有相对性。所谓价值的相对性，也就是价值的条件性，即价值因人而异、因时而异、因地而异。这种因人而异、因时而异、因地而异的价值称为相对价值。学术成果的相对价值是指学术成果相对于不同的人、不同的时间、不同的环境所表现出的不同价值。

学术成果的相对价值主要表现为以下几个方面。

第一，学术成果对于不同层次的主体、同一层次的不同主体产生不同的价值。学术评价的本质是判断学术成果相对于不同价值主体的价值。学术成果的价值主体是多层次的，既有个人、集体，也有社会、人类。一篇学术成果相对于个人主体而言，其（个体）价值可能表现为扩展、纠正或者改变主体的认识，促进和实现主体的知识创新；对于社会来说，其（社会）价值可能表现为促进技术创新、获得经济收益、推动社会进步等。

另外，学术成果对于同一层次的不同主体也会产生不同的价值。微观层面的个人主体主要包括科研人员、政策制定人员和普通社会人员等类型，学术成果对于科研人员的价值主要表现在：扩展、纠正或改变主体对某个科学问题的认识，完善主体的知识结构，提高主体的认知能力，对主体的科研工作有所启发，主体在启发下实现知识创新等。根据前面对学术成果价值内涵的论证，学术成果的价值是它对价值主体正面的、积极的影响或效果。因此，引用（不包含负面引用）是学术成果对科研人员价值的一种外在表现。

学术成果对于政策制定人员的价值主要表现在：政策性问题的发现，为政策制定提供理论或事实依据，提供相应的富有建设性的对策或建议。学术成果对政策制定人员产生价值的外在表现是学术成果被政策文件所参考或引证，以及政策文件被公众广为接受。相对于一般的社会成员，学术成果的价值主要表现在：引起主体的兴趣和关注，提高主体的科学文化素质和认知水平，扩展、纠正或者改变主体的认识，外在表现是用户在网络平台对学术成果进行点赞、收藏、转发和评论等。

第二，由于论文所处的环境会对学术成果价值的表现和实现产生影响，因此，学术成果的相对价值还表现为在不同的时间、地点和环境中，它所产生的价值有所不同。例如，一篇社会科学研究成果，对我国社会有价值的，未必对美国等西方社会也有价值。就微观层面的个人主体而言，学术成果的相对价值即为主观价值，主要应用在文献推荐领域。推荐系统根据用户的检索历史、发表的学术成果、引文网络、合作网络等信息来构建用户画像，结合学术成果的语义内容，判断其相对于不同主体的潜在价值，为用户提供个性化推荐服务。

三、学术成果的理论价值和应用价值

科学分类是一个古老的不断发展的问题，在不同时期形成了不同的分类体系。魏屹东等从不同维度对现有学科分类体系进行了总结[①]。其中，科学的二维分类（基础科学和应用科学）和三维分类（自然科学、社会科学和人文科学）是目前国际较为公认的学科分类方法。无论自然科学还是社会科学，都可以进一步细分为基础科学和应用科学两种类型。因此，根据科学的二维分类，可以将学术成果划分为基础科学领域的学术成果和应用科学领域的学术成果，相应地，学术成果的价值可以分为学术价值（理论价值）和应用价值。

基础科学和应用科学的划分源于对科学研究类型的划分，基础科学对应基础研究，应用科学对应应用研究。基础研究和应用研究最初由美国科学研究发展局局长布什在1945年的著名报告《科学：永无止境的前沿》中提出[②]。基础研究致力于生产新知识，以求知为目标，不考虑实际应用，它产生的是一般性知识及对自然及其规律的认识。基础科学领域的学术成果，它所包含的创新知识元是在实验性、理论性或预测性上的科学发现或创新见解，通常包括发现的新事实、归纳的新概念、原理、假设、定律等基本理论，但不考虑这些新知识的具体应用。因此，基础科学研究类型的学术成果，主要表现为理论价值，有时也被称为学术价值或科学价值。学术成果的理论价值主要体现在中观和宏观层面，表现为学科及人类知识体系的增长。

应用研究虽然也是为了获得新知识，但这种新知识是在开辟新的应用途径

---

① 魏屹东，王保红．科学分类的维度分析[J]．科学学研究，2011，29（9）：1291-1298．
② BUSH V. Science：the endless frontier[J]. Nature，1945，48（3）：231-264．

的基础上获得的，其目的或目标是为解决现实中的实际问题提供科学依据，主要有两种类型：一是进一步发展基础研究成果，探索其可能的应用；二是为了实现特定的目标或解决特定的问题，探索应该采取的新方法或新途径，通常是原理性的方法或途径。应用科学领域的学术成果，通常包含明确的应用对象、应用目标、应用领域或场景（Where）、具体的应用（有哪些应用即 What、应用方法或途径即 How）、应用效果等几大要素，其中，具体的应用往往是一篇应用研究类型学术成果的核心要素，其内容与该类型学术成果的创新知识元的内容相对应。因此，应用科学研究类型的学术成果，虽然也表现出一定的学术价值，但其应用价值更为明显，主要表现在宏观层面，而且价值的发挥通常需要一定的时间周期，具体表现为促进生产力的提高（经济价值）、促进社会生活的便利及改变社会或者人类的认知（社会价值）。

四、学术成果的客观价值和主观价值

从主、客观性的角度，学术成果的价值分为客观价值和主观价值两种类型。在本体论意义上，客观是指人的意识之外的物质存在、客观存在，与之相应，主观就是精神或意识；在认识论中，客观是指不依赖于主体意识，不以主体意识为转移，相应地，主观就是受主体意识所支配，意识是指个人直接经验的主观现象。由此可知，学术成果的价值首先表现为客观价值，同时表现为以客观价值为基础的相对于不同主体的主观价值。客观价值的存在是主观价值的存在基础。

学术成果的客观价值是一种客观存在，是指在主体意识之外，不以主体意识为转移的价值。学术成果的客观价值主要表现在：第一，它的存在不以主体是否认识为转移。它产生和存在于主体认识之前，认识可以反映价值，但不能创造价值。劳动是创造价值的源泉，学术成果作者的脑力劳动和体力劳动创造了学术成果的客观价值。在知识经济时代，知识成为价值形成的重要源泉，学术成果的客观价值由它所包含的创新知识元所创造，创新知识元是学术成果作者的脑力劳动结果。第二，它的确定性不以主体如何认识为转移。在一定条件下，某客体对某主体的价值是确定的，不因人们如何认识而有所改变。学术成

果对于学科、科学、社会及人类的价值，取决于论文自身的内容及学科、科学、社会、人类的发展状况。在一定条件下，学术成果对于学科、科学、社会、人类的作用或效用是确定的。因此，学术成果一经发表，它对于学科、科学、社会及人类的价值就是确定的，这种客观价值不会因为价值主体和评价主体如何认识而有所改变。

学术成果的主观价值是指因不同主体对学术成果知识内容的认知层次和需求偏好有所差异，使得学术成果相对于不同主体表现出不同的价值。学术成果的主观价值建立在其自身内容客观价值的基础之上。学术成果的主观价值主要表现在以下两个方面：第一，因主体认知层次的差异而有所不同。由于不同主体的知识结构、认知水平不同，所以对于同一篇学术成果的价值认识会有所不同。例如，不同专家对学术成果的价值会给出各自不同的评价。第二，根据主体的知识需求偏好而有所变化。由于不同用户的知识状态和知识需求有所差异，因而，一篇学术成果对于不同的主体，其价值的大小有所不同。在实际的应用中，推荐系统根据用户的搜索行为、浏览行为、点击行为和下载行为等信息，判断学术成果相对于查询用户的主观价值，从而实现个性化推荐和服务。

第八章
学术评价的价值尺度与评价标准

评价的核心问题是评价标准和价值观念的问题[①]，也就是价值尺度问题。库恩指出，每个人在竞争的理论之间进行选择，都取决于客观因素和主观因素的混合，或者说共有准则和个人准则的混合。

人在评价事物时，总是按照人的内在价值尺度去判断事物对于人的价值。人们在从事某种活动时，首先会启动自己的"价值尺度"，用自己的价值尺度去衡量和判断该事物对自己是否具有意义和价值。学术评价亦是如此。我们每个学术共同体成员，在开始学术活动之前，都会思考该学术活动对于自己的意义与价值。同样，每个学术共同体成员，在看到一篇学术论文、一本图书、一个研究报告时，首先也会思考，它与自己有何关系，自己是否需要等基本问题。

然而，任何人都生活、工作、学习在有限的时空之中，大到一个国家，小到一个组织、家庭（社会细胞），都会受到周围环境的影响。他们在判断一个事物的价值时，也是如此，也会考虑周围他人的看法。一个学术共同体成员在对一个学术成果评价时，除了自己的价值尺度外，还会考虑学术共同体及其他成员的价值取向，社会或团体的价值取向，甚至国家和社会的价值取向（或称为文化）。价值尺度是评价活动中的关键要素，对评价结果的科学性和客观性都有重要影响。在每次评价活动中，组织者都希望评价主体能依据自己制定的评价标准进行评价。但实际上，评价主体的评价尺度，不仅受评价组织者给定的评价标准制约，还受其个人的评价图式及评价环境等因素的影响。

---

① 马俊峰. 评价活动论[M]. 北京：中国人民大学出版社，1994.

第一节　价值尺度的概念、类型与性质

评价就是评价主体依据评价标准对不同评价客体的价值进行判断和比较的过程。生活中，通常评价主体基于自己的价值尺度从评价客体集合中选择出符合自己需要的价值相对较高的评价客体，或者判断对自己需求满足程度最高的评价客体。对于有组织和目标的学术评价活动，就是评审专家依据评价标准对一组学术成果的价值大小进行判断、比较和排序，最终选择出能够满足评价活动主体需要的学术成果。评价主体或评审专家依据的这个评价标准，就是评价的价值尺度。价值尺度就是评价标准、评价指标与评价指标体系等的统称。

一、价值尺度的概念

价值尺度原本是指货币表现其他一切商品是否具有价值和衡量其价值量大小的职能。在评价领域，价值尺度，是指衡量客体对于主体有无价值和价值大小的标准，客体本身的属性不能作为度量客体对主体价值的尺度。

尺度，一般表示物体的尺寸与尺码；有时也用来表示处事或看待事物的标准。尺度是许多学科常用的一个概念，在定义尺度时应该包括 3 个方面的含义[①]：客体（被考察对象）、主体（考察者，通常指人）与时空。实践认识活动作为人的活动，它既遵循外在尺度，又遵循内在尺度；既遵循客体尺度、事实尺度、物的尺度，又遵循主体尺度、价值尺度、人的尺度。简言之，事实尺度与价值尺度是人类实践认识活动所遵循的两大根本尺度。

在这里，事实尺度是指人在实践认识活动中，要从实际出发，承认客体，尊重事实，按照事物的本来面目去认识事物，依从事物的本质和规律办事，事实尺度内蕴科学精神、理性原则。例如，对于学术成果的评价，就要从该学术成果所述的学科领域出发，考察该学科领域的发展现状，了解其研究热点与研

---

① 尺度. 百度百科 [EB/OL]. [2019-12-04]. https：//baike.baidu.com/item/ 尺度 /10986828?fr= aladdin.

究前沿，然后分析该学术成果的研究性质，判断其对该学科领域的价值与贡献。

价值尺度是指人在实践认识活动中，"使自己成为衡量一切生活关系的尺度，按照自己的本质去估价这些关系，根据自己本性的需要，来安排世界"①。也有学者认为，价值尺度是指衡量和确定价值的有无、性质及大小的标尺、基准和根据②。从根本上说，没有需要就没有价值，人的需要是判断、评价客体是否具有价值的最根本的尺度，即价值主体的需要是评价主体用于判断评价客体价值的根本尺度。

因而，所谓价值尺度是指衡量客体对于主体有无价值和价值大小的标准。价值尺度是由价值的本质决定的，而价值不能脱离价值关系而独立存在。它要么存在于价值关系中的主体方面（评价者的内在价值尺度），是主体属性（如主观论）；要么存在于价值关系中的客体方面，是客体的固有属性（如客观论）；要么存在于客体与主体的关系之中，是一种主客关系（如主客关系论）③。本质上，没有仅存在于评价主体或评价客体的价值关系，只有与二者紧密相关的价值关系。

但是，对于学术成果这类评价客体，其价值具有一定的特殊性。其价值主体不是某个人（或学术共同体成员），而是整个学科领域，是学科知识体系。其价值，不会因为某个学术共同体的成员是否需要或认可而改变。历史上，发生过多起不被少数学术共同体成员（一般是某个时期的学术权威）认可某学术成果价值的事件。例如，1842年，德国青年J.Mayer提交了有关能量守恒定律的科学论文，但被权威杂志《物理学和化学年鉴》的主编玻根道夫扣押，拒不发表④。但这些成果的价值不会因为个别学术共同体的不认同而失去价值。事实上，学术成果的价值主体是学术共同体。

---

① 宋周尧. 关于学术期刊编辑尺度的思考[J]. 理论建设，2003（4）：61-64.
② 黄树光. 论科学的价值尺度及其特征：兼论主体需要不是价值尺度[J]. 天府新论，2003（4）：86-89.
③ 王炳书. 关于价值尺度的若干思考[J]. 贵州社会科学，1996（1）：51-56.
④ 刘大椿. 科学活动论[M]. 北京：中国人民大学出版社，2010.

二、价值尺度的类型

评价的价值尺度是指在评价活动中评价活动主体（或评价组织者）所遵循的价值判断标准或参照物。评价活动所遵循的评价标准是评价活动主体所确定的外在价值尺度。评价主体在评价活动主体外在价值尺度的指导下开展评价活动。每个评价主体都有自己认识事物的范式和判断价值的标准，这就是评价主体的内在价值尺度。

由此不难看出，在每次的评价活动中，同时会存在着两类价值尺度。一类是评价活动主体所给定的每个评价主体都应该遵守的外在价值尺度。它是显性的，相对明确的，在一次评价活动中也是唯一的。另一类是评价主体所拥有的内在价值尺度。它是隐性的，因人而异。每个评价主体的内在价值尺度都不尽相同。理论上，评价活动有多少个评价主体，就有多少个内在价值尺度。

（一）外在价值尺度

1. 外在价值尺度的内涵

外在价值尺度通常是评价活动组织者（或评价活动委托人，如科研管理、人事管理等部门）依据评价目的和评价客体的属性制定的评价标准。这个评价标准通常是原则性的、指导性的[①]。它是评价活动主体（委托人）给定评价主体（代理人）进行价值判断的框架或方向，也是对评价客体的属性、功能、作用和意义进行判断的维度。

2. 外在价值尺度受国家政治、宏观经济、科学技术和文化环境的影响

任何评价都是基于一定时空范围的，也就是基于一定的国家和社会的，因而任何评价标准与价值尺度都有一定的时代印记，或者说都会受到一定的政治、经济、科技和文化环境的影响。

3. 外在价值尺度的特征

无论是评价活动主体的外在价值尺度，还是评价主体的内在价值尺度，都有一定的目的性和主观性。但他们评价的客体是一致的，评价客体的功能和属

---

① 索传军. 论学术评价的价值尺度：兼谈"唯论文"问题的根源[J]. 中国社会科学评价，2021（1）：130-140.

性在一定时空内具有一定的客观性。例如，一篇学术论文发表之后，它的学术价值是相对客观的。这篇学术论文是否具有创新性，不能以某一个评价主体的内在价值尺度为依据，而应该依据它发表之时相对于它之前的学术成果是否有发展和贡献，也就是说它对于其所在学科是否有贡献。或者说，它的学术价值对于整个学术共同体来说是客观的。因而，理论上对这篇学术论文的评价应该有一个相对客观的价值尺度。

①外在价值尺度因不同的评价活动而不同。不同的评价活动、不同的评价目的、不同的评价组织者，都有不同的价值取向、不同的评价维度，因而，理论上不存在统一的评价标准。例如，一篇学术论文，期刊评价它的规范性、新颖性，学术共同体会评价它的创新性，社会组织会评价它的社会价值和经济价值。

②外在价值尺度因不同的评价客体而不同。不同的评价客体，其功能属性不同、价值表现不同，对价值主体的需求不同，会有不同的评价标准。例如，对专利的评价和对图书的评价尺度。专利突出表现为创新性，主要评价其经济价值；而图书表现为学术成果的系统性，主要评价其学术价值。再如，对人的评价和对学术成果的评价。对学术成果的评价，主要测度学术成果对于学术共同体或某个人的学术价值（或需求的满足程度）；对人的评价，虽然也是通过学术成果等进行评价，但侧重点不是学术成果本身，而是通过学术成果的学术价值，判断其学术水平、科研能力，甚至科研潜力。

③外在价值尺度是一个组织或社会主流价值观的一种体现。外在价值尺度的制定，不仅要考虑评价客体的属性、功能和性质，而且还要考虑更高层次的政策和环境因素。例如，对于自然科学基金委员会在制定项目评审标准时，首先要考虑国家的科学政策及重大需求。再如，一个高校在对一个院系（或学科）进行评价时，会首先考虑教育部的学术发展规划，或学科评价标准。因而，外在价值尺度体现的不是某个人的价值取向，而是一个集体或组织的价值取向，是一个组织或社会主流价值观的体现。外在价值尺度具有指导性，对评价主体具有一定的制约性，同时对社会成员价值观的形成有较大的影响。对于学术评价来说，代表国家科学研究政策制定或实施的科研管理部门，如科技部、自然科学基金委和全国哲学社会科学工作办公室等，他们的价值取向对学术共同体成员的影响较大。

4. 外在价值尺度的表示

我们在评价活动中，面对一组同质的评价客体 $D\{A_1, \cdots, A_i, \cdots, A_n\}$，评价活动主体（评价组织者）通常会给定一个价值尺度（或评价标准）$W\{Z_1, \cdots, Z_2, \cdots, Z_i, \cdots, Z_m\}$，让评价主体（评价活动主体的代理人，评价专家）基于这个价值尺度去度量每一个评价客体，并对它们做出比较和排序。其中，Z_i 表示评价客体的某一功能或属性，或价值主体的目的或价值取向等。评价活动主体给定的价值尺度，我们可以称为外在价值尺度。它是评价委托人的价值尺度，与评价活动主体的评价目的及评价客体的功能属性有着密切的关系。

（二）内在价值尺度

每次评价活动，评价活动主体都会选择学术共同体中具有相同或相近学术背景的专家（小同行）作为评价主体（代理人）。这些评价专家也许是"小同行"，具有相近或相似的专业知识体系与研究范式，但他们也可能具有完全不同的价值取向。在实际的学术评价活动中，有时不同的评审专家之所以出现完全相反的评价结果，都是因为每个评价主体的价值取向与价值尺度不同。每个人的价值取向，不仅影响着其看待事物的角度，而且影响着其行为方式。每位专家的价值取向，不仅受其所在的学科领域或学术共同体影响，而且与其所处的社会、科技、文化等背景，甚至与其经济状况和家庭背景都有关系。因而，每个评价主体的价值尺度是不同的，是内在的、隐性的，但又是客观存在的，在每次的评价活动中又发挥着实实在在的作用。

1. 内在价值尺度的内涵

内在价值尺度是评价者所拥有的评价标准（或价值判断尺度或参照系）。内在价值尺度的形成，取决于评价者自身的因素（如心理背景系统、认知图式和观念系统等），同时也受其所处的社会、文化等环境的影响。内在价值尺度是评价主体所拥有的对评价客体的价值判断标准[①]。它与评价主体的心理背景系统和评价图式有关系。其实，这只是一个参照系，这个参照系在具体情形中发挥着

---

① 索传军. 论学术评价的价值尺度：兼谈"唯论文"问题的根源[J]. 中国社会科学评价, 2021 (1): 130-140.

以经验为主的调节作用[①]。我们说，它在一定程度上起着"先验"标准的作用。

2. 影响内在价值尺度的因素

评价主体内在价值尺度的形成，受多种因素的影响。其实，很难说明每个评价主体的价值取向是什么？价值尺度是什么？不过，对于学术评价，评价主体作为学术共同体成员，其专业知识体系及研究范式等对其价值尺度的影响还是主要的。由于社会和文化等成因过于复杂，很难清楚每个具体评价主体价值尺度的影响因素。在实际的评价活动中，每个评价主体的评价活动又是相对独立的，无法观察其具体表现，整体上表现出的评价结果具有一定的主观性。

首先，是评价者自身的科学素养，这其中包括评价者的知识体系、认知范式、所遵循的研究范式和研究方法等。其次，是评价者个人的价值观或价值倾向，如其对学术成果学术价值与社会价值关系的认识。再次，是评价者所处的学术共同体及社会环境。一个学术共同体有自己主流的研究范式及社会价值取向，在一定程度上影响着作为评价者的学术共同体成员。最后，是评价者个人的心理和生理等情感因素。这些因素也会影响或干扰评价者做出正确科学的判断。

3. 内在价值尺度的特征

每个评价主体通常都有自己的价值尺度，或者说融合了自己价值取向的价值判断标准。评价主体个人的价值尺度我们可以称其为内在价值尺度。内在价值尺度可以理解为带有价值取向的评价主体的（专业）认知能力、价值判断能力，以及比较选择的能力。

①内在价值尺度通常是隐性的、无形的。内在价值尺度是评价者判断评价客体价值的参照系。它不像外在价值尺度那样，在评价活动中是明确的、具体的。评价主体的内在价值尺度是隐性的，虽然没有明确地表达出来，显化为具体的指标体系等，但它真实地影响着评价者的评价行为，影响对评价客体价值的判断。

②内在价值尺度是动态的、变化的。内在价值尺度受评价主体的心理背景系统和认知图式影响。作为评价主体的专家其知识体系、价值观及所处的环境都是动态的，都会随时间的变化而变化。因而，即使是同一个评价者，其价值尺度也会随时间、评价活动、评价客体的不同而不同。

---

① 约翰·杜威. 评价理论[M]. 冯平，余泽娜，译. 上海：上海译文出版社，2007.

4. 内在价值尺度的表示

内在价值尺度是个多变量的函数。若用 G 表示评价主体的内在价值尺度（因变量），那么，自变量至少有以下几个：一是评价主体的知识体系，更科学地说，应该是评价主体的专业认知能力。二是评价主体的价值取向，这是一个抽象的自变量，其实它也是一个受多种因素影响的函数。评价主体的价值取向不是与生俱来、一成不变的。它是在其成长过程中形成的，受到多种因素的制约和影响。三是评价主体所处的社会、文化、科技、经济等环境。这也是一个综合因素，它实实在在地影响着评价主体（包括我们生活在世界上的每个人），但又是难以量化的。但通过评价主体的评价结果，可以看出（或分析）其影响。四是评价主体的个人情感因素。这个因素具有随机性。并非每个评价专家都会将自己的个人情感因素带到评价活动中。也不是评价主体每一次的评价活动都包含着个人的情感因素。但是会在一定条件下，激活评价主体的情感因素。这也是导致评价结果不客观的重要因素。同时，由于情感因素的随机性、隐蔽性，在实际的评价活动中又难以消除。有学者认为，可以通过"开放式评价"，或增加评价专家数量等，有效地减少或降低情感因素对评价结果客观性的影响。但理论上，这种影响是不可能完全消除的。

因而，可以用 $G=F(x, y, z, \cdots, g)$ 表示内在价值尺度函数。其中，x，y，z，$\cdots$，g 等表示与内在价值尺度相关的自变量。

由此可知，评价主体的内在价值尺度是一个多变量的非线性函数。这个内在价值尺度因人而异、因事而异、因时而异、因情景而异，可以定性分析，却难以量化。实际上，对于同行评议来说，评价结果的主观性是绝对的，不存在内在价值尺度完全相同的评价主体，即使是小同行，也许具有相似或相近的研究范式与认知能力，但每个人的价值取向和个人情感因素是复杂的。这并非说，同行评议中评价主体有意识地使得评价结果具有主观性。

三、价值尺度的特性

生活中，我们每个人头脑中都同时拥有多个价值尺度，因为我们无时无刻不在评价周围的人和事，而且不同的人和事其价值表现是不同的，因而需要不同的评价标准或价值尺度。客观地说，我们每个人的价值尺度都是不同的。这不仅是因为我们的知识体系不同，认识事物的范式不同，还因为我们每个人所处的环境（政治、经济、科学技术、社会与文化等）不同、政治地位和经济状况不同，更重要的是我们每个人的价值观和价值取向是不同的。因而，任何时候，对任何事的评价，都不存在唯一客观的评价标准或价尺度。因而，价值尺度具有相对性、多元性和主观性[①]。

1. 价值尺度的相对性

价值尺度的相对性并不排斥其绝对性或客观性。理论上，任何事物都有一组客观属性，对事物的评价存在一个相对客观的标准。但由于我们认识事物的有限性，只能不断深化对事物的认识，无限逼近其客观属性。因而，我们在制定评价标准时，也只能无限逼近其客观性，评价事物的价值尺度相对性是绝对的，客观性是相对的。

例如，一个学术成果一旦发表，它研究的问题、研究主题及问题解决的程度，或研究结果的创新度就已经形成，或者说其潜在的价值就已经形成，已经成为客观事实。学术成果所研究问题的性质（如前沿性问题、热点问题、经典问题等）、方法、结论、创新性等属性是相对客观的。在对其进行评价时，每个评审专家对其认识和理解都是相对的，都是基于自己的认知图式去理解作者通过文本（语言符号）所表达的意思。实际上，每个评审专家基于自己的认知图式和评价情景形成的对学术成果评价的价值尺度都是相对的。

2. 价值尺度的多元性

一方面，对于同一个评价客体，基于不同的视角（或维度）进行考察和评价就会有不同的价值判断标准。生活中，我们看问题的角度不同，就会获得不同的结果。也就是说，对世界上任何事物价值的认识，都具有多元性。另一方面，在评价活动中，都是多元价值尺度共同作用的结果。价值尺度的多元性是指任何评价活动都是多元价值尺度相互作用的结果。或者说，在评价活动中同时存在一个以上的评价标准或价值尺度。通常，评价活动是由一个评审专家组共同完成的。评价组内的每个专家都有自己内在的价值尺度，每个专家都会依据自

[①] 索传军. 论学术评价的价值尺度：兼谈"唯论文"问题的根源[J]. 中国社会科学评价, 2021 (1): 130-140.

己的价值尺度对评价客体进行价值判断,并给出自己的评价结果。最终,评审专家组依据评价活动组织者的评价尺度进行协商,融合多个专家的评价结果,得出最终评价结果。

3. 价值尺度的主观性

每一次评价活动的评价结果,不同的人都会有不同的看法。造成这种现象的原因主要有3个:一是不同的人有自己不同的评价视角和价值取向,他们用自己的价值尺度对评价客体进行评价。当自己预期的评价结果与相关评价活动的实际结果不一致时,就会表达自己的观点。二是每次评价活动都是在特定的评价目标和情景下进行的。不存在没有目标与目的的评价活动。评价目标不同,评价标准也就不同,评价结果也不同。没有参加评价活动的人,并非了解评价目的,以及对评价结果的合理使用,而是依据自己的需要去判断评价结果的合理性。其实,每次评价活动都是对评价客体某一方面(如功能、作用、意义等)的评价。其他人与评价活动的评价维度可能不尽相同,因而也会造成评价结果的不同。三是由于个人的情感因素,每个人都希望某个评价客体获得与自己认识较一致的某种评价结果,当期望未实现时,就产生对评价结果的不满,表现出非理性的一面。这就是价值尺度主观性的表现。本质上,价值尺度是评价主体认识和判断价值关系的一个标准,与评价主体自身的心理背景系统和认知图式等密切相关。每个评价主体的心理背景系统和认知图式都是不同的,因而其价值尺度的主观性是绝对的。

四、内在价值尺度与外在价值尺度的关系

学术评价就是对学术成果价值的判断,就是学术成果对一定学术共同体成员需求关系的分析和测度。但学术评价不同于一般的评价活动。学术评价活动中存在不同的主体,同时存在着多个价值尺度,如评价客体所属学术共同体的价值尺度、评价主体(评价代理人)的内在价值尺度、评价组织者(评价委托人)的外在价值尺度。内在价值尺度与外在价值尺度在每次的评价活动中同时存在,并相互影响、相互作用,共同作用于评价活动。二者之间具有以下关系。

①外在价值尺度与内在价值尺度,存在作用与反作用关系。评价者在评价

活动中会发挥自己的主观能动性，不断地去理解和认识评价活动主体的外在价值尺度，去理解评价委托人的评价目的和意图。

在评价活动中，评价组织者（委托人，通常也是价值主体）与评价者（代理人）之间存在着非对称信息，存在着协商和博弈。委托人总是希望代理人按照自己既定的评价标准（外在价值尺度）进行评价，实现自己的评价目标和目的。但评价代理人一方面有自己的内在价值尺度、情感因素；另一方面对评价委托人提供的外在价值尺度（如评价指标体系）和评价目的也并非完全认同。一部分评价代理人，首先会按照自己的价值尺度对评价客体进行判断，然后才会考虑外在的价值尺度，因而他们试图突破委托人评价框架的限制，或者在委托人限定的评价标准框架内，最大限度地满足自己的认知需求；另一部分评价代理人，首先会依据评价组织者提供的外在价值尺度进行评价，或者说，他们首先会尽量地去理解评价组织者的评价意图和要求，然后再利用自己的价值尺度对评价结果进行修正。因而，评价活动主体的外在价值尺度作用于评价主体的内在价值尺度，但同时评价主体的内在价值尺度又反作用于评价活动主体的外在价值尺度。

②外在价值尺度与内在价值尺度共同作用于评价客体。在每一次的评价活动中，评价者通常是在外在评价尺度（或标准或指标体系）的框架内，基于自己的内在价值尺度对评价客体做出价值判断。例如，科研项目的同行评审，同行评议专家通常会依据科研管理部门提供的评价指标体系对科研项目申请书的有关方面进行判断，但判断的实际标准是自己认知图式。实际上，无形中外在价值尺度与内在价值尺度相互作用形成了一个"混合价值尺度"。这既是库恩所说的共有标准和个人准则的混合。这个"混合价值尺度"是隐性的。每个评价专家都是依据"混合价值尺度"开展评价的，但是每个评价主体依据的"混合价值尺度"又是不同的。这是由于每个评价主体的内在价值尺度不尽相同，最终每个评价主体形成的"混合价值尺度"也不尽相同。因此，每个评价主体的评价结果也不相同，这一方面反映了评价结果的主观性；另一方面体现了其科学性和合理性。

③在评价活动中，委托人与代理人之间存在矛盾关系。由于评价委托人不具备对评价客体的认知能力，把对评价客体与自己价值关系的判断权利让渡给

代理人，希望代理人发挥主观能动性，对评价客体的价值做出判断。但同时委托人又希望代理人能够按照自己的评价标准开展工作，对评价客体做出价值判断。这是一对矛盾。若评价委托人外在价值尺度（评价标准）过于严苛具体，就会限制评价主体主观能动性的发挥。若外在价值尺度过于空泛，评价主体的主观能动性就会发挥过度，评价委托人的评价目的就难以实现。

例如，学术评价过程中，实际的评价者（代理人），往往与真正需要评价结果的委托人（评价活动的组织者）是不同的主体。委托人出于自身评价的需要（通常是某个管理或决策组织），通常会为代理人提供一个对客体（如学术论文或学者）评价的标准，也就是外在价值尺度。也可以说，评价委托人通过这个价值尺度向真正的评价者传达其价值取向或目的。

再如，学术评价委托人是评价客体的价值主体，是价值关系的承担者。其价值尺度与评价客体的价值类型、构成和表现形式存在着相互联系。学术成果的价值，通常由学术价值和社会价值共同构成。社会价值包括经济价值和文化价值等。学术成果一旦形成，其学术价值（即对学术共同体的认知关系）就已经形成，是客观的。学术成果的社会价值取决于其满足社会不同组织、群体或个人的需求，是相对的。学术评价的价值主体通常是一个组织机构中的科研和人事等管理部门。他们需要了解和掌握组织中的有关成员，或学科或成果对社会的价值和影响。不过，他们的价值尺度如何形成，是侧重于学术成果的学术价值，还是社会价值，完全取决于其评价目的，或者其管理的需要。但对于评价代理人来说，并非如此。评价代理人是同行专家，是学术共同体成员，通常对评价客体的学术价值更加敏感。因而，在学术评价中，价值尺度是一个十分重要的问题。如何保证评价委托人、代理人与评价客体的价值尺度相一致，不仅是一个管理问题，而且是一个科学问题。

另外，对于评价主体来说，他们既不希望评价活动主体的外在价值尺度过于严苛，又不希望过于空泛。过于严苛具体的评价标准，不仅限制了评价主体的主观能动性，而且也失去了评价的意义。但同时，过于空泛的评价标准，往往也会让评价主体无所适从。因而，在每次评价活动中，学术评价活动主体如何构建一个科学的评价尺度是一项具有挑战性的任务。

评价标准是评价主体用以衡度、品评、估价一定事物的好坏、利害、善恶、美丑的观念尺度①。评价活动的一个显著特征,是它总以一定的标准为前提,并用这一标准来衡量一定的对象。人们说某个事物、某个行为是好是善,意味着他们心中已经事先有了一个何为好、何为善的尺度。不管这个尺度是否正确、是否合理,若无这个尺度,其评价就无法进行。

第二节 学术评价主体内在价值尺度的形成

一、评价主体的心理背景系统

评价是以评价主体的心理背景和评价图式为前提。评价主体的评价图式不是评价主体与生俱来的,它是评价主体在特定的文化背景中、特定的社会活动中逐渐形成的。对于当下的评价活动来说,评价图式和评价标准是现在的,但不是先验的。

人的心理背景系统受到多个层面、多种因素的影响,如评价主体的无意识领域、评价主体的个性、知识系统、社会规范意识和价值观念体系。这5个方面构成相对有序的结构,构成一个评价主体的心理背景系统。

二、评价主体的认知图式

一个人的心理背景系统是其认知图式的基础。人的认知图式的形成,一方面是先天的生理因素;另一方面是后天的学习和社会实践因素。对于学术评价等这类较为复杂的高级评价活动来说,评价者的认知图式主要取决于后天形成的知识系统、价值观念体系和社会规范意识等因素。

对于同行评议等学术评价活动,评价主体的知识系统尤为重要,这也是同行评议要求评议者是"小同行"的原因。"小同行"不仅具有相同或相似的研究范式,还具有相近的知识体系,从而可能具有较为相似的认知水平。科学知识

---

① 李淮春. 马克思主义哲学全书[M]. 北京:中国人民大学出版社,1996.

或专业知识，使得评价主体获得认识世界、理解世界、评价世界的独特视野、方式和方法。因而，一个人的知识系统对其认知图式的形成起着重要的决定性作用。

然而，人或评价主体是一个复杂的生命体，具有众多的社会角色和丰富的社会实践，并受特定时空的文化影响。在社会实践活动中，一个人将外在于他的特定的文化转化为内在的认识背景，凝聚为特定的认知图式。

实质上，一个人的认知图式的形成是复杂的、是动态的，会随时空的变化而变化，会随一个人的知识系统（认知能力）的变化而变化。但一个人的认知图式在一定的时空内，又是相对稳定的。否则，我们就无法形成对一个评价客体相对客观和一致的认识。不过，一个人可以同时拥有众多不同的认知图式和评价图式，或者说，针对不同的评价客体，人们可以形成不同的认知图式，这也是人们为什么能够区别不同事物的原因。

三、评价主体的评价图式

评价主体的认知图式是评价图式的基础，但二者并不一样。评价图式不仅与评价主体有关，还与评价客体和评价活动的情景（或特定的时空环境）有关。评价图式是评价主体在一定的时空环境中，基于自己的认知图式，针对一定的评价客体形成的，是判断评价客体价值的框架。

事实上，评价主体的这个评价图式也是隐性的，在评价活动中，并不会显化为实际的评价标准。或者说，一项评价活动的评价标准，并不一定是评价主体确定的，或者说，并不一定是评价主体的评价图式转化（或显化）形成的。特别是对于较为复杂的评价活动，如学术评价。对于日常生活中广泛存在的评价活动，我们的评价标准是我们评价图式的显化（评价图式的显化，并不意味着将其显性地表达出来）。

在评价活动中，评价主体的评价图式，虽然不是显性的评价标准，但它是实实在在地影响着（或作用着）评价结果的。评价主体的评价图式，也可以称其为内在价值尺度，或内在评价标准。在每次评价活动中，评价主体综合利用评价活动组织者提供的评价标准（可以称为外在价值尺度）和自己的内在评价标准，共同形成对评价客体的价值判断。

例如，在一项实际的学术评价活动中，评审专家（评价主体）一方面会依据评价委托人（评价活动的组织者）提供的价值尺度（外在的、形式化的评价标准）判断评价客体的价值，但同时评审专家也会基于自身的价值尺度对学术成果（评价客体）的价值进行判断。这两个价值尺度相互制约，共同决定着评价结果。在某些时候，评价专家的价值尺度更为重要。这是因为评价是一种认识活动。评价主体首先会依据自己对评价客体的认识做出初步（主观的）判断，然后才会参考评价组织者提供的评价尺度进行判断。当这两种尺度存在矛盾时，评价主体首先选择自己的价值尺度。因为价值是客体对主体需求的满足关系，评价是一种认知互动。

四、评价主体评价图式的形成

评价主体的评价图式是在进行评价活动时形成的。这表明评价主体的评价图式具有动态性和主观性。主观性是因为每个评价主体的认知图式是不同的，导致其评价图式的"个性化"，反映不同评价主体的主观性。动态性是指评价主体的评价图式是在其进行评价活动时建立的、激活的，特定的时空环境和评价主体的心理因素（如情绪）都会影响评价图式的形成和实际的评价效果。如前所述，评价主体同时拥有众多不同的认知图式，这种认知图式是隐性的，但又是客观存在的。很显然，一个不具备医学专业知识的人，很难形成对某种疾病的认知图式。但这种认知图式只有在开展评价时，才会被激活，才会结合特定的时空因素等形成评价图式。

1. 评价主体评价图式的形成是一个漫长的过程

评价图式通常是隐性的，只有评价者知道自己的图式是什么，或价值尺度是什么。评价图式是每个评价者所拥有的内在的价值判断标准，因而也称为内在价值尺度。一个评价主体的评价图式的形成不仅受到多种因素的影响，而且是一个漫长的过程，也没有统一的方法和原则。

但是，评价主体内在价值尺度的主观性，并不排斥其相对统一性。对于一个学科的学术共同体成员，通常具有相似的成长经历、相似的知识体系结构和认知范式，因而在某种程度上也就具有相似或相近的内在价值尺度。这也是同行评议的重要依据。

2. 内在价值尺度本质上是个性化的

评价主体的内在价值尺度是造成评价结果主观性的主要因素之一。长期以来，人们一直试图消除评价结果主观性的问题。例如，有学者认为，基于大数据寻找具有相近学术背景或学术成果的专家作为评审专家。再如，有专家提出，开放同行评议、网络评议等。这些方法从某种程度上会改变和减少评价结果的主观性，但都难以从根本上个消除同行评议结果的主观性问题。

3. 评价主体内在价值尺度的形成受其"意象图式"的影响

美国认知语言学家拉科夫（George Lakoff）和哲学家约翰森（Mark Johnson）合著的《我们赖以生存的隐喻》（1980）一书中提出，意象图式是人类在与客观外界进行互动性体验过程中反复出现的常规性样式，是具有意向性的抽象结构。意象图式本身就具有意义，当被激活时，就可以与范畴或概念相对应[1]。拉科夫认为，意象图式是一个内部一致、有意义的统一体，包含着一个基本逻辑[2]。意象图式的内部结构是由复杂的、多种可独立分析的层面组成，以连贯的整体出现，还可以从一种意象图式变为另一种，由此产生意义的引申[3]。意象图式理论是阐释概念化的知识表示的主要理论，主要对知识表示中的语义进行表示，例如，对象（实例）间的关系就是能用意象图式表示的语义。瑞士心理学家皮亚杰（Jean Piaget）认为，一个人的全部图式组成一个人的认知结构，最终形成有序的整体性认识，是存在于人的长时记忆中的对已经熟悉的物体、场景、事件、行为、心理活动或语言知识等典型经验和认识相互作用的知识结构。图式作为一种逻辑结构，表示着思维的规律，是对人类认知结构的描述。

---

[1] 王寅. 认知语言学[M]. 上海：上海外语教育出版社，2007.

[2] GEORGE L. Women, fire, and dangerous things: what categories reveal about the mind[M]. Chicago: The University of Chicago Press, 1987.

[3] 刘丽华，李明君. 意象图式理论研究的进展与前沿[J]. 哈尔滨工业大学学报（社会科学版），2008，10（4）：110-117.

第三节　评价标准与评价指标体系的构建

评价标准或评价指标体系就是评价活动主体（或价值主体）描述评价客体的本体。

学术评价与其他评价，本质上是相同的。只是其评价客体相对于一般的事物更加复杂，其价值表现也更加隐含，或者说，评价的复杂度更高、难度更大。学术评价的客体通常有各类学术成果（如论文、图书、专利、研究报告等）、科学工作者（如大学教师、科研工作者等）、学术机构（如研究院所、大学等）、学科（如物理、化学、数学等）、学术活动（如人才评价、成果评奖、项目评审等）等。但是，无论何种评价，也无论学术评价的客体是什么，在开展评价活动时，都需要依据一定的评价标准。总之，评价标准及评价指标体系的构建是学术评价的重要内容。

一、评价标准

评价标准是评价活动赖以开展的重要依据之一，因而许多学者从不同的角度对评价标准有许多解释、说明和论述。然而，评价标准不是静态的、绝对的，而是发展的、相对的；评价标准既是客观的，也是主观的。在人们的评价实践中，不同的评价范式、不同评价模式，以及不同评价方法、不同的评价客体，其评价标准都不相同。很显然，评价标准不同，其评价结果也就不同。评价标准既是保障评价活动开展的重要因素，也是造成评价结果不科学的主要原因。因而，评价标准或评价者价值尺度的构建对于评价活动具有十分重要的意义。

（一）评价标准的含义

评价标准是指衡量或判定评价对象价值程度的准则与尺度，是对评价对象质量要求的具体规定、评价原则的实际体现[①]。价值判断必须有标准，但标准不

---

① 陶西平．教育评价辞典[M]．北京：北京师范大学出版社，1998．

是绝对的,不同的评价主体、价值主体、评价目的、评价视角和视域,都会有不同的对评价客体的认识角度、不同的评价标准。

评价标准直接左右评价的结果,恰当的标准为评价的成功提供有力的保证,不当的标准也会严重影响评价的顺利进行,有时甚至使评价彻底失败。陶西平在《教育评价辞典》中将评价标准分为 3 类:①效能标准。它可以分解成根据结果好坏衡量工作的"效果标准"和根据产出与投入的比例衡量工作的"效率标准"。②职责标准。评价对象应当承担的责任及完成任务情况的标准。③素质标准。衡量评价对象所承担的某一种职责或完成特定任务所应具备的素质状况的标准。此外,还有过程标准、结果标准等。例如,美国学校行政人员协会等 12 个专业组织组成的"教育评价联合委员会"集合了 200 多位教育家与评价工作者,经过 5 年时间的潜心研究,于 1981 年公布了有关教育计划、方案、资料的评价标准。该标准在美国影响很大,对其他国家也产生了一定影响。学科评估和大学评价在我国高等教育中较为常见,在我国开展的高校教学水平评估中也有所体现。

评价标准是一种提供判断的量表[①]。例如,身体锻炼的评价标准,泛指那些依据有关测试结果,可以对一个人身体锻炼效果进行判断的各种具体量表。身体锻炼效果一般有两种评价标准:①定性与定量标准:定性标准以主观经验作为判断标准,如"好""较好""有效""无效"等。定量标准以精确的数量作为判断标准,如国家体育锻炼标准的评分表。②相对与绝对标准:相对标准是一种包括被评价者在内的将同类人群的总体水平作为评价依据所制定的评价量表,其目的在于判断被评价人在同类人群中处于何等水平与位置。胡志勇在《汉英新词新语辞典》中将评价标准定义为,评价标准是指对被评价的要素进行清楚界定,目的是使评价结果客观和公正。这里所指的评价标准主要是绩效考核评价标准[②]。

评价标准对于某个具体评价过程的先在性和先定性,并不证明它就是先验的和先天的。评价标准来源于人们的实践活动,本质上是对价值标准或价值尺

---

① 北京师范大学交叉学科研究会. 中国老年百科全书·保健·医疗·强身卷 [M]. 银川:宁夏人民出版社,1994.

② 胡志勇. 汉英新词新语辞典 [M]. 上海:上海交通大学出版社,2004.

度的反映,是对价值主体需要的反映。从不同的利益主体出发,就会有不同的评价标准。在阶级社会中,评价标准一般带有阶级性。评价标准,无论是一个社会的评价标准还是群体或个人的评价标准,都是一种体系性的存在,是众多评价标准的有机统一。一定社会的价值观念,就是该社会的评价标准体系。借助于这个体系,人们对各种事物的价值进行评估,对一定事物的各种价值进行评估和比较权衡。评价标准作为观念形态的东西,它随着实际价值标准的变化而变化,随着实际价值取向的变化而变化,没有永恒不变的价值标准。评价标准又具有相对独立性,它一经确立,便作为规范影响着人们的评价和选择活动,影响着人们的价值创造活动。否认或看不到评价标准的相对独立性和评价的能动反作用,同样是马克思主义价值论所反对的。

(二)评价标准构建的影响因素

评价标准是评价参照系统的核心。评价标准的构建是评价活动主体的首要任务。在构建评价标准时,需要考虑价值主体、评价客体、评价视角和评价视域,以及评价信息和方法等众多因素。

评价标准的构建,评价活动主体不仅要考虑自己的评价目的、评价客体情况,还要考虑采用什么评价方法。我们能够获得什么样的评价信息,定量的还是定性的,以及获取评价信息的难易程度等,这些因素都会影响对评价标准的制定。

评价标准是评价活动的一个逻辑前提,评价者对价值客体意义的判定就是依据评价标准做出的。评价活动最深刻的差异就是由评价标准的差异而引起的差异。由评价标准的差异所造成的差异是深层的。

不同时代评价的演变,不同文化评价的冲突,不同主体评价的歧义,究其根本缘由无不在于此。评价的演变,就其根本而言,不过是人们评价标准的演变,在评价的合理性问题中,最艰涩的问题莫过于评价标准的合理性,关于评价的各派学说最针锋相对的也莫此为甚[1]。

---

[1] 冯平. 评价论[M]. 北京:东方出版社,1995.

二、评价指标体系的构建

评价指标是评价标准的具体化,是评价标准明确的形式化描述和表达。科学确定评价指标和指标体系是学术评价的前提,只有建立科学合理的评价指标体系,才能科学地开展学术评价活动,得出科学合理的评价结果。因而,如何将评价标准具体化,如何将评价活动主体(或价值主体)的需求体现在评价指标之中,是评价活动的首要任务。

我们知道,任何事物都具有一组不同于其他事物的本质属性和特征,正因为如此,我们才能够把这些本质属性和特征转换成不同的指标来表达(或描述)事物,并在这些指标与事物的本质属性和特征之间建立某种对应关系,形成反映事物全貌或部分的特征的指标集合,即指标体系[1]。

(一)评价指标体系的内涵与性质

评价主体的价值尺度通常就是评价活动的价值判断标准,形式就是评价指标或指标体系。指标是衡量评价客体某个属性(或特征)的尺度。评价指标是对评价客体某一属性或特征的概念化及其量化表达。评价指标就是评价标准和价值判断尺度的具体化,就是衡量、判断和比较评价客体价值的基本依据,指标体系则是评价指标的集合[1]。因而,根据评价活动、任务和目标,能够全面系统地反映某一特定评价对象一系列较为完整的、相互之间存在有机联系的评价指标就是评价指标体系[2]。评价指标体系具有以下两个方面的特征。

一方面,评价指标体系是联系评价主体与客体的桥梁和纽带。评价指标体系既反映了评价活动主体的评价目的和价值取向,又包含评价客体的属性或特征,因而它不仅反映评价客体的信息,而且还隐含价值主体的目的和需求信息。每项评价活动都需要确定评价指标,用于对评价客体不同属性或功能的测度。只是,在日常生活中,评价活动随时会发生,因而并不需要将评价指标(或标准)明确表达出来。评价指标就存储在评价者的大脑之中。但对于较为复杂的评价活动,一是为了保障评价工作的科学性;二是为了保障评价工作的高效和

---

[1] 邱均平,文庭孝,等. 评价学:理论·方法·实践[M]. 北京:科学出版社,2017.
[2] 邱军平. 文献计量学[M]. 北京:科学技术文献出版社,1988.

有序，需要将评价指标具体化。评价指标体系由一组既具有明确层次，又相互联系的指标构成。评价指标体系既是联系评价主体与评价客体的纽带，又是联系评价方法与评价对象的桥梁。此外，评价指标体系还具有明确的导向性。评价指标体系体现了评价组织者（或价值主体）的目的和价值取向，是评价活动中的关键要素。

另一方面，评价指标体系的科学性是评价结果的基本保障。一个理想的评价指标体系既能够充分反映价值主体的需要、评价活动组织者的评价目的，又能够对评价客体的特征或属性清晰地描述，从而保证评价结果的科学性。一个不好的评价指标体系往往是评价结果不理想或失败的重要原因。由于学术评价客体的价值具有隐含性、滞后性等特点，在学术评价中，如何制定一个科学合理的评价指标体系，是保证学术评价结果科学的关键。

概括地说，由于各国社会、经济、科技和文化的差异性，以及对评价客体价值认识的不同，各国在评价指标和指标体系的构建上，并没有形成统一的规范，事实上也难以形成统一的规范。因而，评价指标或指标体系的数量、结构、构建方法与程序等，因社会制度、文化背景等不同都存在一定的差异。例如，我国和美国的自然科学基金项目，虽然都采用同行评议方式进行评价，但实际的评价指标是不同的。

（二）评价指标体系形成的原则

评价指标体系的形成是一个相对复杂的过程。每项评价活动的评价指标和指标体系的制定都需要遵循一定的原则和方法。通常评价指标体系的制定或构建需要遵循以下一些原则：科学性与实用性原则、整体性与层次性原则、全面性和系统性原则、定性与定量相结合原则、动态性与静态性相结合原则等。另外，每项评价活动在制定评价标准时，都要兼顾目的性原则、可操作性原则和政策引导原则[①]。

除此之外，在评价指标体系制定过程中，还应处理好以下关系：一是指标体系的系统性与针对性；评价指标体系的确定应紧紧围绕评价目标和目的，客观、真实、全面地反映评价客体的属性和功能，但指标的设置又要体现重点。

---

① 修建国. 企业技术评价方法研究[J]. 哈尔滨理工大学学报，1998（2）：59-62.

二是定量指标与定性指标相结合。评价指标的选取要考虑评价客体的特点和评价目的，能够定量描述的指标应优先选择。三是直接指标和间接指标相互配合。当被评价客体的属性不能用直接指标描述时，可使用间接指标，原则上优先使用直接指标。四是指标的互斥性。评价指标体系是一组由相互联系的指标构成的有机体，而不是简单地堆砌。互斥性原则要求指标间相互独立，两个指标或多个指标间不能出现相互包容、交叉等现象。五是指标体系的系统性与简洁性的关系[①]。评价指标体系的简洁性对于科学评价的开展具有重要意义。评价指标体系过多过繁，不仅容易造成指标间的交叉重复，而且评价绩效也会受到影响。总之，评价指标体系的构建，要在系统性或全面性与简洁性或简单性两个方面找到平衡点。往往考虑全面性，面面俱到，指标体系相对繁杂，不仅成本高、不经济，而且实际的评价过程中，操作难度也会大大增加。

在学术评价指标体系的建立过程中还要遵循以下内容：在能够保证评价结果科学性的前提下，尽量简单实用，突出可操作性。对一组学术成果的评价，并不是测度每个学术成果的具体价值，而是比较它们在某些方面（如创新性），哪个更好。也就是对被评学术成果的创新性进行比较和排序，并不需要做到十分精确。因而，评价指标体系并不一定需要过于庞大烦琐。

（三）评价指标体系的形成与方法

评价指标体系是评价组织者给评价主体提供的观察、认识、判断评价客体价值的认知框架。实际上，评价指标体系也可以认为是揭示与描述评价客体的本体。评价组织者往往希望评价指标体系能够传达自己的评价意图，能够客观反映评价客体的全貌或重要特征与价值。因而，构建评价指标体系的过程就是认识评价客体的过程，就是建立一个能够反映被评客体特征和价值的信息系统的过程。

1. 评价指标体系的形成过程

评价指标体系的构建，是一个"具体—抽象—具体"的辩证思维过程，是对评价客体认识不断深化的过程，可以分为5个步骤：准备阶段、初步形成指

---

① 国家科技评估中心. 科技评估规范（第一版）[M]. 北京：中国物价出版社，2001.

标体系、指标体系初选、指标体系检验、指标体系实际应用与确立[①]。但评价指标体系的形成和确定受到众多因素的影响，主要有以下3个方面：评价客体、评价主体和评价环境。

评价是对评价客体价值的判断，评价客体的功能、属性或结构，以及与社会等关系的复杂度是影响评价指标的最主要因素。一般情况，评价客体结构越复杂、功能或属性数量越多，评价指标也越多。但是，不同类型的评价对象会存在较大差异。有些评价对象的价值是显性的，较易认识和量化；有些评价对象价值是隐性的，不易发现，难以判断；还有些评价对象价值是滞后的，较难预测等，这些因素都会影响评价指标的选择。评价的准备阶段，就是要对评价客体进行一定的分析和研究，了解评价客体的特征和价值表现。

评价活动主体（评价组织者）的评价目的和意图、价值取向等都是影响评价指标确立的重要因素。

评价环境也是影响评价指标体系的重要因素，如评价政策、评价工具和方法、国家政策、社会、经济和文化环境等都会影响评价指标的选择。

除以上3个因素外，评价视角也是影响评价指标体系的重要因素。我们评价的视角不同，看到评价客体的功能、属性和价值表现等都会存在一定的差异。例如，对于一个学术成果的评价，我们是评价其创新性还是评价其写作的规范性，评价的视角不同，评价指标及评价结果也就不同。

众所周知，对于每一次评价活动，一个评价指标体系的确立，会受到多方面因素的共同影响。它是多因素相互作用的结果，是特定环境下，评价活动主体对评价客体价值认识的结果。尽管如此，评价专家并不一定完全认同，甚至会质疑其科学性。这是由评价活动本身的性质决定的。理论上，只有相对科学合理的评价指标体系，不存在绝对的、唯一科学的评价指标体系。任何评价活动主体、评价专家都有自己的价值取向和认知范式。这是评价结果存在主观性或不唯一的根本原因。因而，每一项评价活动，在评价指标和指标体系初步确定之后，还需要进行初评，对评价指标进行检验和修正，最终形成一个相关科学合理的评价指标体系。

---

① 苏为华. 多指标综合评价理论与方法问题研究[D]. 厦门：厦门大学，2000.

2. 评价指标体系构建的方法

在任何评价中,没有绝对科学完善的指标体系,只有相对科学合理的指标体系;也不存在一个通用的评价指标体系,适合于不同类型、不同领域、不同客体的评价。但是,存在通用的评价指标体系构建的模式和方法。

一般来说,科学评价指标体系形成的方法,通常包括以下几个方面的内容[①]。

①评价指标体系的初选。评价指标体系的构建主要是通过实体属性分析法、层次分析法、频度统计法、理论分析法、调查法等方法初步形成指标体系,然后对指标体系进行初选。初选的方法有分析法、综合法、交叉法、指标属性分组法等多种方法,最常用的是分析法。

②评价指标体系的测验与优选。评价指标体系的测验,主要是采用各种定性和定量方法,对指标体系中的单项指标和整个指标体系的完整性、系统性、准确性、可行性、可靠性、科学性等方面进行测验。一般以专家判断等定性方法为基础,以定量测验方法为补充。

③评价指标体系结构优化。主要从层次深度、每层指标个数、是否存在网状结构等方面进行优化。

④评价指标量化与处理。评价指标量化即指标属性值的确定,分为定量指标量化和定性指标量化。定量指标量化一般由统计和调查得出。定性指标量化根据量化时的具体对象不同,可分为直接量化法和间接量化法两种。评价指标量化,还包括指标的无量纲化处理,即采用各种无量纲化方法将不同属性的指标值进行归一化处理,转换成可以直接比较的形式[②]。

概括地说,价值尺度和评价标准是学术评价活动中的关键要素。评价结果的差异,归根结底是评价标准的差异,是评价主体价值观和价值尺度的差异。价值尺度和评价标准存在密切的联系,但并不相同。价值尺度是评价主体判断评价客体价值的内在标准,评价标准是价值尺度的具体化和形式化。在每次评价活动中,同时存在评价主体的内在价值尺度(评价主体内在的评价图式)和

---

① 查先进. 信息分析与预测[M]. 武汉:武汉大学出版社,2000.
② 曹利军. 可持续发展评价指标体系建设原理与方法研究[J]. 环境科学学报,1998(5):5-9.

评价活动主体的外在价值尺度（评价指标体系），而真正的价值尺度就是内在价值尺度和外在价值尺度的融合，或者说，评价活动是评价主体在外在价值尺度框架内运用内在价值尺度对评价客体做出的价值判断。

评价指标体系则是评价指标的集合。在具体的评价活动中，一个科学合理的评价指标体系具有十分重要的作用。但是，客观上并不存在绝对科学的评价指标体系。评价指标体系的构建可以遵循一定的方法，但受到多种因素的制约或影响。

第九章
学术评价参照系

英国哲学家拉蒙特说，评价本质是两个以上评价客体的价值比较，没有比较，也就没有好坏。没有比较、没有参照物，评价结果就毫无意义。

任何评价都是比较的结果。任何评价都有参照物或参照系。评价参照系是以评价目的为核心，是评价目的具体化的评价图式。它由4个方面构成一个格式塔结构，成为进行评价的逻辑框架。评价参照系作为评价客体的参照物，在评价系统中发挥着重要的参考作用。但它既不是实体性要素，也不是联结性要素。它在评价活动中虽然没有被表达出来，但它是实实在在客观存在的。评价参照系存在于评价主体的大脑之中。评价心理运作的其他环节，就是在这个逻辑框架中展开的。可以说，评价目的制约着评价的参照系，而通过评价参照系制约着整个评价活动。

第一节　评价参照系

一、评价参照系的内涵

我们每个人大脑中都存在一组不同的参照系，对于不同类型事物的评价，我们会调动不同的参照系。例如，我们对人进行评价，大脑中就会出现与被评人相似的人，这些相似的人就是参照系。但是，脑海中出现的这些相似的人，会因为你的目的不同而变化。例如，当你说这个人"好高"时，脑海中会出现一些个子比较高的人形象，如姚明等。当你说这个人"好壮"时，脑海中会出现一些你所知道的身材魁梧的一些人，如泰森等。再如，我们对一项科研项目研究成果的评价。我们需要知道该科研项目研究的问题，然后了解该研究问题的国内外相关研究现状，然后将其与相关研究成果进行比较，判断其研究优劣。其中，与其"研究问题相关的研究成果的集合"就是评价参照系。当你判断它的创新性时，你会形成一组具有一定创新性的研究成果作为参照系。当判断其经济价值时，你会形成一组新的具有一定经济价值的研究成果作为参照系。

由此可见，评价目的制约着评价的参照系统，而通过评价的参照系统制约着整个评价活动。在每次特定的评价活动中，评价参照系也不止一个，目的不同，评价主体选择的参照系就会不同。评价参照系不同，评价的结果也就不同。

何谓评价参照系？从语言学角度，可以将其定义为具体价值判断中的价值术语（如好的）等的限制条件。从操作角度，可以将其定义为评价者做出价值判断所参照的条件。从功能角度，可以将其定义为评价主体用以对价值客体的意义予以不同程度的肯定或否定的比较因素系统[①]。

二、评价参照系的形式

如前所述，从操作角度看，评价参照系是评价主体对评价客体做出价值判断所参照的条件；它由一组与评价客体同质的客体构成。任何评价结果都可以简单地（形式化）表达为：

X 与（……）相比，是 Y。

其中，X 是价值客体，Y 是 X 的评价结果，（……）是评价参照系。

根据评价客体、目的不同，Y 可以是有价值的、美的、好的、高的。若 X 是学术成果，那么 Y 可以是有创新的、优秀的、高质量的、有价值的、前沿的等。

例如，以"这篇学术论文……是有价值的"为例，这个"……"就是参照系，可能包含以下 5 个方面的内容：

---

① 冯平. 评价论[M]. 北京：东方出版社，1995.

①这篇学术论文"对谁"是有价值的,也就是对哪个价值主体来说是有价值的。

②这篇学术论文"对谁"的"哪一方面"是有价值的,也就是价值主体认为学术论文的哪个方面对其是有价值的。

③"以什么为标准"这篇学术论文"对谁的哪一方面"是有价值的;也就是以什么标准作为尺度进行衡量,对于谁是有价值的。

④"以什么为标准"这篇学术论文"与什么相比""对谁的哪一方面"是有价值的;这个"比什么"是指这篇学术论文与其他学术论文相比是有价值的。

⑤"谁认为"这篇学术论文"以什么标准对谁的哪一方面"是有价值的,这是哪个评价主体评价的。

以上这5个方面揭示的是这篇学术论文(可以指代任何价值客体)在什么意义上说是有价值的。前4个方面指的是"这篇学术论文(可以泛指任何价值客体)"的价值所参照的因素,第5个方面指的是评价主体。"对谁""哪一方面""与什么相比""以什么为标准",分别指的是评价中的价值主体(对谁)、评价视角(哪一方面)、评价视域(与什么相比)和评价标准(以什么为标准)。这4个方面就构成了评价参照系的内容要素。

三、评价视角

视角是指看问题的角度。评价视角是指评价主体所选取的判断事物价值的角度。也可以说是,评价活动主体(或价值主体)的价值取向。从实质上来看,评价视角是价值关系中主体与客体的交汇点。任何事物都是多面体,具有不同的属性和功能,观察的视角不同,就会看到它不同的特征、功能或价值。人的需求也是如此。人们在评价时,总是以主体在某一特定时空内,对某物某一方面的特定需要,来衡量客体在某一时空内某方面的价值。然而,正是评价视角的确立,才保证了评价活动的正常开展。

评价视角的选取,确立了评价的方向,同时也确定了评价的限度。基于不同评价视角做出的评价,在逻辑上是不同的,是不可置换的。例如,一篇学术论文,我们可以从不同的视角进行评价。从方法论角度,可以评价其科学研究的方法是否科学合理；从价值的角度，也可以评价其研究的问题是否有意义和价值；从语言学的角度，还可以评价其写作是否规范；从创新性角度，可以评价其研究是否有创新。很显然，不同视角的评价结果是不同的，是不能置换的。

当今，关于学术评价结果常常会引起一些学者质疑。排除一些非理性的、非科学的因素，其实这是正常的、合理的。对于一些学者来说，他（或她）评价的视角不同，就会得到与评价专家组不同的评价结果。我们不能简单地说这个学者错了。这只是因为其不了解评价活动的目的，不知道评价专家组的评价视角。

另外，在学术评价活动中，通常也会从多个评价视角对学术评价客体进行分析和判断。评价视角不具有排他性。我们可以从一个视角或维度分析评价一个学术评价客体，也可以同时从两个或两个以上的角度进行评价。例如，在对国家自然科学基金项目和国家哲学社会科学项目的评审过程中，同行评议专家在对申请书进行评价时，同时会从选题的意义与价值、研究方法的科学性、研究路径和方案可操作性、课题组的研究基础等视角进行综合评价。

四、评价视域

任何评价都是基于特定范围的分类、比较或判断，否则评价结果就失去了意义。通常，我们说某人是世界冠军，是全国长跑冠军等，世界、全国、长跑都是指一定的范围。世界和全国是从地域上的分类，而长跑则是从行业或领域的分类。我们说，某论文研究问题是世界前沿问题，也是指某学科范围的。由此可见，评价视域是保证或限定评价结果的必要条件。

评价视域是指评价主体所选择的判断价值客体价值的比较范围。评价视域与评价参照系具有密切的关系。在现实中，并非只有某一客体（如 X）对价值主体（如 Y）存在某种价值关系。实际上，客观世界中存在着与 X 类似的一组客体（如 $X_1, X_2, X_3, \cdots, X_n$）。它们之中的任何客体（如 X_i），都与 Y 存在着某种与 X 类似的价值关系。同样，也存在一组价值主体（如 $Y_1, Y_2, \cdots, Y_i, Y_n$）对 X 具有某种类似的需要。当有一组（$X_1, X_2, X_3, \cdots, X_n$）与 X 相似的客体与 Y 形成某种价值关系时，为了判断或确定 X 的价值，评价主体就

第九章
学术评价参照系

需要将 X 与 X_i 逐一进行比较。在这种情景下，$(X_1, X_2, X_3, \cdots, X_n)$ 就构成了判定 X 对 Y 价值的比较范围。这个比较范围，就是评价视域。在一定程度上，也就是评价参照系的取值范围。因而，评价视域是评价主体根据评价的目的，基于自身的认知能力对客观存在的 X 与 Y 的关系的可比较范围。理论上，评价参照系仅与评价客体相关，评价视域同时还与评价主体有关，评价参照系包含评价视域。

例如，期刊论文的同行评议，造成评议结果不一致的重要原因之一，是每位评议专家的"参照系"是不同的。或者说，每位评议专家具有不同的评价视域。尽管，期刊杂志社为同行评议活动提供了一个评价指标（体系或框架），但这只是一个评价维度（或评价视角）或判断被评论文的维度。在评议时，每个指标的具体"值"，取决于每个专家的"参照系"，也就是他判断其属性值的"范围"。与被评议论文研究问题相关的有一组论文 $(P_1, P_2, P_3, \cdots, P_n)$，它们构成了评议该论文的参照系。这一组论文 $(P_1, P_2, P_3, \cdots, P_n)$ 构成了一个较为客观的评价视域，但每个评议专家仅了解这 N 篇论文中的 M（其中 $M \leq N$）篇论文 $(P_1, P_2, P_3, \cdots, P_m)$。每个评议专家了解相关论文的不同，所形成的参照系（或评价视域）也是不同的。因而，他们每个人的评议结果自然是不同的。这也是造成同行评议主观性的重要原因之一。

因而，为了准确把握评价客体的价值，评价者不仅要把握价值客体自身的信息，而且还要时常了解与价值客体相关的其他客体的信息。唯有此，才能通过将评价客体与相关的其他客体进行比较，才能对价值客体的价值做出较为合理的判定。可以想象，在同行评议中，若一个专家对被评议学术成果相关的其他成果一无所知，很难相信他（她）能做出科学合理的判断。所以，在许多情况下，如果评价者对评价客体之外的、可以与价值客体形成比较的其他客体不了解时，那么他（她）就很难做出合理的判断。因此，在同行评议中，通常要求评议者必须是所在领域的专家（至少是小同行），要求评议者不仅要有深厚的理论功底，而且要熟悉相关领域的研究现状和发展趋势。对同行评议专家选择的这些条件，是保证评议结果科学性的前提之一。

理论上，任何评价客体都存在一个参照系（与评价客体同质的一组事物）。但是，由于种种限制，很难确定这个科学的参照系。例如，期刊论文的同行评议，每个期刊都有自己的编委，通常编委是同行评议专家，是相关领域的专家，是否是某些论文合适的评议人呢？或者说，是否是真正的小同行呢？随着学科交叉融合的加剧，网络学术交流环境的快速发展，也许需要借助文献大数据分析，才能确定评价参照系，才能找到合适的评议专家。

在评价活动中，评价视角和评价视域共同作用于评价活动。评价视角不同，评价结果一定不同。但是，评价视角相同，若评价视域不同，评价结果也可能不同，有时甚至相反。例如，对一篇学位论文的评价，当一个评议人不了解该学位论文所研究问题的国外现状时，仅将其与国内的一些相关研究成果相比，就会得出"选题新颖、所研究问题是前沿问题"等评价。当一个评议人对该学位论文研究问题比较熟悉时，特别是对国内外研究现状都很了解时，将其与国内外相关研究成果进行比较时，就有可能做出"选题缺乏新意、所研究问题属于国际研究热点问题"的评价。很显然，第一个评议人的参照系是一组国内相关学术成果，第二个评议人的参照系不仅有国内相关学术成果，而且有国外研究成果。对这篇学位论文评价的差异，就在于两位评议人的评价视域的不同。

第二节 学术评价参照系的实例

20世纪70年代以来，随着在哲学、法学、语言学、文学、历史学、社会学等学科领域的应用与发展，谱系学已成为各学科领域一种重要的研究方法。通过建立关系图谱，探究对象的产生、延续与发展，梳理其发展脉络和线索，以便从中发现深层次的富有价值的规律。

一、学术链和学术谱系

（一）学术链

一个评价主体的评价视域是评价客体参照系的具体化。评价参照系是由一组与评价客体相似或相关实体（既可以是物质层面的，也可以是概念层面的）组成的。若评价客体是学术成果，那么其评价参照系就是一组与主题相关的学术成果，如一组主题相关学术论文，或图书，或专利等。这些相关的学术成果，将其研究问题或主题按照时间先后顺序（或按照顺承关系，或引证关系）连接起来，就会形成一个链。这个链就是学术链。

刘绍怀用"学术链"来定义和描述学术发展过程中产生的链条关系形态[①]。学术链揭示了学术的生长规律和发展趋势，本质上是一种学术谱系。事实上，广义的学术谱系，其节点可以是人，还可以是学科、专业、方向等知识系统，甚至是文献、思想、概念等知识元素。依据学术链节点的不同，不同学科又有不同的称谓。例如，节点为人物时，称为人物谱系或谱系。若节点为一个个的研究问题时，称为问题网络。若节点为概念时，称为概念谱系。这些可以统称为学术谱系。

（二）学术谱系

简单来讲，学术谱系就是基于时间序列与某一研究主题或问题相关的一组研究发现构成的网络图谱。网络中的节点是各类学术要素，如作者、概念、创新点、研究主题、研究问题等。节点间的关系包括历史的继承关系、顺承关系、共时并列关系和相关关系等，用这种形式化的方式描述科学知识的创造、发展、内在结构及科学问题的解决历程。

尼采首次将"谱系"概念引入哲学领域。福柯在尼采的思想基础上对谱系学进行了发展和完善。此后，学界开始普遍使用尼采和福柯等发展的"谱系学"概念。但与传统意义上的"谱系学"不同，尼采和福柯意在探究权利和政治如何影响对象的"发生"。另外，与传统谱系学偏向于分析贵族血缘传承不同，尼采和福柯并不对分析对象的尊卑进行区分。尼采在引入"谱系"概念的时候并没有对其进行定义，只是通过对现代道德形成的探索揭示如何构建道德谱系[②]。尼采更加注重"发生"，强调道德偏见是如何在社会权力网络中被构建的。

福柯关于谱系学的灵感来自尼采。福柯更加重视对社会结构和社会权力的分析，关注历史发展中的细枝末节，他强调对事件进行重现的目的是重新找出

---

① 刘绍怀. 学术链：客观存在的学术关系形态[J]. 思想战线，2011，37（1）：1-3.
② 谭萌. 作为民俗学方法论的谱系学[J]. 湖北民族学院学报（哲学社会科学版），2018，36（2）：22-26.

事件发生的场景，而不是追踪事件的演进历程。福柯将谱系学发展为使用更为广泛的方法。通过为事物建立关系谱系，可以分析包括概念、话语等在内的各种事物的"起源""出身""出现"，分析它们如何发生①。

学术谱系源生于谱系学，基本特征是学术传承，传承内容不仅包括科学知识、理论、思想、方法、技术等显性内容，还包括价值观、思维方式、研究规范、学术精神等隐性内容。目前学术谱系的理论研究和实践主要是围绕学者个体或学术群体的学术传承关系展开的，尤其是以杰出科学家为中心的师承关系。在学术传承与学术评价领域中，关于学术传承效应的研究，前人已经在中医学领域、物理学领域、遗传生物学领域等有过多种以领军标志性人物为中心或起点的网状关系梳理，较为常见的是对某一学科领域师承关系的识别进行代际梳理整理、合著关系分析等。

例如，对于一个概念（事物的名称）的认识是一个过程。在一段时间内，甚至很长时间内，会有许多人试图给它下定义。又如，图书馆学虽然创建百年了，但什么是图书馆学，并没有一个科学的定义。尽管已经有许多"定义"，但并没有阻止人们对它进行定义的欲望。给一个概念下定义是作者的意图，是作者对其的认识，但并不一定科学。事实上，对任何事物的认识都是由浅入深、由表及里的过程，因而，早期的定义也许只是对概念某方面属性的描述，或是对概念本身的诠释。随着时间的推移、研究的深入，人们会逐渐认识到事物的本质属性（或特征），才会形成关于一个概念的科学定义。关于一个事物的认识和研究是时间的函数，以时间为自变量，以定义为因变量。简而言之，就是以时间为轴，会形成具有相互关系的一系列关于某事物的"概念"，将这些概念及其关系记录下来，就形成了一个关于某概念的谱系。

概念谱系是人们关于某事物认识的一个科学记录。它不仅记录了人们认识事物的过程，还反映了人们认识事物的程度。实际上，也是关于某事物认识的价值尺度。

---

① 张守海. 从尼采到福柯：系谱学的知识谱系[J]. 文艺评论，2014（11）：11-14.

二、学术谱系的评价作用

1895 年，德国物理学家伦琴发表了关于 X 射线发现的学术论文。受此启发，法国物理学家贝克勒于 1896 年发现了放射性元素"铀"。在贝克勒关于"铀"的发现的启迪下，1898 年居里夫人发现了"钋"。

1901 年，普朗克发表了关于"能量子假说"的科学发现。受此启示，爱因斯坦于 1905 年研究发现了光量子理论。德布罗意在此基础上于 1924 年提出了物质波假说。薛定谔于 1926 年建立了波动力学。

从以上事例不难看出，传承性和发展性是科学研究的基本特征。科学家提出的一系列科学发现，如果按时间顺序排列起来，那就形成了一个谱系，可以展现科学发现的产生、延续与发展的脉络。每一个有价值的科学发现都会对学科领域的发展产生一定的促进或推动作用，因而在学科发展谱系中都应该有其自己的位置或者坐标点。根据科学发现在谱系中的位置可以推断它对学科发展的贡献和价值。谱系在学术评价领域中的应用已经引起了部分学者的关注，但目前主要表现在基于人才谱系的科研人员评价和基于文献谱系的学术论文评价两个领域。

人们常说"我是站在巨人的肩膀上前进的"，这是说科学研究的传承性或继承性。任何研究都不是孤立的，都不是突然提出的，都是对前人研究的深入或发展。学术论文是研究成果最主要的表现形式之一。学术论文中的参考文献就是科学研究传承性的具体体现。学术论文中的参考文献，就是施引文献作者对被引文献相关研究的传承。学术论文发表之后又会被后来的研究者所引用。文献间基于引文的传承，形成了相互联系的文献引证网络。从目前的一些研究看，学术谱系的评价作用主要包括以下两个方面。

一方面，学科发展趋势与前景的分析与预测。近年来，学术传承过程中的学术评价，更加呼吁要侧重于学术成果的内容和质量，学术谱系和学术链的概念得以提出。即通过梳理某一具体学科领域在发展过程中的关键里程碑式节点及他们之间的演变关系，得到整个具体学科领域的发展脉络，判断这一具体学科领域的发展趋势与前景。学术传承的脉络梳理，需要重视学术传承过程中出现的标志性节点，以及节点间的关系。学术链的提出，为细化领域的学术传承发展脉络研究、学术评价指标的构建贡献了新的角度和思路。

另一方面，学术影响力的测度。部分学者利用科学家在学术谱系内的地位和关系来判断其对于学术知识体系的贡献及对于学术谱系内其他学者的影响力。David 和 Hayden[1] 构建了神经科学领域科研人员学术谱系的图数据库，并通过迭代的方法计算了科研人员的学术繁衍力指数，用以测量科研人员在整个学术谱系中的相对影响力。Russell 和 Sugimoto[2] 通过量化的方式描述了图书馆和信息科学领域的学术谱系，并构建了衡量学者学术繁衍能力的度量指标，用以评价其学术影响力。吕瑞花等[3] 以他人构建的学术谱系为基础，从文献计量学视角对科学家学术谱系的学术影响力进行了研究，提出了科学家个体学术影响力、代际学术影响力、学术谱系总学术影响力、个体成员对学术谱系学术影响力贡献度等指标，用以发现学术谱系内杰出的科学家，评估相同领域、同一时期不同代际及不同谱系的学术影响力和学术地位。虽然相关研究不多，但这些研究为我们开拓新的学术评价路径提供了重要的思想启迪，在一定程度上证明了学术谱系用于学术评价的可行性。

三、学术谱系的实例

在图书情报学领域，Hirsch 于 2005 年首次提出了评价科学家的 h 指数。2006 年信息计量学专家 Braun 等在此基础上提出了期刊 h 指数。官建成等于 2008 年提出了专利 h 指数。杨建林等于 2010 年提出论文 h 指数。这些用于测量不同客体的 h 指数的提出可以看成 h 指数发展的一个简单谱系，展现了 h 指数的发展脉络[4]。

---

[1] DAVID S V, HAYDEN B Y. Neurotree：a collaborative, graphical database of the academic genealogy of neuroscience[J]. PLoS one, 2012, 7 (10)：e46608.

[2] RUSSELL T G, SUGIMOTO C R. MPACT family trees：quantifying academic genealogy in library and information science[J]. Journal of education for library and information science, 2009, 50 (4)：248-262.

[3] 吕瑞花, 常欢. 基于文献计量的科学家学术谱系学术影响力的研究[J]. 情报理论与实践, 2017 (1)：62, 80-82.

[4] 盖双双. 学术论文的价值评价研究[D]. 北京：中国人民大学, 2020.

(一) h 指数谱系的构建

h 指数是评价科研人员学术能力的测度指标。h 指数的提出对整个信息计量学领域产生了重要的全局性影响，引发了一系列的相关研究和方向。例如，为解决 h 指数的自身缺陷，很多学者提出的 h 型指数层出不穷，包括针对高被引论文权重的 g 指数、hg 指数等。h 指数也被延伸应用于学术论文、期刊、大学、专利权人、科学基金等主体的评价实践[①]。虽然只有 10 余年的时间，但提出 h 指数的原始论文在 WoS 平台已被引用 4000 多次，足见该论文的学术影响力和学术价值。依据这些论文发表时间的先后，以及其核心思想的创新性，可以以 h 指数及部分衍生指标为基础，描绘出一个简单的 h 指数发展的谱系（图 9-1）。

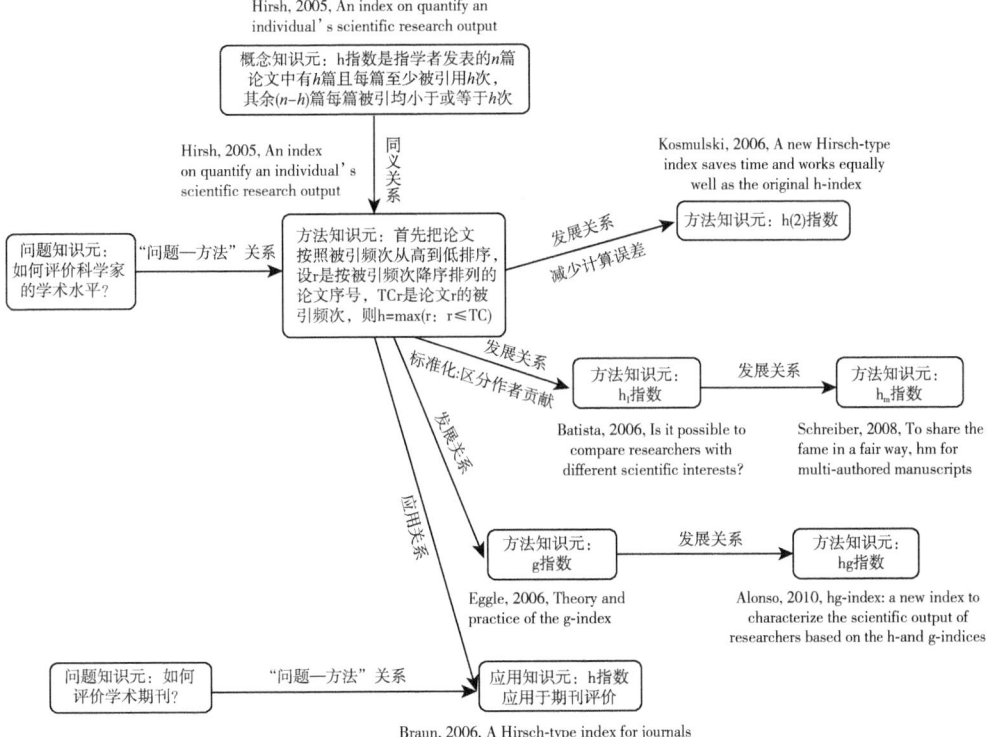

图 9-1 h 指数知识元谱系的实例[②]

---

① 赵星，李盛庆，叶鹰，等. H 型指数和 H 型测度研究[M]. 北京：科学出版社，2018.
② 盖双双. 学术论文的价值评价研究[D]. 北京：中国人民大学，2020.

（二）h 指数谱系的分析

在这个谱系中，节点是与 h 指数相关的知识元，边是两个相邻 h 指数知识元节点之间的关系。例如，"h 指数是指……"这一概念知识元与描述 h 指数计算过程的方法知识元之间是同义关系，二者都是对 h 指数内涵的阐述。计算 h 指数的方法知识元与"如何评价科研人员的学术水平"这一问题知识元之间存在"问题—方法"关系，二者之间是一种解决与被解决的关系。h（2）指数是在对 h 指数进行继承和发展基础上提出的，因此，表明 h（2）指数计算过程的方法知识元与 h 指数计算过程的方法知识元之间存在发展关系，h（2）指数是对 h 指数的继承与发展。Braun 将 h 指数应用于学术期刊评价，所提出的是一种应用知识元，与 h 指数之间是一种应用关系。

从这个 h 指数谱系可以很清晰地看出 h 指数发展演变的脉络。

① Hirsh 提出的 h 指数这一创新方法知识元旨在解决如何评价学者的科研水平这一科学问题（或问题知识元）中的价值，他首次将发文量和引文量相结合来评价学者的学术水平，是一种 0～1 的创新。Hirsh 的 h 指数促进了文献计量学和基于文献计量学的学术评价领域学科知识体系的增长，具有客观的学术价值。

② h 指数提出以后，对大量科研人员产生了重要的思想启迪，其他学者在此基础上分别从不同视角做出了新的科学发现，从而引发了一系列的知识再创新。这不仅象征着 h 指数这一方法知识元的客观学术价值的实现，更是对其价值的实践检验和验证。根据 h 指数、h_l 指数、h_m 指数等在创新知识元谱系中的位置及其之间的关系，可以相对清晰地看出它们的创新和价值。

通过该实例分析可知，一旦完成了学科主题领域创新知识元谱系的构建，即可通过待评价学术论文中作者提出的"创新知识元"与相应学科主题领域创新知识元谱系的比较来判断其是否真正具有创新，根据与谱系中其他创新知识元之间的关系，观察其对谱系中哪一科学知识做出了发展和超越，对他人产生了哪些启迪，启迪生产了哪些新的科学发现，据此分析判断待评价学术论文的价值。

第三节　学术谱系在学术评价中的作用

在科学领域，科学知识之间的继承、创新、发展关系是客观存在的，这是科学得以延续和发展的前提条件。学术谱系就是一部科学知识的创新与发展史，能够从历史的视角揭示某一研究主题或科学问题的发展脉络。

一、学术谱系是评价主体的"外在参照系"

在当前的评价实践中，评审专家实际上是依据其个人头脑中所具有的"内在参照系"为依据对学术论文的价值进行判断。然而，根据认知心理学理论，不同的评审专家拥有不同的"内在参照系"。因此，利用知识抽取、机器学习、知识表示等技术，对学术论文进行细粒度化、结构化、语义化加工，根据创新知识元的类型和它们之间的语义关系构建的创新知识元谱系，可以为评审专家判断学术论文价值提供统一的"外在参照系"。

评审专家以共同的、标准化的创新知识元谱系为参照系，根据待评价论文中作者提出的"创新知识元"在谱系中的位置，可以更加客观地判断待评价学术论文是对哪一科学问题进行了发展，它的研究结论属于首创性发现还是渐进式创新，从而判断待评学术论文的价值。例如，h_l 指数是对 h 指数进行修正和发展基础上产生的，而 h_m 指数又是在对 h_l 指数进行修正和发展基础上产生的，h 指数作为首创性发现，其价值必然是最高的。h_l 指数和 h_m 指数都是对 h 指数的修正，h_m 指数又对 h_l 指数做了进一步的完善，在创新知识元谱系中，它们三者之间的创造、传承和发展关系及价值可以很清晰地反映出来。

二、学术谱系可以弥补评价主体认知能力的不足

根据信息加工认知心理学，人脑作为天然的信息处理器，其容纳的信息总量和信息处理能力都是有限的。这说明，一方面，任何专家所掌握的学科知识体系都是有限的，都只能掌握人类学科知识体系的一部分。因而，评审专家头

脑中的"认知图式"是有限的,是处于不断完善和动态发展的过程之中的。另一方面,评审专家对学术论文内容的理解依赖于其调用大脑中原有知识的能力(即信息处理能力或认知能力),而专家头脑中"认知图式"的有限性决定了其认知能力的有限性。

学术谱系是学科主题领域知识演进和发展的生态系统。学术谱系的节点集合是整个学科主题领域发展过程中所产生的创新知识元的集合。创新知识元谱系可以存储于计算机中,因而能够弥补人类大脑知识存量和记忆的有限性。同时,认知计算系统具有超强的计算能力,能够在短时间内对待评价论文和创新知识元谱系之间进行知识计算,弥补评审专家信息处理能力的天然局限性。

三、学术谱系可以减少评审专家的主观性

当前的同行评议实践是评审专家基于个人经验和知识背景对学术论文价值做出的主观判断。在同行评议过程中,与学术论文内容有关的评价信息必须与评审专家头脑中原有的"认知图式"实现联结才能被理解。然而,通过联结,评价也就加入了评审专家个人的理解。因而,评价结果不可避免地带有主观性。

创新知识元谱系是学科主题领域的知识发展谱系,是一个外在的、具体的"认知图式",为评审专家判断学术论文价值提供了统一的标准化参照系统。评审专家阅读、理解学术论文时,将待评价论文中作者提出的"创新知识元"与某一共同的创新知识元谱系进行对比、联结,而不是唯一地与其个人头脑中隐性的"认知图式"进行联结,因而,这在一定程度上减少了专家同行评议的主观性。

四、学术谱系能够促进学术评价的智能化

创新知识元谱系除了作为评审专家判断学术论文价值的参照系外,还可以服务于计算机系统,实现基于内容的学术论文智能化评价。认知计算系统是以机器学习、自然语言处理、信息分析等为核心技术的复杂计算机系统,具有超强的存储能力、计算能力和自我学习能力,能够通过与领域专家和相关语料库

的交互模拟人类的认知功能,帮助决策者从非结构化数据中获得非凡洞察,输出具有一定概率统计规律的决策结果。

认知计算系统以特定学科主题领域的创新知识元谱系为比较的标准系统,基于评分规则和训练语料,通过与领域专家的交互,提高对学术论文内容的认知和理解能力,识别待评价论文在谱系中的位置,从而推理、输出具有一定概率的评价结果。

概括地说,学术评价参照系在学术评价活动中发挥着十分重要的作用。任何评价都存在参照物或参照系。它影响着每个评价主体,影响着整个评价活动,影响着评价结果。但由于学术评价参照系隐含在每个评价主体的大脑中,评价主体在评价活动中,依据什么样的参照系进行分析和判断都是未知的,无法判断其科学与否,这也给评价结果的客观性造成了困扰。正是由于每个评价主体参照系的差异,导致每位评价专家评价结果不同。因而,若将评价参照"外化"为学术谱系,不仅可以减轻评价专家的负担,而且可以克服不同评价专家参照系的差异,还可以进一步将评价参照系形式化,实现计算机处理。

第十章
学术评价信息的获取与处理

学术评价就是评价专家依据一定的评价标准，利用一定的学术评价方法，基于一定的评价信息和评价参照系，通过对评价信息处理之后，对学术评价客体做出的价值判断。

学术评价活动的全过程，贯穿着评价信息的收集、整理、分析和处理。可以说，评价信息是开展评价的基础。没有或没有充分的评价信息，不仅不能保障评价活动的正常实施，而且不能得到科学的评价结果。所谓评价信息，是指由评价目的约束的、由评价参照系统所要求的，有关价值主体、价值客体及参照客体的信息。学术评价过程中，学术评价专家（学术共同体成员）基于对学术成果、评价组织者和评价标准等信息掌握的基础上，利用一定的方法（如内容分析法），经过对评价信息处理后，做出对学术评价客体的价值判断。

第一节 学术评价信息的种类与来源

学术评价信息是指与评价活动和评价目的等相关的经验、数据、信息与知识等的总和。学术评价信息是评价活动中所涉及的各类信息的总称。但学术评价信息主要是指与评价活动相关的评价主体、客体和参照系的相关信息。

一、学术评价信息的种类

学术评价信息的分类方法通常有3种：一是基于评价过程的分类；二是基于评价方法的分类；三是基于评价活动要素的分类。

（一）基于评价过程的评价信息分类

评价过程就是评价主体对评价信息的获取、分析和处理的过程。评价过程依据评价信息的处理情况划分为评价前信息的收集与准备过程、评价中信息的分析与处理过程、评价后信息的反馈和处理过程。

不同类型的评价活动，评价过程不同，评价信息处理的方法和过程也不尽相同。但是，越是复杂的评价，评价信息的获取和处理的难度就越大，评价信息也就越重要。例如，对于国家自然科学基金项目的评价，同行评议专家在对项目评审前，首先要了解国家自然科学基金委员会对项目评审的要求，特别是评议标准和政策导向（信息）。在评审过程中，需要对申请书（评价客体）涉及的选题意义与价值、有待研究问题的性质（经典问题、热点问题、前沿问题等）、研究方案、研究路径、前期研究成果等进行分析，获取评价客体信息。然后，还要对申请书研究问题的国内外研究现状（参照系）进行分析，了解有关问题研究的历史信息。

（二）基于评价方法的评价信息分类

评价方法通常分为定性评价、定量评价和综合评价。评价信息的种类依据评价方法可以分为定性信息和定量信息两大类。其实，无论何种视角、何种方法，都可以分为定性评价信息和定量评价信息。还可以依据评价信息的性质，将其分为定性评价信息和定量评价信息，或描述型信息和数值型信息等。

定性评价信息是我们日常评价活动中最常用的信息。在我们的工作与生活中，时时刻刻都在对周围的人、物和事进行评价。但我们通过眼睛、耳朵等感官感知的信息通常都是定性的。例如，当我们看到眼前的美景时，会情不自禁地说，好漂亮啊。当然，这是评价结果。我们在说出"好漂亮"的同时，看到的是五颜六色的美景，事实上我们并不知道"7色光中每种光的数量与构成比例"。

定量信息也是评价活动中常用的评价信息。相较于定性信息，定量信息的获取需要借助于一定的工具、方法和手段。

（三）基于评价活动要素的评价信息分类

依据评价系统要素，可以将评价信息分为评价组织者或价值主体信息、评价主体信息、评价客体或价值客体信息、评价标准信息和评价参照系信息。

1. 评价组织者信息

评价组织者通常也是评价的价值主体。评价是评价主体对价值主体与客体价值关系的判断。因而，评价主体在开展评价活动时，首先需要掌握评价组织者的信息，理解其评价目的、意图和导向。学术评价的组织者有个体和团体两种类型。

学术评价个体是指科研工作者或学术共同体成员或任何人。学术评价是科学研究工作者日常工作中一种基本的对学术成果的认识活动。例如，查阅资料，是对检索结果的选择。再如，综述是对有关研究成果的分析和评价。但这时，评价主体与价值主体已经合二为一。评价主体在评价前，需要想清楚自己的真实意图是什么。

学术评价组织者主要是科研组织或管理机构，如各类研究院所、各类大学、各类科研管理部门。这些组织为了管理的需要，都会不定期地组织开展各类学术评价活动。例如，人事管理部门组织开展的各类人才评价活动、科研管理机构（如国家自然科学基金委员会）开展的各类科研项目的同行评议活动、期刊杂志社组织的学术论文同行评议活动等。

2. 评价客体信息

评价客体（或对象）通常就是评价活动的价值客体，是价值关系的承担者之一，也是评价活动的主要作用对象。评价客体信息在评价活动中具有重要的作用。评价客体信息是评价客体的属性与功能对不同价值主体的反映。因而，不同的价值主体、不同的评价方法、不同的评价视角，都可能获取评价客体不同的信息。

评价客体的相关信息，一是指与评价客体相似的其他客体的信息，也就是评价参照系的信息；二是指与评价活动无关的其他学术共同体成员或组织对评价客体的评价信息。例如，有关媒体对某本图书的书评等，某个学者微博对某学者或学术成果的评述等。

3. 评价参照系信息

评价参照系是指与评价客体相似的一组"实体"的集合。评价往往是将评价客体和与其相似的客体进行对比，判断其价值大小。因而，评价不仅要掌握评价客体信息，还要了解与评价客体相似客体的信息。当我们说，这篇论文选题新颖，所研究问题属于前沿问题时，一定是将其选题和研究问题与之前的相关研究进行比较的结果。这个相关研究就是评价参照系。这些相关研究成果的选题、所研究的问题等就是评价参照系信息。

二、学术评价信息的来源

学术评价信息的来源十分广泛，并且通常负载在一定的实体或载体上（纸张文本的物质载体，而语言是文本内容的符号载体），我们把这些能够获取评价信息的实体或载体通常称为评价信息源[①]。评价信息源的类型很多。通常根据存在形式，可以粗略地将其分为两大类，即文献类信息源和非文献类信息源。

①文献类信息源。文献类信息源包括各类公开和非公开出版的文献，如学术论文和图书都属于公开类文献信息，而会议资料和研究报告等都属于非公开类文献信息。

文献类信息可以进一步分为文献内容信息、文献出版信息和文献引证信息。在同行评议中，评价主体需要依据评价标准对文献进行阅读，获取文献内容信息；在文献计量评价中，评价的主要依据是文献的引证信息，如引文频次或文献的出版信息。

②非文献类信息源。非文献类信息源主要指各类实物、会议、人员等，是科学评价的重要信息来源。当前，互联网上存在许多学术社区，如微博、微信等，其中也存在一些关于某学术评价对象的信息，这类信息都属于非文献类信息。

---

① 邱均平，文庭孝，等. 评价学：理论·方法·实践[M]. 北京：科学出版社，2017.

第二节　学术评价信息的获取与处理方法

所谓学术评价信息的获取，是指收集、整理学术评价活动中有关价值主体、价值客体与参照客体等信息的过程。在学术评价活动中，评价主体主要依据两个方面做出评价：一是评价标准；二是评价信息。评价信息与评价标准之间，在某种意义上表现为一种形式和内容的关系，评价标准属于形式，若无评价信息的填充，这形式便是空洞的、无用的，评价也就无法进行。而评价信息若无评价标准做形式上的规范，则是离散的、无序的、盲目的，也就不成为评价信息。

学术评价过程，以信息的收集、整理和分析为中心。学术评价信息的科学处理是保障评价结果科学合理的前提。在学术评价活动中，评价主体的认知能力和信息素养，对于评价信息的获取和处理都有十分重要的作用。

一、学术评价信息的获取途径

学术评价信息获取的途径主要有以下两个：

一是评价组织者提供的有关评价活动的相关信息，包括评价标准和评价客体信息。在学术评价活动中，评价组织者一方面都会有针对性地提供一个评价指标体系及其说明，供评价专家对其评价目的和意图进行理解；另一方面会提供评价客体的基本信息，如学术论文的基本出版信息，或研究成果的基本绩效信息等。

二是评价主体在评价过程中获取的相关信息。在学术评价活动中，除了评价组织者提供的评价客体信息外，评价主体还可以通过各类文献引证数据库、互联网学术社交社区和各种专业媒体等获取评价客体的信息。对于文献计量法来说，可以通过引证数据库检索有关学术成果的引证数据，也可以获取某位学者的 h 指数等数据。对于同行评议等定性评价，学术成果文本内容是最重要的评价信息来源，同时第三方的评价信息也是重要的参考信息。

总之，学术评价信息的来源和获取途径十分广泛。不同的评价客体其信息来源不同，不同评价活动其信息获取途径也不完全相同。但在评价活动中，信息获取的渠道和途径不能太单一，尽量通过多个渠道和途径获取评价信息，一方面提高评价信息的丰度；另一方面通过对不同来源的评价信息进行比较核实，保证信息的准确性。

二、学术评价信息的获取方法

不同的评价目的、视角、视域、方法，以及不同的学术评价对象，评价信息获取的内容和方法都会有所不同。评价信息的获取方法，从评价主体参与的程度可以分为人工获取法、人工辅助机器获取法和机器获取法。

（一）定性评价中学术成果信息的获取方法

学术成果定性评价法的共同特点就是评审专家基于自己已有的知识，通过对学术成果相关信息的获取和处理，对其价值等做出自己主观的判断。在定性学术评价中，较为常用和有效的信息获取方法主要有阅读分析法、对比分析法和计算机挖掘法等。而且阅读分析法是最常用的方法。但随着计算机自然语言处理技术和人工智能技术的发展，计算机辅助或计算机挖掘法将会更多地在学术评价信息获取中获得应用。

1. 阅读分析法

同行评议活动中，评价活动主体通常给评价专家提供一个评价标准和一组学术成果的文本。评价标准是评价活动主体目的和原则的具体体现。它是指导评价专家从学术成果中获取有价值信息的框架性建议。例如，在国家社科基金项目结项成果评价中，第一条就是"是否存在有违马克思主义原理和党和国家现行政策的内容"。这就需要评审专家认真阅读结项报告，判断是否存在所述内容。由于马克思主义原理和国家现行政策是明确和具体的，只要评审专家认真阅读就能做出正确的判断。

阅读分析法在同行评议中是最有效的信息获取方法，但同时也存在一定的局限性。每个评议专家的认知图式或评价图式不同，从评价客体中获得的信息都是不同的，甚至是相反的。不同的专家对同一客体的阅读分析，可能获得不同的信息。尽管如此，对于学术论文、科研项目申请书或结项报告等这类评价客体，阅读分析法仍然是获取评价客体信息最好的办法。

然而，由于文本阅读工作量较大，对于评价专家是否认真阅读，或是否有足够的时间阅读，在同行评议中是较难控制的。现有的方法主要是依赖评价专家自律。这也是同行评议难以大面积推广的主要原因之一。笔者认为，学术论文等文本通常也有一定的结构，可以实现机器辅助的信息获取方法，从而节省评价专家的时间，提高评价信息获取的规范性和准确性。

2. 对比分析法

对比分析法是评价中最常用的方法，如张三比李四高、这幅画更漂亮、这个故事更有趣等。这些都是基于我们头脑中已有的对象对比的结果。从某种程度上说，评价就是分类和比较。

通常学术评价活动是对一组学术成果价值的判断，因而对比分析法也是较为常用的方法。例如，对学术成果创新性的判断。由于评价标准只是一个框架性的原则，在实际评价中，还存在许多有待专家发挥主观能动性才能获得的信息。学术成果的创新性就是这样。学术成果的创新性，具体说，学术成果是否有创新，有多大创新，都需要评价专家做出判断。但是，该学术成果的创新性，不能局限于该成果的文本，或该成果作者的自述，只有通过比较分析才能获得。显然，学术成果的创新性是与其之前发表的学术成果的研究结论进行比较的结果。这实际上是指评价视域、评价的范围。客观上，存在一个与被评价客体相似的客体集。被评价学术成果的创新性，需要与这个相似的客体集进行比较分析。

3. 计算机挖掘法

计算机挖掘法或称计算机辅助评价信息获取法。在学术评价时，评议专家需要花费大量的时间去阅读、分析和比较相关的学术成果，而且获得的评价信息往往存在一定的差异，其实这也是造成同行评议结果主观性的重要原因。理论上，同行评议结果的主观性是客观的。这种主观性是由每个人的生理、心理、认知图式和价值取向等多方面因素形成的。这也是由同行评议这种评价方法自身的评价机制造成的。可以说，只要由人来评价，就一定会存在主观性。若要想避免或克服评价结果的主观性，就需要尽量避免人参与。本书第十一章提出的数据驱动的学术评价范式，本质上就是从理论上探索如何让机器辅助或代替人进行评价。

近年来,随着计算机自然语言处理技术的发展,计算机对文本处理和理解能力在不断地提高。计算机可以对文本中的"命名实体"等进行挖掘和分析。事实上,机器学习在诸多领域执行专门任务已超越了人类的能力,可以代替人工进行资料的分类、组织、图像语音识别、名称识别、模式识别、关系发现、跨媒体检索、知识搜索等。这些技术和方法,目前在数字人文领域已经有了一些成功的应用,今后在更多的领域会帮助人们理解文本内容,帮助评价专家获取评价信息。

例如,学术论文创新点的获取。国内外学者对学术论文的创新点的研究较多,Ronzano等[1]、Dahl、Fisas、温有奎等[2]、毛琛瑜等[3]借助自然语言处理和机器学习等技术从不同角度对学术论文中的创新点和重要结论进行了识别和抽取等探索。

(二)定量评价中学术成果信息的获取方法

定量评价方法又称计量方法、统计方法。它把科学活动中的复杂现象简单化为指标和相关数据,并进行数据统计,用数值比较对评价客体进行判断分析。

当前,学术成果定量评价最常用的就是文献计量法或科学计量法。文献计量法是利用出版物、专利、引文等绩效指标进行评价的一种定量评价方法。出版物和专利通常用于衡量科研产出能力,引文则是衡量学术成果影响力的尺度。在学术成果的计量分析中,根据指标功能不同,将其分为两大类:一类是描述性指标;另一类是关联性指标。

①描述性指标。描述性指标主要是各类学术成果的数量,如发表论文数量、申请专利数量、论文被引数量等。通过对这些指标的统计分析,宏观上可以粗

---

[1] RONZANO F, SAGGION H. Knowledge extraction and modeling from scientific publications[C]. International Workshop on Semantic, Analytics, Visualization. Springer, Cham, 2016:11-25.

[2] 温有奎,吴广印. 碎片化科研创新点动态挖掘研究[J]. 数字图书馆论坛,2014(7):25-32.

[3] 毛琛瑜,乐小虬. 领域内中文科技文献中新发现语言描述特征分析[J]. 现代图书情报技术,2016,32(5):47-55.

略地反映一个国家、地区或机构的科学研究的产出与绩效等。对于单篇学术论文等学术成果来说，最主要的计量指标就是被引频次。一篇学术论文被学术共同体成员引用，其实无论引用深度如何，都表明受到了同行的关注或认同，因而被引频次在一定程度上可以反映学术成果的影响力和影响范围等。

②关联性指标。关联性指标可以描述和分析科学活动中学术共同体成员之间的关系，以及学术成果之间的关系。在定量评价中常用的关联性指标有学术成果作者的合作度、共词、共引等。合作度是学术成果作者之间合作关系分析的常用指标。也可以通过作者所在的机构或国家分析不同机构间、国家间在科学研究活动中的合作程度。共词分析是学术成果关联度分析较为常用的方法。共词从科学术语上揭示了不同学术成果研究主题之间的关联程度。共引反映了科学认识上的关系及科学研究工作上的网络关系。通过共词与共引分析，可以粗略地描绘出科学活动的概貌、观察科学研究的变化、识别科学研究的热点、分析研究主题的演变等。

在定量评价中，无论是描述性指标信息，还是关联性指标信息，通常都需要借助一定的工具从各种数据库中获取。

三、学术评价活动不同阶段信息的获取

评价信息既包括价值主体信息、价值客体信息，还包括参照客体或参照系信息等。学术评价信息的获取，依据评价活动的阶段，还可以划分为3个阶段：一是评价前，评价组织者对评价客体和评价主体信息的获取；二是评价过程中，评价主体对价值主体、价值客体、评价参照系等信息的获取；三是评价之后，评价组织者对评价结果，以及社会反馈信息的获取。这3个阶段信息是相互联系的，在学术评价活动中不能偏废。

（一）学术评价前信息的获取

为了保障学术评价活动有效地开展，在学术评价活动之前，评价组织者通常需要做以下3件事：一是获取评价对象信息，对评价客体进行了解；二是获取评价标准信息；三是获取评价主体信息。

①评价对象信息的获取。任何评价都是价值客体（评价对象）对价值主体

需求的满足。学术评价前,评价组织者首先需要对评价对象进行了解,以便组织开展评价活动。评价组织者需要获取评价对象重要的特征信息,便于选择评价方法,制定评价标准和确定评价专家。

②评价标准信息的获取。评价标准信息的获取是评价组织者的重要任务,每项学术评价活动,都具有明确的目标和目的。评价标准的选择和制定,应包含评价组织者的评价目的和评价视角等相关信息。因而,通常情况下,评价组织者会组织有关专家开展"预研究",以便确定科学合理的评价指标体系(评价标准)。

③评价主体信息的获取。对于学术评价组织者来说,选择合适的评价主体是其重要任务。针对不同的评价对象和评价方法,选择不同的评价专家,是保证学术评价正常开展的基础。通常,相关组织机构都有自己的专家库,掌握着一定数量的专家信息。专家信息主要包括专家个人信息和学术信息、有关研究领域与研究专长等。

(二)学术评价活动过程中信息的获取

学术评价活动过程中信息的获取主要是指评价主体在评价过程中为了实现对评价客体价值、意义与作用等判断所需获取的相关信息。其中,包括评价价值主体信息、评价价值客体信息和参照客体信息等。

1. 评价价值主体信息的获取

学术评价价值主体是学术评价活动中价值关系的承担者之一。所谓对学术评价价值主体信息的获取,实质上就是把握价值主体的需要,而学术评价组织者就是学术评价的价值主体或价值主体的代理人。在学术评价中,评价组织者会依据自己的目的,有针对性地提供评价指标、评价活动说明和评价客体信息。事实上,学术评价标准就是评价组织者依据评价目的制定的外在价值尺度,或者说,价值主体依据评价目的为评价主体制定的判断评价客体价值的参考框架,通常被具体化和形式化为一个评价指标体系。评价主体需要基于评价活动说明和形式化的评价指标体系对价值主体的需求进行理解,从中获得价值主体的目的、要求和希望等方面的信息。

在学术评价活动中,价值主体的信息既是明确的,又是隐含的。评价活动的相关说明文件或资料，会将自己的目的明确地告诉评价主体。评价指标体系包含了价值主体的评价视角、价值取向和对评价客体的基本认识，但这部分信息既是明确的，又是隐含的。因为学术评价的本质，不是简单地对评价客体价值大小的判断，而是对评价活动主体需要满足程度的分析和测度。总之，在学术评价中，要获取价值主体的信息，不仅要通过相关说明文件和指标体系了解当前价值主体的需要，而且还要分析或推测价值主体希望什么，或明天需要什么。

2. 评价价值客体信息的获取

在学术评价中，价值客体信息的获取最为重要。评价主体对评价客体的本质、性质、规律把握得越准确、越深刻，对它的信息获取得越全面、越准确，对它的评价就越可靠。

同行评议是目前采用最多的学术评价方式。不同类型的学术评价，在具体评价指标等方面存在一定的差异，其实无论学术评价的客体是什么，最终都将落实到学术成果的评价。因而，学术成果相关信息的获取，是同行评议活动的重要内容。

按照信息论的观点，从信源发出的信号只有当纳入信宿的接受系统并得到一定的"理解"和破译之后，才能成为现实的信息。同样的信号，对于不同的接受者，在不同的理解下，会形成不同的意义，具有不同的内容。在获取学术成果信息时，也服从这个规律。很显然，同样的一个学术成果，不同的评价专家对评价客体的理解不同，也会获得不同的信息，产生不同的评价结果。这也是导致同行评议结果主观性的重要原因。

从一般意义上讲，学术评价主体会从以下几个方面收集学术成果信息：一是学术成果相关信息，如学术成果的作者、单位、来源、出版期刊等；二是与评价目的（基于评价视角限定的）相关的学术成果内容信息，也就是从学术成果内容中寻找、获取与评价目的相关的信息，如研究主题、研究问题、研究方法与研究结果等；三是学术成果出版或发表之后的相关利用或绩效等信息，如被转载、引用、评论、获奖等信息。

3. 参照客体信息获取

参照客体是指被评价主体用来比较价值客体在同类客体中地位、意义和价值的客体。理论上，可与价值客体形成比较的客体，都是价值客体的参照客体。

但是，在实际的评价活动中，参照客体只能是这些可能的参照客体的一部分，因为经济、技术和方法等原因，不可能将所有参照客体都纳入评价信息的收集范围。事实上，我们也并不知道所有的参照客体，不可能获得所有的参照客体的信息，建立完整的评价参照系。

例如，在学术评价中，待评价客体是一篇关于"知识表示"方面的学术论文，我们是否需要将所有的"知识表示"论文都作为参照客体呢？很显然这是不可能的，也是没有必要的。

再如，我们通常用"检全率"和"检准率"对数据库系统的检索效果进行评价。理论上存在检全率，但实际上，我们无法获得数据库中所有相关的记录，或者说，检全率的"分母"是无法确定的。因而，在数据量足够大时，检准率比检全率更重要。

参照客体信息获取的方式通常有4种[①]：①在价值客体信息刺激下，通过联想而激活评价主体在该次评价前获得的类似于价值客体的有关信息。这种方式依赖于评价主体的评价经验，也依赖于评价者的联想能力。②根据评价目的的要求，有意识地去搜集、查询与价值客体形成比较（与被评价值客体类似的客体）的参照客体信息。这是评价活动中评价者的重要工作内容。这种方式受评价者信息素养和信息获取能力及认知能力的限制，同时还受评价情景（时间、物力、人力和财力）的限制。③在意外境遇中，得到参照客体的信息，这也是评价活动中常见的，但却是偶然的、被动的获取信息的方式。④发挥想象力，超越现有评价客体信息的限制，假设一种理想的客体，从而与当下的价值客体形成比较。这种方式，被想象的参照客体，实际上就是一个理想的参照体。

总之，在学术评价活动中，评价主体对这3个方面信息获取的程度直接影响着学术评价的开展。从重要程度来看，关键还是对评价客体信息的获取，若不能对评价客体有一个准确的理解和认识，就很难保证评价结果的科学与准确。从难易程度来看，参照客体信息的获取较为困难。能否找到，或能够找准参照客体，对于评价结果的准确性都会产生很大的影响。这实际上，也是同行评议为什么希望选择"小同行"专家的重要原因。即使在同行评议中选择的评审专

---

① 冯平. 评价论[M]. 北京：东方出版社，1997.

家都是"小同行",也仍然难以保证评价结果的一致性。由于每个评审专家的知识体系都是不同的,他们的参照客体都是不同的,评价结果也难以相同。较为理想的状况是评价结果较为相近或相似。理论上,不同评审专家的评价结果可以趋近一致,但不可能完全相同或相等。

(三)学术评价结果社会反馈信息的获取

学术评价结果社会反馈信息的获取也是保证评价科学性的重要内容。本质上,学术评价是一项系统工程,特别是对于各类组织机构开展的社会评价。及时有效地获取评价结果社会反馈信息,对于评价结果的科学性与合理性,并得到社会实践的检验,是很重要的,也为后续的学术评价活动提供参考信息。

总之,在任何学术评价活动中,评价主体都无法完全地获取评价各方面的信息,实际上也没有必要。过度的信息,不仅会造成信息冗余,还会干扰评价活动的正常进行。但是,对于大部分评价来说,往往是评价信息不足,也就是评价信息丰度太低。如果评价信息丰度过低,评价所需信息严重不足,不仅给评价主体进行价值判断造成难度,客观上也难以保证评价结果的科学性。

评价信息丰度是指评价信息的丰富程度,也是指评价活动中,评价主体对价值主体、客体、评价标准和参照系等方面信息的掌握程度。评价和决策都需要一定的信息丰度。但是,每次评价都受一定时空条件的限制,评价信息的获取也是特定时空条件下对评价活动中相关主体认识的结果。总体来说,评价者经验越丰富、知识面越广,对价值主体的认识越深刻、全面,获取评价信息的丰度也就越高,越易于做出较为科学的评价。这也是同行评议中,往往聘请著名专家学者作为评议人的原因之一。

总之,评价依赖于评价者所掌握的关于价值主体、价值客体的信息,以及关于与价值客体相关的与之形成对比的其他客体(参照客体)的信息等。这些信息的获取在每一项具体的学术评价活动中,不仅受到评价主体心理背景系统的限制,同时受到评价情景——评价的时限、域限、目标任务的限制。客观上,评价主体无论是在个人能力、精力、时间和财力上都不可能无限制地收集评价信息。评价主体所搜集到的评价信息只能是一定时空范围内的有限信息。因而,现实的评价或具有有限合理性的评价，都只是或只能是有限合理的评价[①]。

四、学术评价信息的处理方法

对学术评价信息的处理，无论采取什么方法，评价信息处理的核心都是评价主体。一个评价主体的评价能力越强，对各种评价方法的了解越充分，就越易于使认知达到真理，也就越有可能发现评价客体的相关信息，发现其新的功能、用途和价值。可以说，评价主体的认知能力越强，对评价活动的把控能力也越强；信息素养越高，对评价信息的处理能力越强，评价结果越合理。

（一）学术评价信息通用的处理方法

一项学术评价活动可能涉及多种实体，包括评价组织者、评价客体、评价参照客体、评价主体、评价机构、监督机构等。这些实体互为信源与信宿，不同实体之间存在着直接或间接的信息流动。有些信息流动属于正常的业务信息流动，有些是干扰性的信息流动，即噪音信息流。对信息流动的控制直接关乎学术评价中信息的获取和利用，关乎评价的公正性和效率。因此，学术评价过程中应该加强信息流的控制，以确保学术评价能够顺利、有序地进行。

数据和信息是评价的前提和基础。学术评价信息的处理是学术评价活动的重要步骤或环节。无论是定性评价，还是定量评价，都需要对获取的评价信息进行科学的处理。评价信息的处理方法主要包括以下3个层次[②]。

1. 评价数据信息的鉴别、筛选

一项学术评价活动，首先是对评价数据和信息的收集，这其中包括鉴别、筛选等过程；其次评价主体需要依据评价目的和评价指标体系，对获取的数据、信息进行鉴别或选择，保留有用信息，剔除无用信息。

对信息的鉴别和筛选是保证评价信息准确和有效的重要环节。这其实包括两个方面的内容：一是辨别信息的真伪；二是去除无效评价信息。无效评价信息往往会干扰评价活动的开展或影响评价效率。当然，这也需要具有丰富评价

---

① 冯平. 评价论[M]. 北京：东方出版社，1997.
② 张安珍，张翔. 信息采集、加工与服务[M]. 长沙：湖南科学技术出版社，2001.

经验的评审专家去识别。

例如，在科研项目申请书和结项报告的评审中，经常发现项目申请人或结项人有意无意地夸大或抬高自己研究问题或研究结果的重要性。在项目申请书中常见的表述有"通过文献调研发现，某某问题至今还没有人研究""某某问题虽有人进行了研究，但过于肤浅，或仅仅对什么什么开展了研究，对什么什么还无人问津"等。在结项报告中常见的表述有"本研究发现了……""本研究提出了……""本研究构建或建立了……""本研究填补了……""本研究提高了……"等。对于这些信息，评审专家就需要认真鉴别。另外，一些人为了发表高水平的学术论文，有意制作虚假数据。当然，这样的数据造假评审专家很难辨别，只有认真核实，才有可能鉴别真伪。

2. 评价数据信息的整理和序化

对评价信息的整理，包括形式上的整理和内容上的整理。形式上的整理主要是对评价信息进行归类。内容上的整理是在形式整理基础上的进一步深化，是评价信息整理的主要工作。内容上的整理包括对评价信息内容的理解与分析、内容揭示与归类等。

例如，对科研项目结项报告的评价，一项科学研究项目包含原始数据和处理数据等许多方面的数据和信息，而且研究报告通常具有专业性，一般只有具有较高学术造诣的学术共同体成员才能理解。对科研项目结项报告内容信息的整理，需要深入阅读报告原文，了解其研究对象、研究问题（主要问题和关键问题）、研究方法与技术路径、研究结果与结论。不仅要看客体负责人的论述，还需要了解相关研究的国内外现状，做纵向和横向的比较分析。对于这样比较复杂的评价客体，需要评价主体依据评价标准，结合自己的参照系，对评价客体所包含的数据、信息进行分析、标注和揭示。

3. 评价数据信息的加工

根据评价活动的要求对获取和整理后的数据和信息，按照规定的方法和原则进行加工分析，得出评价结果。对于较为复杂和较大规模的评价活动，还需要对评价结果做信度和效度的检验。

总之，无论是个人学术评价还是社会评价，也无论是定性评价还是定量评价，在评价过程中，都会依据评价客体和评价方法的不同而采取不同的评价信息处理方法，有时会同时采用多种信息处理方法。应该说，评价信息的处理没有固定不变的格式或模式。

（二）计算机辅助信息处理法

当今，大数据、云计算与人工智能无处不在，作为一场新的技术革命，正在影响和改变着我们生活、工作的方方面面。这就使我们学界的同人联想到，在学术研究、交流和评价领域，大数据和人工智能等新的信息技术是否会带来什么变化呢？答案是肯定的。数据范式已经成为新的研究范式，在学术研究中基于数据分析进行科学研究已经得到公认。在学术评价领域，已经有相当多的研究和实践。在理论研究方面，南京大学朱剑（2015）的《大数据之于学术评价：机遇抑或陷阱——兼论学术评价的"分裂"》，伍军红等（2015）的《大数据支撑下的创新同行评议》等。

随着计算机自然语言处理技术和数据分析技术的发展，计算机可以辅助进行评价信息的处理。一方面，可以通过"查重系统"检测待评审论文与已有成果的相似性。如前所述，可以借助计算机辅助评价主体建立评价客体的参照信息系统。还可以帮助评审专家鉴别"抄袭"或"造假"。另一方面，可以利用自然语言处理技术和大数据技术对学术论文进行结构化和碎片化处理，分析学术论文研究对象、研究问题、研究方法、研究结果、研究结论等。

例如，计算机辅助学术论文中研究亮点的标记[①]。通常，一篇学术论文的意义和价值，只有阅读之后才能够判断。然而，由于论文数量较多，读者没有足够的时间去阅读和选择，往往会错失一些较有价值的文献。多年来，知识工程领域利用计算机自然语言处理技术一直在研究"自动摘要"的编写，但没有取得良好的效果。为此，爱思唯尔提出，让作者标注研究亮点，希望缓解这一矛盾。事实上，人工标注研究亮点，成本高，效率低，无法解决海量存量论文亮点标注的需要。因而，通过对亮点的语言学特征及其在论文中分布规律的探寻，实现对论文亮点的自动识别和抽取，标明每篇论文的研究亮点，既能节省读者的时间，又能促进其快速传播，具有较大的意义和价值。

---

① 索传军，于果鑫. 学术论文研究亮点的语言学特征与分布规律研究[J]. 图书情报工作，2020，64（9）：104-113.

概括地说，学术评价信息的获取与处理是学术评价活动的核心内容。学术评价信息的获取是基础，是科学评价的前提。学术评价信息的获取除了经典的阅读分析法、对比分析法外，随着计算机自然语言处理技术和人工智能技术的发展，计算机辅助或计算机挖掘法将会在学术评价信息获取中获得广泛应用。传统的学术评价方法高度依赖评价主体的信息素养。评审专家的信息素养越高，信息处理能力越强，评价结果科学性的概率越大。不过，在新的网络数字环境下，随着科学技术的快速发展及学术研究成果的指数增长，任何人面对急剧增加的海量文献和数据都显得力不从心。因而，学术评价信息处理亟待引入大数据和人工智能技术，辅助评审专家开展学术评价活动。

第十一章
网络数据环境下学术评价的发展

学术评价是学术活动的有机组成部分,是一类以发现、判断学术成果价值为目标的特殊的学术活动。同行评议和引文分析是非网络时代学术评价常用的方法。面对当今快速发展的网络数字环境,现有的学术评价模式表现出了诸多的不适应。例如,同行评议当前面临哪些困境?这些困境产生的根源是什么?针对这些根源型问题,从哪些路径创新可以摆脱困境?这些路径汇聚成的新模式会是怎样的?如何提高同行评议的效率、加快学术论文的发表?如何找到真正的小同行?如何克服同行评议的主观性?如何基于被评文献的内容进行计量?如何缩短文献计量法评价的滞后时间?如何提高评价效率等。这些都是新时期学术评价亟待解决的重要问题。

第一节 学术评价的困境与反思

学术评价看似简单,实则为哲学、科学学和图书馆学等学科领域的一个经典问题,是一个受多种因素影响的复杂问题。通常人们认为,基于引文的文献计量学方法相对客观、简单,但一些学术共同体成员认为,一方面文献间的引证关系仅仅表明两篇文献间存在某种(研究主题、问题、研究方法等)关系,引文频次数据并不能反映被评价论文的内容;另一方面引文容易被人操作,施引人的动机也很复杂,简单的引证关系不能客观地反映施引作者对被引文献的态度。同行评议不同于引文评价,是学术共同体成员基于被评价学术成果内容的评价活动。但评价结果往往带有"主观性",评价过程也易受到社会因素的干扰。

学术评价既涉及学术问题，又涉及社会、人文、技术与道德等多方面的问题。而且，学术成果本身存在类型多样、内容复杂、价值表现多样，以及价值实现缓慢、难以测度等问题，长期以来一直困扰着学术评价的发展。

一、学术评价发展的困境

方法论是一种以解决问题为目标的理论体系。方法论会对一系列具体的方法进行分析研究、系统总结，并最终形成一般性原则。方法论，就是关于人们认识世界、改造世界的方法理论。它是人们用什么样的方式、方法来观察事物和处理问题的原则。概括地说，世界观主要说明世界"是什么"的问题，方法论主要说明"怎么办"的问题。因而，方法论也是学术评价范式的重要内容。科学评价经历了经验实证评价范式、理性批判评价范式和历史理解评价范式[①]。在新的网络数据环境下，学术评价范式该如何发展，应该建立什么样的方法体系满足学术评价的发展。

（一）文献计量法的困境

关于文献计量法，国内外学界主要从以下 3 个方面推进其发展。一是基于引文频次的评价指标等的构建、修正和验证，如俞立平等[②]的《基于 Sigmoid 函数的文献计量指标评价标准研究》。二是结合网络数字学术交流环境的变化，拓展、丰富、完善"传统引文数据"的内涵。Altmetrics 是最常用的论文评价指标，包括基于数据库的引文指标、基于下载和浏览次数的使用指标、基于网络链接的网络计量指标、基于分享和评论量的社交媒体指标、基于阅读量和保存量的文献管理指标等[③]。很显然，替代计量法只是对计量数据的来源与类型进

[①] 陈喜乐，李腾达，等. 构建促进协同创新的人文社科科研评价体系研究[M]. 厦门：厦门大学出版社，2016.

[②] 俞立平，阮先鹏，吴贤豪，等. 基于 Sigmoid 函数的文献计量指标评价标准研究[J]. 情报杂志，2020，39（9）：176-182.

[③] SUGIMOTO C R, WORK S, LARIVIÈRE V, et al. Scholarly use of social media and altmetrics: a review of the literature[J]. Journal of the association for information science & technology, 2017, 68 (9): 2037-2062.

行了扩展，并没有改变计量数据不涉及评价论文内容的根本问题。更重要的是，没有建立新的方法体系。三是利用大数据、计算机自然语言处理和人工智能等技术，探究解决"引文数据不反映文献内容的问题"，提出基于引文内容的学术评价问题，如章志成等[①] (2019) 的《基于引文内容的中文图书被引行为研究》。概括地说，文献计量法主要存在如下问题。

①忽略了施引者的引文动机，即为什么要引用。

②忽略了施引文献作者的差异。不同的学术共同体成员，不同的研究目的，对被引文献的认识和理解存在一定的差异。

③忽略了不同引文数据间的差异，即使是同一个学术成果，其每次被引用都是不同的。其引证内容、引证位置、引证方式等都不尽相同。

④忽略了不同学科，不同文献类型在引文上存在的差异。

⑤忽略了引文频次在时间分布上的差异。

本质上，无论是引文频次、社交网络评价指标，还是引文内容，一方面都需要从理论层面阐释它们与被评价学术论文内容、质量、水平、影响力等之间的关系；另一方面都需要考虑施引者的引用动机问题，引用动机包含了施引者的主观和情感因素。因而，文献计量法要想走出困境，就需要从科学上证明，引文数据对于学术评价的科学性和合理性，需要建立科学的方法论体系，抛弃简单地以引文频次为基础的评价。

（二）同行评议法的困境

近年来，针对同行评议存在的突出问题，结合网络数字学术交流环境，一方面，有学者提出"代表作制度"和"开放式同行评审"等方式。例如，2000年，BioMed Central (BMC) 出版集团旗下的学术期刊尝试将审稿人名字和论文一起出版，随后公开评议模式进入学术共同体的视野[②]。另一方面，有学者提出利

---

① 章成志，李卓，赵梦圆，等. 基于引文内容的中文图书被引行为研究[J]. 中国图书馆学报，2019，45（3）：96-109.

② WALSH, E, ROONEY, M, APPLEBY, L, et al. Open peer review: a randomized controlled trial[J]. British journal of psychiatry, 2000, 176 (1): 47-51.

用大数据解决同行评议问题的思想。例如，朱剑[①]（2015）在《大数据之于学术评价：机遇抑或陷阱——兼论学术评价的"分裂"》一文中探讨了大数据环境对于学术评价发展的影响问题。索传军等[②]提出了基于学术成果内容和认知计算进行学术论文评价的思想。概括地说，同行评议方法主要存在如下问题。

①同行评议的首要问题是如何找到能够理解或认知被评议学术成果的"小同行"。看似一个很简单的问题，实际上由于学科的分化和跨界融合越来越多，每个学者的研究主题都不尽相同，或者说真正的"小同行"越来越少。人们为了简单，往往找知名专家或相关部门领导。看似是把复杂问题简单化，实际上这正是同行评议问题的根源。根本不存在没有认知局限的万能评议专家。

②如何针对被评议学术成果的类型与特点，制定科学合理的评价指标或体系？或者说，根据不同评价目的，应该从哪些方面去认识和判断被评议学术成果的价值？如何确定评价尺度？

③如何确保评议专家对被评议对象的理解和认识？或者说，如何辅助评议专家对被评议对象内容的理解？如何节省评议专家的评议时间、提高评议效率？

④如何减少评议专家的主观性和不公正性？

⑤如何科学合理地使用评价结果，推动事业的发展？

同行评议是评议专家基于自己历史上积累的知识体系（认识图式），在对评价客体理解、分析和比较的基础上做出的主观判断。因而，理论上同行评议属于历史理解的评价范式。从认识论上看，这是比较科学的。但其缺乏系统的方法论，操作形式多种多样，使得评议结果的主观性和不公正性较强，社会认同度日益下降。

总之，理论上，哪些信息（或数据）能反映学术成果的观点与内容？如何获取学术成果的语义信息或数据，实现基于内容的学术成果评价？无论是文献计量法，还是同行评议，都缺乏对其本质的剖析，缺乏完整的科学理论体系支

---

① 朱剑.大数据之于学术评价：机遇抑或陷阱——兼论学术评价的"分裂"[J].中国青年社会科学，2015，34（4）：66-78.

② 索传军，盖双双，周志超.认知计算：单篇学术论文评价的新视角[J].中国图书馆学报，2018（1）：50-61.

撑。甚至可以说，整个学术评价，无论是定量评价法，还是定性评价法都还没有建立起科学完整的理论体系，这正是学术评价发展面临的理论困境。因而，需要利用认识论、价值论、本体论和信息论等认识学术评价的本质，建立科学的学术评价理论体系，指导学术评价方法论的完善和发展。

二、学术评价的反思

学术论文是学术成果的主要形式。学术论文评价是学术评价的基础和核心，科研项目评议、学科评价、人才评价等活动的基础都是学术论文。但不同的评价活动和目的，对学术论文评价的角度都不尽相同。其中，学术论文质量、价值和影响力是学术论文评价最常见的评价角度。质量是评价的目标层，价值和影响力通常作为质量的评价要素。一些多学者在构建学术论文评价指标体系时，忽视了质量、价值和影响力之间的差异，其根本原因在于缺乏对学术论文评价本质的思考。

（一）学术论文价值评价

李睿明[①]指出，价值是科学论文的灵魂，决定了其生命力和影响力，应从作者提出、发现、创造、预见和证明了什么来评价论文的价值。学术论文的价值通常分为学术价值、经济价值和社会价值，其中学术价值和社会价值是主要的评价要素，其价值主要从定性和定量两个方面来测量。例如，邱均平[②]将学术价值分为科学进步价值和学科建设价值两个定性指标，以及被引次数和被下载次数两个定量指标，将社会价值分为社会反响和社会效益两个定性指标，以及社会反响和部门采纳情况两个定量指标。

价值说是评价的理论基础，但对于学术论文来说，其价值表现是隐性的，在一定程度上可以分析其学术价值，但其经济价值和社会价值通常难以测度。这也是学术评价的难点之一。

---

① 李睿明．基于动机、价值、质量的科学论文评价观[J]．科学学研究，2008，26（5）：921-926．
② 邱均平．人文社会科学评价理论与实践（上册）[M]．武汉：武汉大学出版社，2012．

（二）学术论文影响力评价

学术论文影响力是指学术论文受到学术共同体成员的关注程度。目前，主要集中在对"被引频次"产生的学术影响力的测度。赵蓉英等[①]基于期刊即年指标、影响因子、5年影响因子定义了论文即年因子、2年期引证因子和5年期引证因子，构建了引证视角下学术论文影响力的评价指标体系。李力等[②]以引用情况和合作情况为基础从知识输入、知识输出及知识流动网络结构3个维度构建了科技论文的学术影响力评价框架。

社会影响力是指学术论文受到的网络关注程度，主要侧重于论文在社会舆论媒体、网络社交媒体和网络学术工具上的影响力，其受众不局限于科学共同体成员，影响方式也不局限于期刊论文之间的引证关系。

除了学术论文自身的影响力外，其作者的影响力及论文发表期刊的影响力等都是构成学术论文影响力的重要因素，甚至论文作者所在的组织机构都会对学术论文影响力产生作用。或者说，当读者在选择论文时，首先会考虑论文的作者及其所在单位、所发表的期刊等级等。

（三）学术论文质量评价

在《辞海》中"质量"被解释为产品或工作的优劣程度；物理学和其他自然科学将其定义为量度物体惯性大小和引力作用强弱的物理量[③]。质量（Mass）是量度物体惯性大小的物理量。在力学史上，质量的定义首先由牛顿提出。在《自然哲学的数学原理》一书中写道，物质的数量（质量）是物质的度量并等于密度同体积的乘积。因而，基于《辞海》中关于"质量"的定义，从产品或物体的角度来看待学术论文，则学术论文的质量应该是指它的优劣程度，必须通过它所包含的内容要素对其进行测量。学术论文通常包括研究思路、设计、目的、方法、内容、结果、讨论、参考文献、作者、机构、来源期刊等要素。因

---

① 赵蓉英，魏绪秋. 引证视角下的国内学术论文影响力评价：以 CNKI 中国引文数据库为例 [J]. 情报理论与实践，2017，40（8）：55-60.

② 李力，刘德洪，张灿影. 基于知识流动理论的科技论文学术影响力评价研究 [J]. 情报科学，2016，34（7）：113-119.

③ 辞海编辑委员会. 辞海（上册）[M]. 上海：上海辞书出版社，1989.

而，学术论文质量应该是一个涉及诸多方面的综合性概念。然而，当前的学术论文评价实践中，人们往往将质量评价简化为价值或学术影响力的评价。

当前在学术论文评价中，常常将以引文频次为基础对学术论文影响力进行测度，代替学术论文的价值评价或质量评价。或者说，简单地将学术论文的影响力、价值和质量看作正相关关系。即学术论文引文频次多，影响力就大。影响力大价值就高或质量就高。然而，有研究证明这是不科学的。引文频次与学术论文价值或质量之间并不存在直接的因果关系。如何解决这些问题，是我们不得不思考的问题。

第二节 同行评议的创新实践

同行评议是定性评价的一种常用方法，其公平性和公正性备受关注。然而日益增加的论文投稿数量，使得审稿人所面临的审稿压力越来越大，同时审稿人的数量和激励不足，导致审稿周期越来越长，严重影响了学术交流的效率。为提高论文发表速度，许多学者和期刊杂志社的编辑人员提倡创新同行评议模式，以促进同行评议的发展和使同行评议更加公平、公正、公开和透明。

当前，期刊论文同行评议的创新实践不断涌现。相较国内期刊论文的同行评议，国外的创新实践更多，如预印本仓储、发表后同行评议和投稿前的注册报告审议；审稿标准的变化，如非选择性审稿；审稿辅助的应用，如剽窃检测软件、第三方审稿、统计审稿和方法论审稿；审稿匿名性的变化，如三盲、开放评议及协作评议；审稿激励的变化，如认证审稿贡献等[①]。

一、预印本仓储与自组织同行评议

漫长的审稿周期对作者的首发权是一个严重的威胁，对同行评议替代模式的渴望使得预印本系统应运而生。早在 20 世纪 60 年代，就有一些零散的预印

---

① 索传军，于淼. 国外期刊论文同行评议创新态势述评[J]. 图书情报工作，2021，65（1）：128-140.

本形式。互联网的诞生和数字技术的发展使得大规模、快速存取论文稿件变得容易和廉价。1991 年，arXiv 预印本平台诞生。作者可以免费将稿件上传，供公众免费访问，学术共同体可公开或私下对稿件进行评论，作者可根据收到的评论修改和更新稿件。如今，arXiv 已收录超过 169 万篇论文，并以每个月 1 万多篇的速度增长。最初的预印本诞生于物理学、天文学和数学领域，目前在生物学、工程学和心理学等其他学科都建立了类似的预印本系统。

虽然，目前预印本仓储中的论文只占所有科学文献中的少量，而且局限于少数领域，但 arXiv 的出现标志着期刊论文同行评议进入多元评价模式共存的社会化阶段，对传统学术出版模式具有颠覆性意义[①]。arXiv 在 2016 年进行的一项全球调查显示，58% 的 arXiv 用户认为 arXiv 应该有一个同行评审系统。为弥补这一点，有学者建议 arXiv 采用一种基于社区的新型同行评议模式——自组织同行评议，可以实现自动匹配审稿人和文章，并同时对用户和文章进行排序[②]。也有学者建议对 arXiv 进行扩展，邀请审稿人撰写公开评论，并在预印本上附上已签署的评论，然后将选定的文章提升至"已发表"状态。

起初，作者将论文发布于预印本系统后仍会将最终版本投向同行评议期刊，而随着预印本文献的激增，预印本仓储本身就成为一个主要的交流渠道，许多论文只发布在预印本而不再投向期刊。这种快速发布方式能加速前沿领域的交流，使学者快速跟踪同行的工作，保护作者的首发权。同时，曾经发表于预印本仓储上的论文被期刊接收后，相比于直接向期刊投稿，能获得更多的引用。

二、评审机制的变化——由"守门"机制到"筛选"机制

传统的同行评议过程发生于论文的投稿和发表之间。发表后同行评议通常指文章经初审后即在线发表为讨论文章，同时邀请审稿人在几个月的讨论期内

---

① 张彤，周云霞，蔡斐，等．学术期刊同行评议的历史演进[J]．中国科技期刊研究，2019（30）：588-595.

② WANG L F, ZHAN Y Q. A Conceptual peer review model for arXiv and other preprint databases[J]. Learned publishing, 2019（32）：213-219.

将审稿意见或评论反馈给作者或发布在平台上，作者修改论文之后，期刊或平台再根据审稿意见和稿件质量决定是否录用。1997年，*Electronic Transactions in Artificial Intelligence* 率先使用发表后同行评议。目前 *RIO*、*PubPub*、*ScienceOpen*、*the Winnower*、*F1000 Research*、*Peerage of Science*、*RUBRIQ* 都开始尝试发表后同行评议模式。

发表后同行评议，使得学术论文的发表"守门"机制过渡到"筛选"机制。发表后同行评议作为传统同行评议模式的一种补充，不仅加速了知识的传播，还回应了人们对同行评议的其他期望。因而，有学者认为，随着学术论文的快速增长，同行评议应该由"守门"机制过渡到"筛选"机制，即将相关文献呈现给特定的研究者。因此，同行评议系统不应被视为阻止"不相关"研究发表的途径，而仅仅是将正确的文献引向正确的读者。通过降低发表的门槛，包括发表报告负面结果的论文，发表后同行评议也对倾向发表正面结果的偏倚进行纠正。此外，发表后同行评议也有助于增强研究诚信。已有案例表明，作者经常会在被拒稿后，调整他们的数据或结论，改成正面的结果再转投其他期刊。这种操作，在发表后同行评议的情况下更易被识别。发表后同行评议还有利于防止和识别审稿人的不端行为，如剽窃或恶意拖延以获得竞争优势。

三、注册报告——登记机制

2013年，*Cortex* 首先采用注册报告系统。注册报告目前已被200多种期刊采用，主要在医学和心理学领域。注册报告的投稿和评议分为两个阶段：第一阶段发生在研究设计之后数据采集之前，同行评议仅根据作者提出的研究问题和方法论决定接收还是拒绝投稿。第二阶段发生在数据采集和分析之后，作者将结果和结论补充到注册报告之中，同行评议审查其与第一阶段的一致性和数据是否足以得出结论。这样的过程类似于医学研究的临床试验注册，该过程的实施在注册报告之前已经普及了很多年，并且是一个完善的专业过程。

例如，2017年，*BioMed Central*（*BMC*）*Psychology* 进一步推出"免结果审稿"，即第二阶段的同行评议完全被省略。2020年1月，*PLoS ONE* 宣布将接收注册报告。

注册报告事先基于研究设计而不是结果的新颖性来明确发表机会,可能会鼓励重复研究,因为作者在完成许多工作之前就收到了有关出版可能性的反馈。此外,注册报告使得作者的动机从讲述一个最美妙的故事转移到实施一项最精准的研究[①],也使审稿人重点评估研究的方法学质量,而不是结果。因此,与开放同行评议等旨在对审稿人增加更多审查的同行评议创新实践相反,注册报告更强调的是作者的诚信,并减少对作者可疑行为的奖励。

四、开放同行评议

2000年前后,开放同行评议(Open Peer Review)或称开放评议(Open Review)被提出并实践。关于开放同行评议的定义,学术界尚无统一界定,一般来说,开放同行评议是公开审稿人身份或审稿人意见的一种同行评议形式。

开放同行评议被认为能通过增加监督以减少偏见,降低审稿人利用身份优势剽窃、恶意拖延或拒绝所审稿件的可能性,从而增加学术交流中的公平性、可靠性、有效性和透明性,提高审稿的质量,促进公众讨论,彰显审稿人的审稿贡献。但研究者们对采用开放同行评议比较谨慎。因为开放同行评议,会增加审稿人的拒绝率,使审稿人花更多的时间来写审稿意见,而对审稿质量和可靠性的影响是不确定的。

更进一步地,*EMBO* 和 *eLife* 等尝试通过引入审稿过程中的交流环节来改进录用决策,即协作同行评议(Collaborative Peer Review)或交互同行评议(Cross Peer Review)。在这一环节中,审稿人和编辑可以分享和讨论他们的审稿报告和观点,以最终形成一个统一的决定。2011年,*eLife* 率先采用这种模式,以提高同行评议的透明性和可靠性。2013年,*Frontiers* 采用协作同行评议,让作者和审稿人在线上论坛中充分讨论,直到对改进论文的修改方案方式达成一致。

---

① CHAMBERS C D. Registered reports:a new publishing initiative at cortex[J]. Cortex, 2013 (49):609–610.

五、审稿激励的变化

目前,同行评议的贡献几乎不被关系到研究者学术生涯的任何研究机构、基金、出版商或评价机构认可。由于同行评议的匿名性和志愿性,长期以来审稿人的审稿贡献得不到充分的肯定,付出和所得的失衡让审稿人缺乏积极性。审稿人往往同时承担着科研、教学和其他工作,仅靠学术共同体成员的道德感去督促审稿人快速和高质量地审稿,显然约束性和激励性是不足的。即使网络为信息交流提供了极大便利,审稿周期依然漫长。激励不足导致了敷衍、拖延、稿件质量把关不严等一系列问题,成为同行评议面临的一个重大挑战。

例如,大型出版商 Wiley 2016 年对 3000 名审稿人进行的调查发现,80% 的受访审稿人认为,目前审稿人的劳动付出没有得到足够的认可和肯定,如果审稿人的工作能够在他们未来的文章发表、基金申请和工作提职过程中得到认定或奖励的话,他们会愿意花更多的时间在同行评议的活动中,更加认真地去进行审稿[①]。

另外,在激励方式上,Wiley 的调查发现,相对于以现金或者稿费形式进行回报,审稿人更注重对他们工作的反馈和认可。但也有研究认为,审稿人更倾向于免费订阅或发表文章时版面费打折等方式。尽管对审稿人的激励很重要,但必须注意,出版商对保留当前免费提供的同行评议服务有着既得利益,因为这为他们的期刊提供了合法性和质量"增值"。几乎每个出版商的商业模式都是建立在审稿人免费工作的基础上的。

为应对审稿激励不足的问题,近年来一些创新路径被提出,以提升审稿人的审稿质量和给予审稿人工作认可。2014 年,一个致力于科研管理信息标准化的工作组(Consortia Advancing Standards in Research Administration Information,casrai.org,CASRAI)成立,发展了针对科研人员审稿活动的数据字段、标识符、持久性、分辨率、引用和链接的一系列建议,包括建议将审稿记录与个人标识符(Open Researcher and Contributor ID,ORCID)联系起来,便于对审稿人的审稿行为进行回报和奖励。

---

① WARNE V. Rewarding reviewers-sense or sensibility? a wiley study explained[J]. Learned publishing, 2016(29): 41-50.

例如，F1000 Research 和 ScienceOpen 等平台，为公开的审稿意见赋予 CrossRef DOIs 号和开放协议，使审稿意见与论文一样可以得到引用和认定。Publons 平台提供了一个给予审稿人认定的平台，该平台致力于记录并跟踪研究者的学术成果及贡献，包括论文、引用数据、同行评议记录、期刊编辑任职等信息，半自动化地对审稿工作给予认定，并根据审稿人的审稿质量和数量对审稿人进行排名和评级，研究人员可以根据出版商和期刊的政策选择是否发布完整的审稿报告。Publons 平台目前被科睿唯安公司收购，引起了人们对这一过程过度商业化的担忧。ORCID 为这些平台提供了持续性的研究者标识符，已经迅速地成为开放同行评议的重要基础设施，便于审稿人收获审稿认定。

上述这些做法能够部分缓解同行评议过程中的审稿人的疲劳，提高审稿质量。而在实践过程中，审稿人的回报与出版商的利益形成冲突，目前仍需找寻到一种对审稿人更具吸引力的回报方式，可能并非以物质的形式呈现。在当今的学术声誉经济环境中，学术共同体对同行评议过程中审稿人的肯定和认可是关键所在，如在基金评审、职业评审、雇佣和升迁过程中采用申请人的审稿工作认定。

第三节 基于数据的学术评价范式

一、学术评价范式的内容框架

范式具有世界观、价值观、方法论的功能，在一定程度上能够规范学术共同体成员的具体行为[1]。因而，根据对范式内涵和功能的理解，从哲学的视角出发，可以从以下 4 个维度来构建学术评价范式的内容框架。

一是本体论维度，即对评价对象的本质认识，如对学术论文、科学理论、科研项目等的本质理解。

---

[1] 杨怀中，邱海英．库恩范式理论的三大功能及其人文意义[J]．湖北社会科学，2008(6)：103-106．

二是认识论维度，即如何去认识评价对象，或者说是看待评价对象的方式和角度，这是评价的前提。例如，如何认识学术论文这一评价对象，对学术论文价值的认识，学术论文价值的类型和表现的认识等。对客体的认识不同，决定了所采取的评价方法、实施的评价程序及得到的评价结果往往也不同。

三是方法论维度，即如何开展评价。方法论维度是以本体论和认识论维度为基础，旨在为共同解决领域内的研究问题提供系统方法和工具。例如，为学术论文评价这一研究难题提供解决方法和工具。

四是价值论维度，即价值取向。评价具有价值属性。评价结果受评价主体价值取向的影响。因而学术评价范式的构建离不开价值论维度。由此不难看出，本书关于学术评价范式的论述并非对库恩范式的直接移植，而是根据研究需要对其进行了适用性修改。

学术评价是图书情报学、科学社会学、科学哲学、教育学等多个学科共同关注的一个研究领域。科学社会学提出了科学奖励的评价范式[①]。科学哲学形成了科学理论的评价范式。学术评价一直是图书情报学的主要研究领域，包括学术论文、专著、学术期刊、科研项目、科研人员、国家或地区等各种学术客体的评价研究和评价实践。虽然研究内容丰富、研究规模庞大、研究成果丰硕，但图书情报学至今尚未提出或形成本学科领域的学术评价范式。所以，我们从数据科学和出版学的视角，提出了数据驱动的学术评价范式。

二、基于数据的学术评价范式的思想

学术评价范式包含以下4个要素：一是共同的信念，即学术评价共同体所共同遵循的世界观和方法论；二是价值取向，即学术评价主体对客体价值的认识，以及所遵循的共同的价值观念和价值规范；三是规范体系，即学术评价共同体所共同接受和使用的假说、理论和方法等；四是范例，即学术评价共同体所遵循的标准实例。例如，科学社会学领域的学术评价共同体关于科学理论的评价范式就是学术评价或者学术论文评价的一个范例。

---

① 黄祖军．论科学奖励评价的普遍主义范式[J]．科学技术哲学研究，2010，27（4）：50-54．

基于数据的学术评价范式,首先,学术共同体要形成一种新的共同信念。在新的网络数据环境下,学术成果(无论是学术论文和学术著作等)等在表现形式上发生了变化。学术成果是一组相关的数据对象。也就是说,学术成果由一组可计算分析的数据构成。基于数据的评价范式将一篇学术论文视为一连串相互关联的"数据"的集合。学术论文中包含的"数据"主要以文本的形式存在,其余还有图表、图像、公式等形式。与解读性的文本相比,图表和图像并不能很好地揭示学术论文的主要内容。而以文本形式存在的知识元是学术论文中有重要意义和价值的"内容对象单元",它们能够更好地反映和揭示学术论文的主要内容。学术论文中包含的有独立意义的知识元通常包括研究问题、研究方法、研究结果、研究结论等。其中,研究结论通常包含作者通过科学研究所获得的新事实、新观点、新方法等创新性科学知识。创新性科学知识是学术论文价值的源泉和直接体现。每一篇有价值的学术论文都应该包含创新知识元,标志着作者生产了创新性科学知识。随着数字出版的发展,学术论文的内容就是一组相互关联的数据,学术论文中包含的创新性科学知识也可以用一组相互关联的数据进行描述。其次,学术共同体要形成对学术成果内容、价值等描述的规范体系。或者说,要形成对学术论文语义内容分析和计算的统一的科学的方法。过去人们一直将以"篇"为单位的文献视为知识控制单元。虽然早在20世纪末,就有学者提出将知识的控制单位深化到文献中的事实、公式、方法、结果、结论等最小的独立的"知识元",但文献的数据化直到最近几年才受到相关领域学者的重视。文献的数据化是指将文献中包含的有独立意义的"知识元"转换为计算机可识别、理解、计算与分析的结构化数据的过程。

网络数据环境下文献是一组相互关联的数字对象集。随着信息时代向数据时代和计算时代的迈进,文献知识内容的数字化、数据化、计算化成为图书情报学的前沿研究领域。在这一时代背景下,从数字出版的角度,所有的出版物或媒介都可视为数据的集合,包括文字、公式、图表、图像等,这些内容都可以进行数字化、结构化和语义化的标注、解析、计算[1]。

学术论文的数据化就是指通过文本分析、知识抽取、机器学习等技术方法,

---

① 张晓林. 颠覆性变革与后图书馆时代:推动知识服务的供给侧结构性改革[J]. 中国图书馆学报, 2018, 44 (1): 4-16.

识别和抽取学术论文中包含的具有独立意义的知识元,并通过知识本体概念、知识图谱技术等对知识元进行知识表示,将其转化为具有语义的计算机可识别、理解、分析、计算的结构化数据。学术论文的数据化将大大加快人们对学术论文内容的了解和理解,进而节省用户阅读理解学术论文的时间,不仅有利于提高专家同行评议的效率,而且有助于利用计算机实现基于语义内容的学术论文智能化评价。一方面将学术评价专家从繁重的文献阅读中解脱出来;另一方面克服主观经验评价范式的专家主观性和量化评价范式不直接针对内容等缺陷。

三、基于数据的学术评价范式的理论框架

由学术评价范式的内容框架可知,可以从本体论、认识论、方法论和价值论4个维度构建数据驱动学术评价范式的理论框架[①]。

(一)以创新性科学知识为评价核心

科研人员完成科学研究以后,将研究背景、研究过程和获得的研究结论撰写成学术论文,投递给学术期刊,期待通过专家评审,得到学术共同体的承认,争夺科学发现的优先权。学术论文发表以后,标志着其进入科学交流系统。进入科学交流系统中的学术论文一旦被价值主体阅读、接受和利用,学术论文的价值也就得以实现。而价值主体选择和阅读学术论文的目的主要是跟踪某一课题的最新研究进展,在此基础上进一步开展深入研究,或者尝试将最新的科学发现应用于社会实践,推动人类社会发展。因此,记录、传播、交流新发现、新发明等创新性科学知识是学术论文的基本功能。

学术论文的本质是各种具有可用性的科学知识,由常识性知识、引证性知识、创新性知识构成,核心是创新性科学知识[②]。因而,学术论文评价的核心和最终落脚点是论文作者提出的创新性科学知识。

评价的本质是价值评价,这是一种共识。宏观意义上看,人类发展科学是

---

① 盖双双. 学术论文的价值评价研究[D]. 北京:中国人民大学,2020.
② 索传军. 知识转移视角下的学术论文老化与创新研究[J]. 图书情报工作,2014,58(1):5-12.

由于存在价值需求,通过发展科学来认识世界和改造世界,从而实现人类的全面、自由发展。学术论文作为最主要的科学研究成果,其评价的本质是对它的价值进行评价,是对它所包含的知识内容的价值进行判断。由于学术论文的核心是创新性科学知识,因而,从本体论的维度来看,创新性科学知识的价值是学术论文评价的内核,对学术论文评价起着决定性作用。

(二)从创新知识元的角度分析判断学术论文的价值

在语言学领域,结构主义语义学和篇章语义学理论认为,语言系统由成分和成分之间的意义关系构成,成分可以是词汇、短语、句子、文本块、功能单元、修辞单元等。从形式上看,学术论文的内容本身是一个相对完整的篇章级语言系统。因而,从语言学的角度,学术论文由文本块(或功能单元、修辞单元)及其之间的意义关系构成。

近年来,新闻出版领域也在积极探索学术论文的碎片化、结构化,以及以内容组件单元为单位的文本组织的新方法。学术论文是文本的一种表现形式。在出版学领域,文本由"内容组件"和"组件之间的关系"构成,其中,内容组件包含若干知识实体。

学术论文的本质是各种具有可用性的知识。知识有其内在的稳定结构。根据结构主义理论,结构的本质是关系,强调构成事物的诸要素及要素之间的关系。因此,学术论文是一个由各种知识要素相互联系而形成的整体。知识元是知识的基本组成单位,是具有完整语义的相对独立的"内容对象单元"。因此,从认识论的维度来看,一篇学术论文是若干个知识元的逻辑组合。

根据认知理论,为减少认知负荷,人们阅读、认识、评价学术论文时,首先会按照一定的"粒度"将学术论文拆解为若干部分,而在阅读特定部分的具体内容时,又会将其进一步分解为具有独立意义的最小粒度的知识元。

学术论文的价值由其自身的内容要素所决定。唯有创新思想含量才能真正构成学术评价最有效、最可信的内容要素[1]。创新知识元是创新性科学知识的描述单元,是一篇学术论文价值的直接体现,反映和揭示了学术论文的主要内容。

---

① 潘涌. 国家学术文化软实力的提升与学术评价范式的创新[J]. 南京社会科学,2016(6):10-17.

因而，数据驱动评价范式对学术论文价值的评价以创新知识元为评价内容。

在数据时代和计算时代，随着数字出版、增强出版、语义出版的发展，从数据科学和出版学的视角，一篇学术论文的内容就是一组相互关联的数据的集合。学术论文中的创新性科学知识也可以用一组相互关联的数据进行描述。而根据前面的论证，一篇学术论文是一组知识元的逻辑组合[①]。因而，将学术论文中包含的具有特定意义的创新知识元进行有效标注，将其转换为具有一定结构和含有一定语义的数据，使计算机可以有效地识别、理解、分析、计算学术论文中以数据方式存在的创新知识元，将大大加快人们对学术论文内容的理解，促进基于语义内容的学术论文评价。这是在数据互联时代新的学术交流环境下，从数字出版生态的视角对学术论文表现形式的新认知，也是数据驱动的学术论文价值评价范式的认识论维度。

（三）用比较法作为评价方法

基于学术谱系的评价范式是历史理解评价范式在大数据时代的发展。学术谱系描述和揭示了某一理论、观点、方法等的发展演变历史。

比较的评价方法是科学理论的历史理解评价范式的主要方法。以库恩为代表的科学理论的历史理解评价范式根据科学史的相关研究成果，立足于科学理论的发展历史，依赖于学术共同体对某一理论与其他理论之间的作用方式或作用性质的比较来判断科学理论的真理性。历史理解评价范式对科学理论的评价是以科学家（同行专家）为评价主体，以比较法为评价方法，研究的焦点是科学理论的历史发展。

随着认知科学的发展，人们为计算机系统提供了一个共同的标准系统，使计算机通过基于一致性的计算理论来认知、比较和判断两个理论的优劣[②]。这一智能化的评价方法本质上也是一种历史理解的评价范式，评价主体是计算机系统，评价方法实际上也是一种比较法。

不同理论之间进行比较的前提是具有可比较的理论群。同行专家作为评价

---

① 索传军，盖双双. 知识元的内涵、结构与描述模型研究[J]. 中国图书馆学报，2018，44(4)：54-72.

② 任定成. 科学理论的发展[J]. 科学技术哲学研究，2011(4)：9-17.

主体是以其个人头脑中所存储的理论群为比较的对象。计算机系统作为评价主体是以人工构建的某一共同的标准系统为比较的对象。

同行评议本质上是一种比较的评价方法。比较具有两种方式：一是不同的评价对象之间进行相互比较；二是确定标尺，将待评价对象与标尺进行对比。同行评议的实质就是评审专家将待评价论文的内容与其个人头脑中原有的"认知图式"进行比较的过程。评审专家头脑中的"认知图式"是专家判断学术论文价值的事实依据，是其进行比较的标尺或参照系统。"认知图式"是专家个人头脑中所拥有的具有稳定结构的学科知识体系，它是评审专家比较、判断学术论文价值的标尺。然而，不同评审专家头脑中的"认知图式"是不同的，这会导致不同专家对同一篇学术论文的评价结果不同。

学科主题领域的知识发展谱系从历史角度揭示了学科知识的生产、发展和演进脉络，可作为评价主体比较、判断学术论文价值的共同标准系统。任何一篇有价值的学术论文都会对学科发展产生一定的促进或推动作用，都应该在学科主题领域知识发展谱系中有其自己的位置或坐标点。因而，根据待评价论文中作者提出的"创新知识元"在学科主题领域知识发展谱系中的位置，可以推断学术论文的价值。综上所述，构建一个共同的可进行比较的标准系统，将待评价论文的内容与其进行比较来判断学术论文的价值，是数据驱动评价范式的方法论。

（四）科学理性

范式的价值论功能，主要体现在为学术共同体成员确立研究目标，为科研工作者提供看待问题或对象的价值标准。学术论文评价范式的价值论维度主要通过评价组织者的评价导向或者评价主体的价值取向体现出来。评价导向是评价客体的"风向标"，有什么样的评价导向，客体就会往哪个方向发展。对于单篇学术论文来说，目前的评价导向倾向于高被引、高影响因子。价值取向是评价主体判断和测度客体价值时所体现出来的个人倾向性，主要指评审专家关于学术论文的价值观念和价值态度。评价组织者的评价导向在一定程度上影响着评审专家的价值取向。"高"数值、"高"等级的评价导向在一定程度上错误地引导了评审专家过度看中被引次数、影响因子、项目级别等量化或形式化指标，导致其直接采用量化或形式化的评价信息判断学术论文的价值，代替其本该发挥的对学术论文内容的专业性评价。

基于数据的学术评价范式，以计算机可理解的学科主题领域知识谱系为比较标准，将待评价论文转换为计算机可理解的以创新知识元为核心的结构化数据，采用比较的评价方法，通过知识计算，对待评价论文与学科主题领域知识发展谱系中其他论文之间的关系和作用方式进行比较，从而判断学术论文的价值。因而，数据驱动的学术论文价值评价范式是基于学科知识发展史的事实评价，强调科学理性。

四、基于问题谱系的学术论文评价模式

基于问题谱系的学术论文评价模式是基于数据的学术评价范式的一种探索。科学研究从问题开始，问题推动研究，指导研究。学术论文是科学研究成果最主要的形式之一，学术论文是一组科学问题的求解和说明。因而，学术论文质量的高低、价值的大小，与其研究的科学问题有关。

学术论文价值的大小，一是取决于所研究科学问题的重要度；二是取决于科学问题的完成程度或创新度。基于科学问题视角的学术论文评价，是从科学研究的本质、从学术论文所研究的科学问题出发，对其研究问题的价值进行分析、判断和预测。也就是将学术论文的价值评价转换为对其所研究问题的价值评价。

①学术论文研究问题的分析与表达。学术论文是科研人员关于一组问题的论证和说明。如何表达学术论文的研究问题是该评价模式的主要研究内容之一。其中包括以下子问题：一是对科学问题逻辑、问题的问句表达形式的分析；二是基于句法依存分析的学术论文题目中包含的问题因子的分析；三是基于问题问句逻辑的学术论文研究问题的表达。

②科学问题价值的评价尺度——问题谱系和创新知识元谱系的构建。科学的历史就是问题研究的历史，是问题不断展开和深入的历史，任何学术成果都有明确的研究主题，每个研究主题都蕴含着一组随时间变化的相互关联的问题。因而，任何问题都不是孤立存在的，它们是相互联系的，是一个具有一定

结构的问题网络。这个问题网络,称为主题问题谱系,是科学问题重要度的评价尺度。

学术评价有事前评价和事后评价两种类型。通常,科研项目申请书和学术论文开题报告等,属于事前评价,实际上就是分析判断要研究问题的重要度,预测其可能存在的价值。而项目结项报告和学术论文发表之后的评价,属于事后评价。这时,有关问题已经完成,对其价值的评价已经由"预测"变为"分析判断"。无论是学术论文,还是研究报告等学术成果,创新性是其本质属性,其价值直接体现为"研究问题解决的创新程度"。学术成果的创新度可以由其包含的创新知识元与主题创新知识元谱系进行判断。

③基于问题网络的学术论文研究问题价值的判断模型。一篇学术论文是关于一组相关问题的解。任何学术论文所研究的问题,都是其所在主题的问题网络中的一个节点。基于这个节点在问题网络中的位置与关系,就可以分析和判断学术成果所研究问题的重要意义和价值。

④基于认知计算系统的学术论文价值评价模式。评价模式是评价系统构成要素及其关系的总和。这个评价系统由以下几部分组成:一是评价组织者,其是评价的价值主体;二是学术论文,是评价客体,也是价值客体;三是评价代理——基于认知计算的评价系统,它是评价主体,类似于评审专家;四是评价标准——问题评价尺度。评价组织者作为价值主体,并不直接参与具体的评价活动,具体的评价活动由评价代理完成。评价代理依据评价尺度,利用机器学习方法对学术论文相关问题进行价值分析和判断。

概括地说,互联网不仅改变了科学活动的方式,而且也丰富了学术成果的表现形式、存储和交流方式。学术评价作为一种科学活动,为了满足广大学术共同体成员对学术评价的需求,也在积极探索新的评价范式和方法。事实上,学术界已经在积极应对这种挑战,探索新的学术评价方式或方法。当前,同行评议领域出现了一些新实践,如预印本存储、自组织同行评议、开放同行评议等。文献计量学领域也在积极探索基于引文内容的学术论文评价等。

总之,网络数据环境对科学活动最大的冲击是研究范式的变化。当前,数据范式成为科学研究的第四范式。人们越来越注重从相关的数据中,分析和发现数据中蕴含的科学知识。事实上,在网络数据环境下,学术成果的表现形成

（或组织方式）已经悄然发生了变化。各类文献不再是一个简单的"文本"了，而是一组相关的数字对象。每个数字对象都是独立的，语义是完整的。而且，数字对象之间具有一定的逻辑关系。学术评价如何应对科学活动和学术成果表现形式的变化、创新评价范式，是新的具有挑战性的课题。本章我们提出了基于数据的学术评价范式。

第十二章
基于认知计算的单篇学术论文评价

消除同行评议主观性的根本方法就是实现机器评价或智能评价。用认知计算系统代替评审专家（评价主体）开展学术评价，就属于机器评价的范例。本章是数据驱动学术评价范式的延续，或者说是数据驱动评价范式的实例。利用当前的先进技术和大数据思维，对于完善现有学术论文评价理论和方法具有重要的理论和应用价值。学术论文的认知计算系统能够从论文内容、参考文献和施引文献等多个维度对论文进行评价，能够实现同行评议和文献计量学的有效融合，同时弥补其各自缺陷。因而基于认知计算的学术论文评价，有望成为未来学术论文评价的重要发展方向之一。

第一节 学术论文的本质

从学术论文自身属性来看，一篇优秀学术论文的本质属性应该在于它的创新性与学术价值性。例如，一篇极具启发性的论文，即使其编辑质量较差，但仍不能掩盖其潜在的新思想与新观点。相反，一篇符合规范、设计合理、逻辑严谨、缺乏创新思想的所谓高质量的论文，也不能说其具有较高的价值。

从学术评价目的来看，学术评价是发现对科学发展有重要学术价值的成果，即学术评价的目标是促进学术发展、规范学术研究、激励学术创新。因而，无论从学术论文的本质属性，还是从学术评价的终极目标看，学术论文的评价本质都是价值评价。

学术论文的价值，通常分为社会价值、经济价值和学术价值。由于学术论文的主要功能是促进科学交流，其价值首先应该表现为学术价值，社会价值和经济价值是学术价值在不同领域应用的结果。也就是说，学术论文的评价首先是学术论文学术价值的分析和测度。

此外，学术论文的形式、内容和价值具有多样性，即论文具有价值和使用价值两重属性。被引频次是论文使用价值的一种表现形式，也是其社会价值和经济价值的一种体现。但学术论文不是普通商品，其价值不能由作者的简单劳动时间来计算。

一篇学术论文的学术价值，是作者在长期科学研究过程中，基于前人的研究成果（如参考文献就是前人研究成果的表现形式之一，参考文献的学术价值会部分转移到后续引用它的学术论文之中[①]）产生的新思想、新方法、新观点等的具体体现。这与国家标准《科学技术报告、学位论文和学术论文的编写格式》（GB 7713—87）对学术论文的定义相吻合。即"某一学术课题在实验性、理论性或观测性上具有新的科学研究成果或创新见解和知识的科学记录；或是某种已知原理应用于实际中取得新进展的科学总结，用以提供学术会议上宣读、交流或讨论；或在学术刊物上发表；或做其他用途的书面文件"。该标准指出，学术论文应提供新的科技信息，其内容应有所发现、有所发明、有所创造、有所前进，而不是重复、模仿、抄袭前人的工作。因而，一篇学术论文的学术价值大小、质量高低，首先取决于其创新性的有无，或创新度的高低。所以，学术论文评价，首先是价值评价，本质是其创新性的判断和测度。

第二节 同行评议活动分析

同行评议作为一种学术评价方法，已经有300多年的历史了，有其独特的优势。但随着互联网的发展和科学活动的日益丰富，科学知识的生产、传播和交流的方式也发生了变化，人们对学术评价提出了新的要求。客观说，同行评议也暴露出了许多问题。有些问题是同行评议方法自身的不足造成的，有些是

---

① 索传军. 知识转移视角下的学术论文老化与创新研究[J]. 图书情报工作，2014（5）：5-12.

同行评议活动管理或机制问题，有些是对同行评议结果使用不当产生的社会问题。针对不同类型的问题，国内外的一些专家学者也提出了"开放评议""基于文献大数据平台的同行评议"等方法。

一、学术成果价值的分析与判断过程

从图 12-1 可以看出，在某一情境下，学术成果的价值（既包括学术价值，也包括社会价值和经济价值）存在 4 种状态或值，分别是学术成果的客观价值 V_1、表现出的价值 V_2、被认识的价值 V_3 和被确认的价值 V_4。那么，它们之间具有什么样的联系呢？

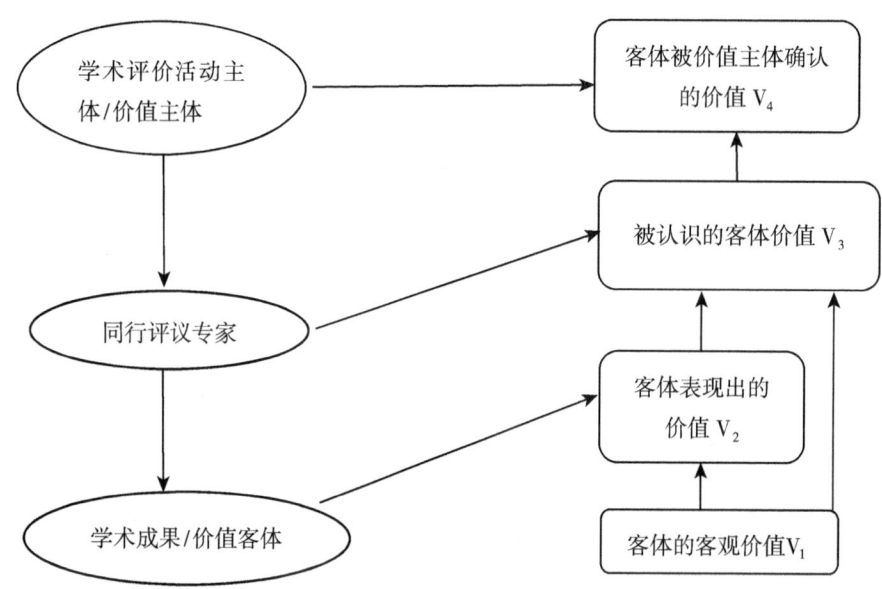

图 12-1　学术成果的价值表现形态

a. 学术成果一旦发表（或完成）其客观价值就已经形成，这个价值是相对其所在的学科领域已有的知识体系的，或者说是相对于所在学科中学术共同体的，用 V_1 表示。

b. 学术成果一旦发表或进入学术交流系统，其价值就会得到一定的实现，其中实现的或表现出来的价值，如被学术共同体引用（这是表现出来的价值的一部分），用 V_2 表示。

c. 学术成果在某一时间被同行评议专家进行评议,同行评议专家认识到(或发现)的价值,用 V_3 表示。

d. 被价值主体(学术评价活动组织者)确认的学术成果的价值,用 V_4 表示。

e. 依据哲学的价值学说,学术成果在学术评价过程中是价值客体,而学术评价活动组织者是价值主体。

①学术成果的客观价值。学术成果一旦完成或发布或发表,其客观价值就已经形成了。对于学术成果的创作者来说,其生产就已经完成,价值就已经实现了。对于学术成果来说,其价值实现和转移才刚刚开始。而随着时间的推移,其价值会被学术共同体的其他成员发现,也会转移到其他学术成果之中。这部分转移的价值是可见的,称为表现出的价值,用 V_2 表示。很显然,$V_2 \leqslant V_1$。

通常情况下,学术成果价值具有隐含性,价值转移具有延迟性,$V_2 < V_1$;只有当学术成果的客观价值全部转移,或全部表现时,$V_2 = V_1$。例如,一篇学术论文的学术思想被学术共同体完全接受;或一种新技术被业界广泛使用;或一项专利被开发,其价值被全部转移到新产品之中;等等。

②在进行学术评价时,评议专家基于自己对学术成果(价值客体)的认识,对学术成果的价值做出判断。由于价值是客体对主体需求的满足程度。尽管学术评议专家充当了价值主体的"代理人",并不是真正的价值主体,但评议专家会依据自己的价值尺度,对学术成果的价值做出自己的判断。这个价值是评议专家认识到的、发现的价值,也就是图 12-1 中的 V_3。

V_3 与 V_2 和 V_1 的关系有多种。

a. 评议专家充分认识了被评议学术成果的价值,而且评议专家在整个评议过程中是客观公正的,则 $V_3 = V_1$。

b. 评议专家仅认识到被评议学术成果的部分价值,如学术成果已表现出的价值,对学术成果未表现的潜在价值($V_1 - V_2$)认识不足,则 $V_3 < V_1$。

对于学术论文发表前的同行评议,评议专家就是对学术成果价值的预测。预测结果取决于评议专家对学术成果的认知程度。越优秀的评议专家,对被评议学术成果的价值认知得越充分,V_3 与 V_1 就越接近,$V_3 \rightarrow V_1$。

c. 评议专家已经认识到了学术成果的价值,但在评议过程中"夹杂"了个人的情感因素,则会出现两种情况:一种是低估评价客体的价值,即 $V_3 < V_1$;

另一种是高估评价客体的价值,即 $V_3 > V_1$。

这种情况在同行评议中时常发生,表现出的就是同行评议的不公正性。造成这种情况的原因很复杂。例如,英国著名医生詹姆斯孜孜不倦地研究了近30年,发明了可以拯救成千上万人生命的牛痘接种法,但是如此重要的成果,英国皇家学刊起初竟拒绝发表。再如,孟德尔的遗传理论长期被埋没,也是当时植物界权威奈格里的否定影响。

③学术成果评价活动的价值主体通常是期刊杂志社、科研或人事管理部门,他们会依据一定的规则和方法对一组评议专家的评议结果($V_{31}+V_{32}+$,…,$+V_{3i}+$,…,$+V_{3n}$)做出最终的价值判断。这就是学术评价活动主体对评价客体做出的价值确认,用 V_4 表示。

二、同行评议存在的问题

虽然同行评议的历史功绩有目共睹,但一直以来,期刊论文的同行评议也饱受诟病,早在100多年前就被批评为匿名、不负责任、浪费审稿人的时间、本性保守、速度慢、难以发现学术不端或造假,不能适应20世纪以来科学职业化、国际化的需求,甚至被一些人批评为科学进步的障碍。学者们对期刊同行评议的历史、公平性、可靠性、有效性等方面展开了比较充分的研究,随着互联网应用的不断深化,各类改进期刊论文同行评议的实践层出不穷,又带来许多新的问题。透过这些现象,有必要从历史的视角和理论的层面对期刊论文同行评议进行系统研究。

同行评议的理想状况是,每个评议专家能够准确认识(或发现)被评价客体(学术成果)的价值,V_{3i} 无限趋近 V_1,$V_3 \approx V_1$;进一步,价值主体完全认同评议专家的评价结果,即 $V_4=V_3$,从而 $V_4=V_1$。

实际上,由于学术成果价值的隐含性,以及评议专家的认知能力或情感因素,即 $V_3 \neq V_1$,最终 V_4 与 V_1 并不一致,即 $V_4 \neq V_1$。而且,多数情况是学术成果的价值被低估,即 $V_4 < V_1$。有人认为,主要是评议专家带有某种情感因素,其实这在整个评议样本中只是少数,而且评议人的情感因素或心理因素也是随机的,多数情况还是由于评议人的认知能力造成的。这是同行评议的根本

问题,也是同行评议研究要解决的问题,即如何有助于评议专家对评价客体价值的认知和发现,做出科学合理的判断,减少由于评议人自身认知能力不足导致的评价结果的偏差。

三、解决同行评议存在问题的方法

同行评议最根本的问题是评价结果的主观性,它主要受评议人的认知能力和情感因素的影响。已经有专家学者对此进行了分析和论述。也有学者提出了一些解决方法,如开放同行评议和自组织同行评议等,从制度上约束评议人,减少评议人在评议过程中的情感因素。

(一)开放同行评议,减少评议人的情感因素

情感因素属于心理学研究的范畴,是由人的本性决定的。解决评议人情感因素的方法是"制度约束",或提高评议人的思想觉悟。

从理论上看,无限量增加评议人的数量,让 n 趋于无穷大,$V_4=V_3 \approx V_1$。但这不具备可操作性,评议人不可能无限多。一个学科的"小同行",不可能全部参与一个学术成果的同行评议。然而,在互联网环境下,开放同行评议让更多的人参与学术评价是可行的。

开放评议是同行评议的发展方向。一些专家认为,将同行评议人的评议结果"开放或公开",从道德高度约束评议人,减少评议人的个人情感因素,同时提高其评议的责任感。还有一些专家认为,将待评议学术成果"开放或公开",让更多的学术共同体成员进行评价。事实上,国外的一些期刊编辑部已经开展了一些相关的实践,如预印本存储、发表后评议与注册报告等。同时又产生了新的问题。例如,过高的采用率或发文量,将产生鱼龙混杂现象,增加读者发现和选择优秀论文的困难。另外,参与评议人是否具有对被评学术成果的认知能力、参与评议的人是否掺杂个人情感因素、时间如何控制等都是新的问题。

(二)解决评议人认知能力的方法

解决评议人认知能力的方法有 3 种:一是提高评议人的认知能力;二是降

低被评议客体的认知难度;三是用"机器"代替人进行评价。

(1) 提高评议人的认知能力

理论上看,提高评议人的认知能力可以解决评议人对被评议客体价值认知能力不足的问题,但实际上是不切实际的。一种有效的替代方法,就是找到更合适的评议人。因而,有学者提出,基于文献大数据选择合适的评议人。

对于找到最合适的评议专家,有人提出"基于文献大数据平台"的专家选择问题,通过文献大数据平台,给每个论文作者"画像",确定其研究领域和特长,从而确定其擅长评议的学术成果类型与主题。也有专家建议,建立评议专家库,对收录的每位专家进行"画像",本质上也是对专家的个人信息进行"多源聚合",确定每位评审专家最擅长的评价领域和主题。

(2) 降低被评议客体的认知难度

理论上就是如何科学有效地揭示被评议客体的价值,减少或降低评议人的认知难度。如何有效地揭示被评议客体的价值,是问题的关键。这个问题转换为评价信息或数据的提供或获取问题。评价专家对学术论文评价的过程,就是对学术论文进行分析和处理的过程。当然,若能够充分地揭示学术论文的内容(如所研究问题、创新知识元等),就能够促进对学术论文的理解,降低评审专家的认知难度。例如,建立评议客体相关问题的学术谱系和创新知识元谱系,为评审专家提供评价参照系。

(3) 用"机器"代替人进行评价

同行评议最主要的问题是评议人的主观性,而且这是由于人的本性(心理因素和认知图式)造成的,要根本解决此问题,就是用"机器人"代替评议专家进行评审。

第三节 基于认知计算的学术论文评价

基于认知计算的学术论文评价需要针对学术论文自身的特征,以及论文评价本质,基于语料库、知识库和相关数据集,利用自然语言处理、大数据分析和机器学习等新技术,构建学术论文认知计算系统。

基于认知计算的学术论文评价的基本思路如下:第一,分析学术论文的特征，构建学术论文包含的各类知识元的数据模型。第二，通过自然语言处理对学术论文的文本内容进行分析和加工，建立学术论文的句子级语料库，并对语料库中的句子进行句法依存和语义依存分析，识别和抽取创新性或结论性句子。第三，依据创新知识元和结论知识元等数据模型，对学术论文的创新性句子和结论性句子进行实例化描述。基于学术论文的语义内容模型对学术论文进行语义标注，建立学术论文语料库。第四，建立学术论文作者 h 指数和期刊影响因子等相关数据集，以及有关专业领域的知识体系（包括专业领域体系结构、概念体系、重要知识点的知识图谱等）和知识谱系（包括专业领域知识发展的脉络，不同发展阶段的研究热点，重要研究组织与学者图谱等）等。第五，基于领域知识库、相关数据集和大量文本语料，利用机器学习技术训练认知系统，使认知系统在分析和训练中学习优秀论文的模式和特征。第六，认知系统对测试论文进行评价实践，领域专家判断评价结果的准确性和正确率，通过专家与认知系统的交互学习与反馈，不断修改和完善方案。

一、认知计算——机器理解文本的一种新方法

20 世纪 90 年代后，人们开始使用"认知计算"一词。2013 年，以 IBM 沃森为代表的认知计算系统实现了自主学习，并初步拥有了类似人脑的能力，能够按照用户需求，从自然语言内容中搜寻关键知识，拉开了认知计算在各个领域应用的帷幕。实际上，认知计算是一个多种技术的综合体，每种技术用不同的方法解决其领域内的问题。IBM 指出，认知计算是根据神经网络和深度学习来构建的，正在应用来自认知科学的知识来构建模拟人类思维过程的系统。认知计算是指计算机拥有自我学习系统，可以像人类大脑一样学习，不仅可以处理结构化的数据，而且可以通过学习实现识别人类自然语言、图像、视频等以往都需要人类亲自操作的功能，建立一种能够摆脱人类干预并自行解决复杂问题的计算系统。认知计算最明显的特征和优势在于具备超强的自我学习能力、存储能力和计算能力。

（一）认知计算的相关研究

尽管认知计算还存在一些争议，但国外有关认知计算的研究已成为认知科

学和人工智能领域的热点之一。目前的研究主要集中在对认知可计算性的解释，认知系统的软硬件设施、原理及相关算法，在医疗、法律、教育等不同领域应用的探索，以及开发可以实现某种特定功能的认知计算系统等方面。2002年，美国国家基金会将认知科学看作21世纪四大前沿技术之一。2006年，IBM Almaden研究中心发起了认知计算国际会议，2007年又在加州大学召开了认知计算会议，最近的一次国际认知计算会议于2017年7月在英国牛津大学顺利召开。现在，美国宾夕法尼亚大学、麻省理工学院、布朗大学和佐治亚计算机学院等均建立了相关的研究所（或中心或实验室），都在开展相关研究。日本和德国也有相关的研究。

虽然一些具有前瞻性的专家学者已经看到了认知计算的重要性，但国内对认知计算的研究尚处于起步阶段，主要集中在对认知计算的介绍方面，鲜有其在相关领域应用的探索。2008年，国家自然科学基金委员会发布了"视听信息的认知计算"重大研究计划，表明我国对认知计算这一国际前沿技术研究的认可，该重大计划的实施有力推动了我国认知计算领域相关研究的发展。

2013年，北京举办了以"从大数据到认知计算"为主题的认知计算研讨会，同年11月，中国自动化大会设立"生物信息与认知计算"专题会议，表明我国学者对认知计算技术方面研究的高度重视。另外，国内一些情报学学者从认知科学的角度对情报学相关理论进行探索和研究[①]。基于认知计算的专家系统、智能检索、决策支持系统、基于内容的个性化信息服务等都是情报学重要的研究领域。随着物联网的发展，有待处理的数据和信息量急剧增加，这些研究领域都需要与认知计算相结合，通过建立人机交互的认知计算系统，增强用户的服务体验。

（二）认知计算的实践

认知计算是针对不同领域解决复杂问题的技术体系或方案，目前在医疗、金融和保险等领域已经开展了一些实践。在医疗领域，IBM智慧医疗的核心概念是认知计算，为用户提供个性化诊断和治疗。IBM沃森认知系统在癌症诊断和提供治疗方案方面已经取得显著成效，这主要得益于其超强的存储能

---

① 徐峰，冷伏海. 认知计算及其对情报科学的影响[J]. 情报杂志，2009，28（6）：20-23.

力、运算能力和学习能力[①]。IBM 沃森认知系统存储了 300 种以上医学专业期刊、250 本以上的医学书籍、超过 1500 万页的资料和临床指南,能够在 17 秒内阅读 3469 本医学专著、248 000 篇论文、69 种治疗方案、61 540 次实验数据和 106 000 份临床报告,短期内学习并掌握医学领域的专业知识体系。在生命科学领域,IBM 沃森通过对超过 7 万份有关 P53(一种涉及多种癌症的蛋白质)的科学论文的自动分析,花费不到一个月的时间,发现了 6 种可改善 P53 的蛋白质,其中前两种蛋白质已经得到实验室的验证。而同样的工作需要花费至少 10 位科学家 14 个月的时间才能完成[②]。由于认知计算在加快药物发现和再利用方面拥有巨大潜能,目前国际制药巨擘 Johnson & Johnson 正在进一步训练 Watson 阅读和理解科学论文,以评估治疗的临床试验结果。从认知计算的相关研究和实践来看,其在医疗、生物、金融和零售等行业都已进入初级应用阶段,教育和法律等领域也在积极开展探索性研究。尽管不同学科领域的学者都在积极从不同视角探索新的学术论文评价理论和方法,但目前尚未见认知计算用于单篇学术论文评价的研究和实践。因而,基于认知计算的学术论文评价是完善现有学术论文评价理论和实践的新视角。

二、人工智能技术用于学术论文评价的探索

一些学者针对学术论文评价存在的问题开展了相应探索和尝试。为减少同行评议过程中专家的主观性和随意性,邱均平等[③]构建了定性评价指标体系,虽然在一定程度上为专家评审过程提供了参照,但其评价过程,仍依赖于评价

---

① IBM 商业价值研究院. IBM 商业价值报告:认知计算与人工智能[M]. 北京:东方出版社,2016.
② CHEN Y, ARGENTINIS J E, WEBER G. IBM Watson: how cognitive computing can be applied to big data challenges in life sciences research[J]. Clinical therapeutics, 2016, 38 (4): 688.
③ 邱均平,谭春辉,任全娥. 人文社会科学评价理论与实践(上册)[M]. 武汉:武汉大学出版社,2012.

专家的主观判断，可操作性不强。Small[①]探索了基于引用内容的学术论文评价方法，深入语法和语义层面判断引文的贡献和价值，但引用动机的复杂性经常会掩盖引文的真实价值。替代计量学反映的主要是论文的受关注度和流行度，而非影响力，同时存在数据源的时效性、一致性、可靠性难以验证及不针对内容等缺陷。在信息技术飞速发展的时代，面对海量的文献资源，与新技术结合是突破现有学术论文评价发展瓶颈的关键。从学术论文语义内容的角度，根据论文自身特征及学术论文的评价本质，利用与学术论文生产、传播、服务等相关的多源数据作为基础，采用认知计算技术方法构建学术论文评价的认知系统，是完善现有学术论文评价理论和方法的新思路。

认知计算方案是一个将阅读、推理和学习能力进行集成以回答问题或探索新关联的综合系统，基于类似人脑的认知和判断，试图解决生物系统中的模糊性和不确定性问题。认知计算系统对非结构化文本数据的理解和处理具有明显优势。首先，学术论文评价本身是一个复杂的不确定性问题。其次，最理想的学术论文评价方法是基于论文内容的同时，兼顾更多的相关数据。因而，认知计算在学术论文评价领域具有较大的发展空间和应用潜能。此外，人类的认知是有限的，主要体现在可扩展性和偏见性两个方面。而认知系统在模仿人类思维过程的同时，增加了处理大量信息的能力和对信息进行无偏见评价的能力。因而，基于认知计算的学术论文评价有望同时解决同行评议的主观性和低效率，以及文献计量学不针对内容等问题。

三、认知计算系统开展学术论文评价的关键问题

（一）将学术论文转换成计算机可计算的"数据"

学术论文的数字化加速了科技知识的传播与交流，方便了人们对学术论文的发现、获取和利用。然而，学术论文的数字化虽然实现了计算机可存取，但计算机无法识别和理解论文内容。如今，人们仍然需要通过传统的阅读来了解

---

① SMALL H G. Cited documents as concept symbols[J]. Social studies of science, 1978, 8 (3): 327-340.

和评价论文内容,这种阅读和评价方式难以应对急剧增长的海量文献。因此,利用计算机系统实现基于内容的学术论文价值自动化评价,必须使计算机能够理解学术论文的内容。文本有其内在结构,文本的最佳表示模型是有序的分层内容对象模型[①②]。这包括两层含义:其一,文本是有序的层次结构,文本内容对象之间存在着"有序"和"层次"关系;其二,内容对象是文本中最有意义的内容单元,是文本的本质。学术论文是一种篇章级文本,不同功能的内容组件包含大量知识实体,通过组件间的关系进行组织。这是说,学术论文由"内容组件"和"组件之间的关系"构成。知识元是知识的基本构成单位。学术论文是一组知识元的逻辑组合。实现计算机对学术论文内容的理解和计算,首先要构建知识元的数据模型、构建基于知识元的学术论文内容描述框架。关于学术论文中知识元的语义描述模型,已经有若干学者进行了研究。其次,将学术论文转换为计算机可理解和处理的以创新知识元为核心的学术论文语义内容表示形式。

(二)学术论文文本的数据化和语义化

学术论文是一个结构化的、综合性的知识集合体,具有不同功能的内容组件包含了大量的知识实体[③],并通过组件间的关系进行组织[④]。换句话说,学术论文是由"内容组件"和"组件间的关系"两个方面组成的。因而,我们假设,一篇学术论文是 n 个知识元的逻辑组合;一个知识元是 n 个语义三元组的逻辑组合[⑤]。简单地说,基于认知计算的学术论文评价,就是让计算机像领域专家一样,针对论文内容对其进行科学评价。因而,构建学术论文的认知系统首先要让计算机"读懂"论文(文本)、理解论文的语义。认知系统理解学术论文,

---

① 康澄. 文本:洛特曼文化符号学的核心概念[J]. 当代外国文学,2005(4):41-49.

② 史蒂芬·德罗斯,戴维德·杜兰德,艾利·米洛纳斯,等. 文本到底是什么[J]. 出版科学,2016,24(3):5-13.

③ 王晓光,宋宁远. 语义出版物的内容组织架构研究:基于纳米出版物和微型出版物的比较分析[J]. 出版科学,2017,25(4):20-27.

④ 文庭孝,刘晓英. 中文文本解构与知识发现研究[J]. 图书与情报,2009(3):86-88.

⑤ 索传军,盖双双. 知识元的内涵、结构与描述模型研究[J]. 中国图书馆学报,2018,44(4):54-72.

数据化和语义化的学科知识体系及学术论文文本语料是必备的，同时需要论文的内容组织框架。首先，学术论文的组织框架是针对学术论文的各类知识元（尤其是创新知识元或结论知识元），以及知识元之间的逻辑关系，构建学术论文的内容描述框架，实现对论文知识内容的组织和关联。其次，认知计算最核心的能力是对复杂问题的"洞察力"，这个洞察力来自对海量复杂学术论文的"深度数据分析"[①]。深度数据分析，不仅要求待分析的数据具有大数据的4V特征，而且要求数据更加准确，且具有计算机能够理解的语义。因而，如何将海量的学术论文文本和学科知识体系加工成计算机可以理解的具有语义的形式化数据（各类知识元），是构建学术论文认知系统的关键问题之一，也是认知计算系统学习、理解、推理和判断论文创新性及其学术价值的基础。然而，目前关于知识元的定义、大小、类型、特征、表现形式及学术论文内容的组织框架还没有形成统一的认识，尤其是学术论文中知识元之间的语义关系更是亟待探索的重要问题。

（三）创新知识元谱系的构建

中国知网的知识发现平台提供了方法知识元库和概念知识元库。通过检索发现，方法知识元库只是抽取了学术论文中与方法相关的属性句子，并没有对其方法知识元做进一步分类，也没有对其进行结构化描述，仅仅以列表的形式展示相关句子及其来源，更没有构建主题领域的知识元谱系。一篇学术论文的客观价值是指它与已有科学知识相比产生的新价值，已有的学科知识体系就是学术论文客观价值判断的参照系。学科主题领域的知识创新谱系是客观存在的。因而，完成创新知识元谱系的构建是实现基于内容的学术论文价值智能化评价的关键问题之一。

基于创新知识元谱系的学术论文价值评价过程涉及机器学习、语义知识表示、知识抽取、自然语言处理等技术。认知计算系统实际上是上述若干技术的集成体。在基于内容的学术论文价值评价中，语义知识表示技术主要用于构建各类创新知识元数据模型、构建学术论文的知识组织框架、基于各类创新知识

---

① 索传军，盖双双，周志超. 认知计算：单篇学术论文评价的新视角[J]. 中国图书馆学报，2018，44（1）：50-61.

元之间的关联关系构建创新知识元谱系。大规模学术论文中各类创新知识元的识别和抽取需要机器学习、知识抽取、文本挖掘、自然语言处理等技术的支持。判断创新知识元在谱系中所属主题领域的类别、在谱系中的位置、与谱系中其他创新知识元之间的关系等需要在自然语言处理技术支撑下，借助机器学习技术，通过训练集的学习、测试和反馈，实现计算机自动分类和评分。以创新知识元谱系为参照系，利用认知计算系统实现基于内容的学术论文价值评价需要这些关键技术的集成和突破，这是实现基于内容的智能化学术论文价值评价的关键。

（四）学术论文评价的机器学习模型

模型是机器学习中最核心的概念，针对一个问题，通常有大量机器学习模型可供选择。学术论文评价模型的质量决定了运用机器学习实现学术论文评价的成败。机器学习是认知计算系统的关键技术之一，它所关注的问题是使用正确的特征来构建正确的模型，以完成既定的任务。其中，任务、模型和特征是其基本构成要素。任务是通过模型来完成的，是可通过机器学习解决的问题。

基于认知计算的学术论文评价，包含了分类和回归两种任务。首先是分类问题。简单讲，学术论文的创新性可以分为 0～1 的原始性创新（如 0 表示无创新，1 表示原始创新）和 1～10 的连续性创新（如应用创新）。原始性创新的判断属于二分类问题，连续性创新和质量的评价对应多分类问题，如可以将一篇学术论文划分为优秀、良好、一般和较差等若干类别，也可以根据使用价值将其分为优先推荐（优先阅读）、推荐（值得阅读）和不推荐等类别。在分类任务中，输出空间是一个由不同类别构成的集合。其次是回归问题。温有奎等指出，学术论文的创新点分布在论文的整个结构中，具体表现为主题中的创新点、技术背景中的创新点、技术方法中的创新点、论文结论中的创新点和总体创新点等[①]。同样，一篇优秀学术论文也是由创新性、规范性、逻辑性等若干内容特征，以及来源期刊、作者、被引情况、参考文献等若干外部特征综合来体现的。因而，学术论文的创新性和质量评价同时是一个涉及多元变量的回归问

---

① 温有奎，吴广印. 碎片化科研创新点动态挖掘研究[J]. 数字图书馆论坛，2014（7）：25-32.

题，主要应用于学术论文的创新程度或质量评分过程[①]。特征是一种用于描述问题域中相关对象的"语言"，本书中的特征主要来源于论文的学术价值和质量的属性及其相关因素，具体体现为创新知识元的特征（学术价值体现为创新性的测度）和优秀论文的特征。学术论文评价的相关特征同时包含了属性特征、数量特征和有序特征 3 种类型。模型是为解决某个既定问题而从数据中学习到的，应用于训练数据的某个机器学习算法的输出。本质上，朴素贝叶斯模型只能处理属性特征，许多几何模型只能处理数量特征。这意味着，运用机器学习实现学术论文评价需要同时结合多种模型以构建最适宜的分类器，而不能使用单一模型。因而，学术论文评价模型的构建和确定是运用机器学习实现论文评价的核心，也是构建学术论文认知计算系统的关键问题之一。

然而，像许多新思想、新方法和新技术一样，构建学术论文的认知计算系统仍面临着诸多困难和挑战。首先是基础设施的搭建和部署。一个认知系统由许多不同元素组成，涵盖了从硬件及部署模型到机器学习及应用的全部范围。学术论文认知系统的构建需要根据自身需求，选择合适的元素和技术完成基础平台的搭建。其次是语料库的构建、维护和更新。认知计算是以数据为中心的，即语料库在学术论文认知系统中起着重要作用。利用分类法、主题词表和本体等相关知识库，以及学术论文的文本数据、反映论文质量的相关数据集等构建语料库是学术论文认知系统的重要问题之一。最后是优秀论文模式的学习和识别。如何利用机器学习等相关技术训练认知系统，使认知系统在训练和交互过程中发现和识别优秀论文的特征模式，也是认知系统实现学术论文评价的关键性问题。

第四节　基于认知计算开展学术评价的实例

基于认知计算系统开展学术论文评价，是文献大数据背景下计算机基于内容层面对学术论文进行评价的新思路。认知计算系统通过自动识别和抽取待评

---

① 索传军，盖双双. 单篇学术论文的评价本质、问题及新视角 [J]. 情报杂志, 2018, 37 (6): 102–107.

价学术论文中作者提出的"创新知识元",并进行语义标注,将待评价学术论文处理成计算机可理解和计算的形式,即以创新知识元为核心的学术论文语义内容表示形式。然后以经过形式化表示的创新知识元谱系为参照系,通过对学术论文中包含的创新知识元的计算、推理、输出具有一定概率的评价结果。

一、同行专家判断学术论文价值的路径

评价一篇学术论文时,不能孤立地去看待它,而应该把它放到一组主题相同、内容相近的学术论文中去观察和分析,通过比较来判断学术论文的价值。同行专家基于创新知识元谱系评价学术论文价值的过程,是评审专家识别待评价论文中作者提出的"创新知识元",将其与特定主题领域或特定类型的创新知识元谱系进行比较,根据"创新知识元"在谱系中的位置及与之相关联的创新知识元来推断待评价学术论文的价值。

同行专家评价学术论文时,首先要阅读、识别待评价论文中作者提出的创新知识元。创新知识元通常分布在学术论文的研究结论部分,有的也会分布在引言或方法部分,如问题发现类创新知识元和方法发现类创新知识元。例如,"知识元的内涵、结构和描述模式是什么"就是题名为"知识元的内涵、结构与描述模型研究"的学术论文在引言部分提出的问题知识元。任何一篇学术论文都是针对某一特定科学问题而开展的研究。评审专家应以学术论文所研究的科学问题为线索,去发现、识别学术论文中不同部分存在的各种类型的创新知识元。其次,根据创新知识元的类型和主题,选择比较创新知识元谱系。例如,h 指数的提出属于文献计量学领域或学术评价领域的方法知识元,则应该以学术评价领域的方法知识元谱系为比较的参照系。再如,科学活动中心转移现象的发现属于科学社会学领域的事实性创新知识元,那就应该选择该领域的创新知识元谱系为参照系。关于知识元概念的相关研究应以知识元的概念谱系为比较的参照系。最后,将待评价学术论文中作者提出的"创新知识元"与创新知识元谱系进行比较,识别"创新知识元"在谱系中的位置,根据谱系中相互衔接的他人的研究成果来推断待评价学术论文的创新和价值。

例如,Hirsh 于 2005 年提出的 h 指数是一种首创性地利用引文数和论文数

相结合来评价科研人员的新方法，这一发现的首创性决定了该论文在促进文献计量学或学术评价领域发展中的独特的学术价值。后续提出的一系列 h 型指数，根据它们在谱系中的位置及之间的关系，不仅可以推断其自身价值的大小，也进一步反映了 h 指数对后续知识创新所产生的现实价值。再如，《科学活动中心的转移》[①]这篇学术论文中，作者认为其关于科学活动中心的转移现象的发现是其主要创新之一，然而根据相关研究记载，这一现象的发现最早来自贝尔纳，因而该文提出的这一"发现"与创新知识元谱系中贝尔纳的发现重复，表明该文提出的这一事实性创新知识元实际上并没有创新，也就没有创造新价值。

二、基于创新知识元谱系判断学术论文价值的路径

近年来，随着深度学习、人工智能、认知计算等智能技术的发展，机器智能时代随之到来。在文献大数据时代，同行评议方法的主观性、低效率及文献计量法不针对内容的缺陷越来越突出，科研人员面临的文献总量激增和难以找到优质文献之间的矛盾也越来越突出，利用计算机系统对学术论文的内容进行识别，从内容层面对学术论文的价值进行评价是解决当下学术论文评价方法所面临的瓶颈的唯一出路。认知计算系统是集成了机器学习、自然语言处理、知识表示等多种技术的综合性平台，能够通过自我学习功能，以类似人脑的认知和推理理解文本数据，是一种能够实现基于内容的学术论文智能化评价的代表性计算机系统。认知计算系统基于创新知识元谱系实现学术论文价值评价的基本路径如图 12-2 所示。

1. 构建优秀论文语料库

综合利用同行评议和文献计量法，分析研究优秀学术论文的评价指标体系。以足够数量的同行专家的专业性评审意见为主，结合被引频次、影响因子、参考文献、作者、机构、项目及替代计量指标等多源评价信息，选择特定学科主题领域内有价值的优秀学术论文作为基础语料集，构建优秀论文语料库。需要注意的是，期刊编辑部所拥有的学术论文专家评审意见是选择和构建优秀论文语料集的重要依据。随着开放同行评议的发展，虽然部分期刊已经向读者公开

---

① 汤浅光朝. 科学活动中心的转移[J]. 赵红洲，译. 科学与哲学, 1979 (2)：53-73.

了学术论文的专家审稿意见,如我国的《心理学报》杂志,但大多数期刊社及科研管理部门等评价组织者基于各方主体利益的权衡,仍未公开专家评审意见。此种情况下,可以与期刊编辑部合作,以便充分发挥期刊社所拥有的学术论文专家评审意见在优秀论文语料库构建中的作用。

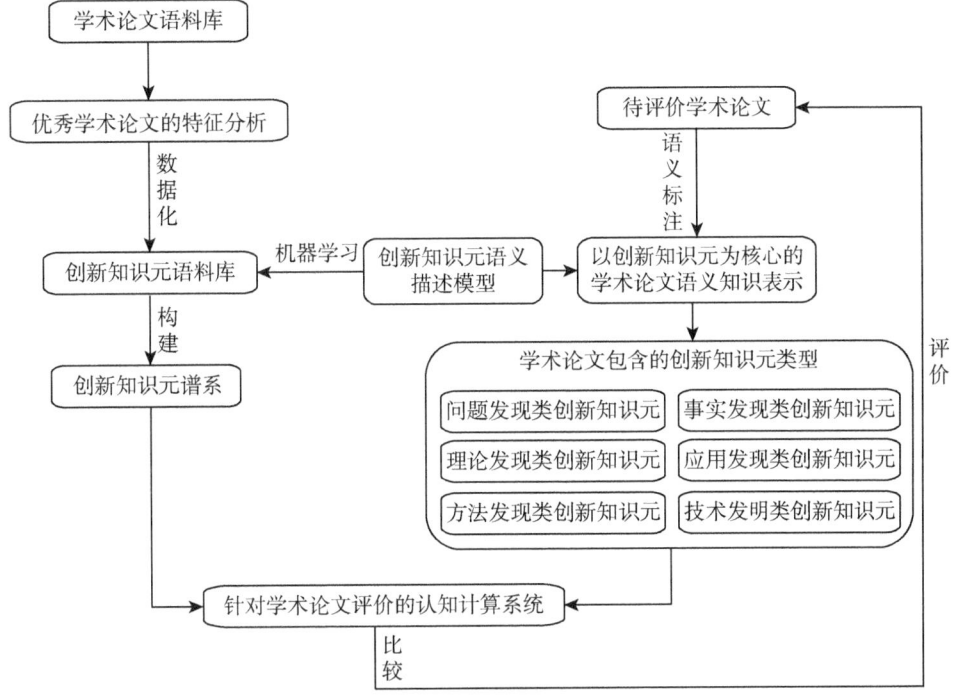

图 12-2　基于创新知识元谱系判断学术论文价值的路径①

2. 构建创新知识元的语义描述模型

学术论文的价值由它所包含的创新知识元决定和反映。不同类型学术论文包含的创新知识元类型可能不同,而且同一篇学术论文也可能包含多种不同类型的创新知识元。根据前面论述,创新知识元种类多样。不同类型的创新知识元具有不同的结构,其结构差异主要表现在支持信息的不同。例如,方法知识元的支持信息包括优势、局限性、流程、步骤、功能、适用条件等,应用知识元的支持信息包括应用途径、应用目标、应用场景、应用效果等,理论知识

---

① 盖双双. 学术论文的价值评价研究[D]. 北京:中国人民大学,2020.

的支持信息包括理论的前提假设、阐释的客观事实、与其他理论的关系等。同类比较是评价的基本原则。不同结构的创新知识元构成不同类型的谱系。因此，应在分析优秀学术论文内容特征的基础上，根据不同类型创新知识元的结构特征，构建各类创新知识元的语义描述模型，确定不同类型学术论文的语义内容描述框架。图12-3呈现了方法发现类创新知识元的语义描述模型。

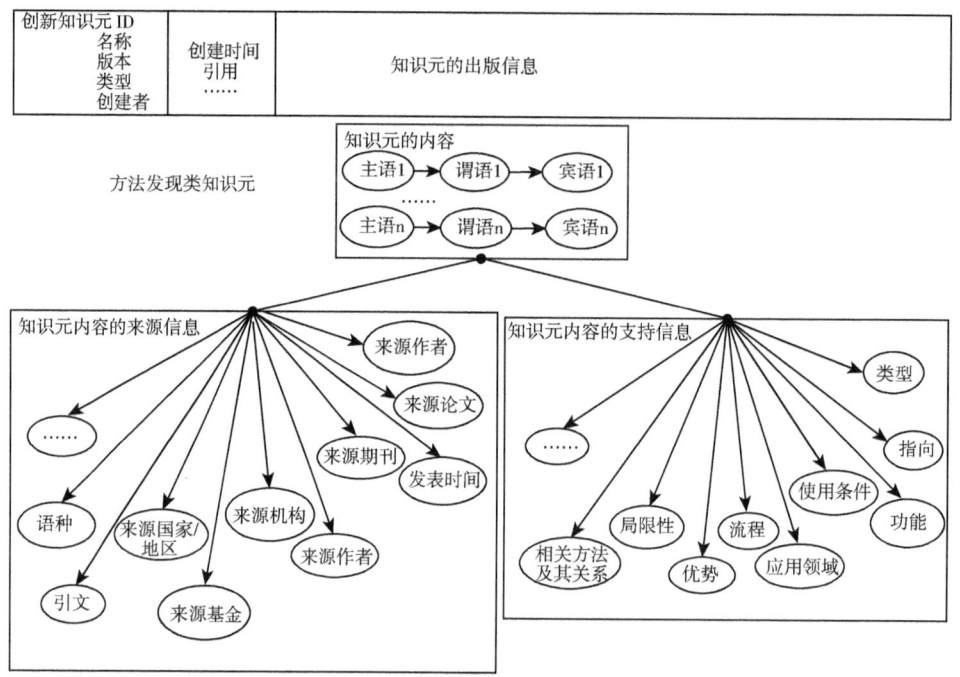

图 12-3　方法发现类创新知识元的语义描述模型[①]

3. 构建创新知识元的描述规则库

基于规则的抽取是最常见的知识抽取方法之一。分析优秀学术论文的内容特征，对优秀论文中不同类型创新知识元的篇章结构、句子模式、语法规则等语言学特征进行分析，识别作者在学术论文中表达"创新知识元"的描述规则，如"提出了……""对……进行了改进""发现了……""研究发现……""构建了……""创造性地……""首次……"等。通过人工标注基础语料，让计算机学习规则和训练语料，从而构建不同类型创新知识元抽取的模式和语法规则库。

---

① 盖双双. 学术论文的价值评价研究[D]. 北京：中国人民大学，2020.

规则库的构建流程可参考北京大学化柏林的相关研究[①]。

4. 构建创新知识元语料库

以创新知识元的描述规则库为基础，通过描述规则与学术论文内容进行匹配的方式抽取优秀论文集中的创新知识元。根据不同类型创新知识元的语义描述模型，对抽取的部分创新知识元进行语义标注，作为训练语料。让计算机学习标注规则和标注的语料，使计算机对抽取的创新知识元进行语义标注，将抽取的创新知识元进行实例化和资源化，构建揭示学术论文内容的创新知识元语料库（图12-4）。

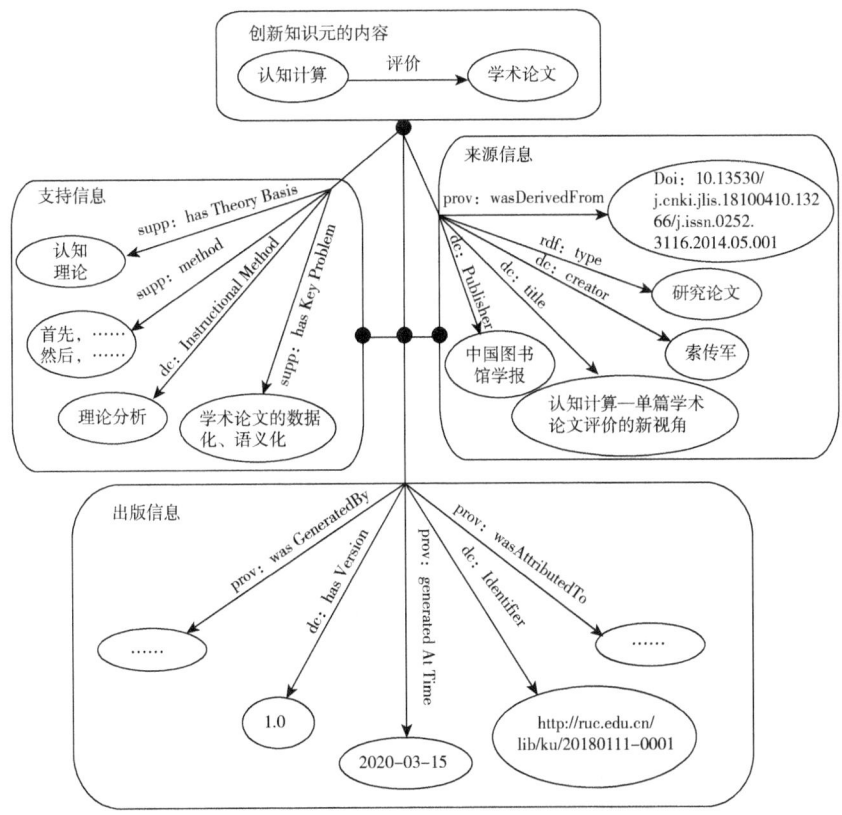

图12-4 创新知识元的资源化描述实例[②]

---

① 化柏林. 针对学术文献的句子级知识抽取研究[D]. 南京：南京大学，2013.
② 索传军，盖双双. 知识元的内涵、结构与描述模型研究[J]. 中国图书馆学报，2018，44（4）：54-72.

5. 建立创新知识元谱系

学术论文通常具有一定的结构规范，正文一般由引言、研究方法、研究过程（包括理论推理、实验验证、案例分析等）、研究结果、研究结论等组成。不同类型的创新知识元可能分布在文章的不同部分。例如，问题类知识元通常分布在学术论文的题名和引言中，其他类型的创新知识元则主要分布在学术论文的结论中。因此，一篇学术论文可能同时包含多个创新知识元，如前面提到的问题类创新知识元、事实类创新知识元、方法类创新知识元等。计算机根据创新知识元的抽取规则库，自动识别、抽取待评价论文中作者提出的所有"创新知识元"，并根据标注规则和训练语料，对其进行自动标注，使计算机可理解、分析、计算学术论文的内容。

创新知识元谱系的构建是从内容层面实现以"创新"为价值取向的学术论文价值评价的关键。以创新知识元语料库为基础，根据对创新知识元谱系结构（节点和节点之间的关系）的论述，以时序关系为纵轴，利用语义知识库的构建技术建立学科主题领域的创新知识元谱系。创新知识元谱系从空间维度展示了创新知识元之间的关系和位置，从时间维度展示了创新知识元的演进和发展。每一篇有价值的学术论文对其所属学科领域的发展都会产生一定的促进作用，因而在相应学科主题领域发展谱系中都应该具有自己的位置，找到待评价论文在其研究谱系中的位置，可以据此判断学术论文的价值。

6. 通过比较的评价方法分析判断学术论文的价值

认知计算系统以特定学科主题领域的创新知识元谱系为参照系，通过识别待评价论文在创新知识元谱系中的位置，与创新知识元谱系中相关节点的比较与分析、推理、输出具有一定概率的确定性评价结果。

概括地说，基于认知计算的学术论文评价是基于数据的学术评价范式的一个范例。然而，这是一个"准范例"，因为没有建立真正的认知计算系统，更多的还是一种设想和探讨，不是科学的验证或实证。尽管如此，也是很有意义的。它的意义和价值在于，对学术评价模式的创新。

长期以来，学术评价主体都是具有认知能力的人。我们提出让机器——认知计算系统辅助或代替人开展学术评价活动，充分利用计算机的存储与计算能力，提高学术评价的效率，克服学术评价的主观性和不公正性。

附录 1

《关于规范高等学校 SCI 论文相关指标使用树立正确评价导向的若干意见》

为扭转当前科研评价中存在的 SCI 论文相关指标片面、过度、扭曲使用等现象，规范各类评价工作中 SCI 论文相关指标的使用，鼓励定性与定量相结合的综合评价方式，探索建立科学的评价体系，引导评价工作突出科学精神、创新质量、服务贡献，推动高等学校回归学术初心，净化学术风气，优化学术生态，现提出以下意见。

一、准确理解 SCI 论文及相关指标。SCI (Science Citation Index，科学引文索引) 是国内外广泛使用的科技文献索引系统。SCI 论文是发表在 SCI 收录期刊上的论文，相关指标包括论文数量、被引次数、高被引论文、影响因子、ESI (基本科学指标数据库) 排名等，不是评价学术水平与创新贡献的直接依据。

二、深刻认识论文"SCI 至上"的影响。SCI 论文相关指标已成为学术评价，以及职称评定、绩效考核、人才评价、学科评估、资源配置、学校排名等方面的核心指标，使得高等学校科研工作出现了过度追求 SCI 论文相关指标，甚至以发表 SCI 论文数量、高影响因子论文、高被引论文为根本目标的异化现象，科技创新出现了价值追求扭曲、学风浮夸浮躁和急功近利等问题。

三、建立健全分类评价体系。对不同类型的科研工作应分别建立各有侧重的评价路径。对于基础研究，论文是成果产出的主要表达形式，坚决摒弃"以刊评文"，评价重点是论文的创新水平和科学价值，不把 SCI 论文相关指标作为直接判断依据；对于应用研究和技术创新，评价重点是对解决生产实践中关键技术问题的实际贡献，以及带来的新技术、新产品、新工艺实现产业化应用的实际效果，不以论文作为单一评价依据。对于服务国防的科研工作和科技成果转化工作，一般不把论文作为评价指标。

四、完善学术同行评价。组织实施部门要完善规则，引导学者在参加各类评审、评价、评估工作时遵守学术操守，负责任地提供专业评议意见，不简单地以SCI论文相关指标和国内外专家评价评语代替专业判断，并遵守利益相关方专家回避原则。组织实施部门可开展对评审专家的实际表现、学术判断能力、公信力的相应评价，并建立评审专家评价信誉制度。

五、规范各类评价活动。大力减少项目评审、人才评价、机构评估事项。涉及学术评价的，组织实施单位应就评价指标和办法听取本单位科技管理部门意见。制定明确的工作流程和决策规则并在一定范围内听取意见和公示。实行代表作评价，精简优化申报材料，不再要求填报SCI论文相关指标，重点阐述代表性成果的创新点和意义。评审过程应严谨科学，遵循同行原则，对评审对象合理分组，遴选合适专家，并合理设定工作量，保障专家有充足评审时间。

六、改进学科和学校评估。减少对学科、学校的排名性评价，坚持分类和分领域评价。对创新能力的评价突出创新质量和实际贡献，审慎选用量化指标，不把SCI论文相关指标作为评价的直接依据，评价结果减少与资源配置直接挂钩。引导社会机构准确把握国家方针政策，科学开展大学评估排行。

七、优化职称（职务）评聘办法。在职称（职务）评聘中，学校应建立与岗位特点、学科特色、研究性质相适应的评价指标，细化论文在不同岗位评聘中的作用，重点考察实际水平、发展潜力和岗位匹配度，不以SCI论文相关指标作为判断的直接依据。在人员聘用中，学校不把SCI论文相关指标作为前置条件。

八、扭转考核奖励功利化倾向。学校在绩效和聘期考核中，不宜对院系和个人下达SCI论文相关指标的数量要求，在资源配置时不得与SCI相关指标直接挂钩。要取消直接依据SCI论文相关指标对个人和院系的奖励，避免功利导向。

九、科学设置学位授予质量标准。学校应重视人才培养质量和培养过程，发挥基层院系和导师的质量把关作用，加强对学位论文的质量审核，结合学科特点等合理设置学位授予的质量标准，不宜以发表SCI论文数量和影响因子等指标作为学生毕业和学位授予的限制性条件。

十、树立正确政策导向。高校、高校主管部门及其下属事业单位要按照正确的导向引领学术文化建设，不发布 SCI 论文相关指标、ESI 指标的排行，不采信、引用和宣传其他机构以 SCI 论文、ESI 为核心指标编制的排行榜，不把 SCI 论文相关指标作为科研人员、学科和大学评价的标签。

附录2
本书涉及的重要概念和术语

（1）学术

学术是指系统专门的学问，也是学习知识的一种，泛指高等教育和研究，是对存在物及其规律的学科化[①]。

（2）学术活动

学术活动不是指一件或某件具体的事情，而是一个抽象的概念，通常是指与学术研究、学术交流等有关的社会活动。

（3）学术成果

学术成果是指系统的、专门的或者在对存在物及其规律的学科化论证方面所取得的成就和成绩[②]。学术成果有多种类型，如发表于期刊上的学术论文、会议论文、图书、专利、科研项目的申请书和研究报告等。

（4）评价

评价是指评价主体对评价客体进行价值判断的活动。

（5）学术评价

学术评价属于一种常见评价活动，是学术共同体成员对学术活动或学术活动要素（如学术成果）的价值判断活动。狭义上讲，学术评价也是评价主体基于某种目的对学术成果的价值进行判断的过程。

---

① 学术[EB/OL].[2019-07-19].https：//baike.baidu.com/item/学术/8799690?fr=Aladdin.

② 学术成果[EB/OL].[2020-01-12].https：//baike.baidu.com.

(6) 评价活动

评价活动是指评价主体对评价客体价值判断的过程。

(7) 学术评价活动主体

学术评价活动主体是指学术评价的组织者。学术评价活动主体通常是科研和人事管理部门或机构。

(8) 评价主体

评价主体是指在评价活动中对评价客体做出价值判断的人或机器。在同行评议中，评价主体就是学术共同体成员。

(9) 评价客体

评价客体是指在评价活动中被评价的对象。评价客体可以是万事万物，既可以是客观世界中存在的物体，也可以是精神世界无形的事物。通常，学术评价的客体是指学术成果、学术活动、学术机构或从事科学研究的人员等。

(10) 评价标准

评价标准是指人们在评价活动中应用于评价对象的价值尺度和界限，是事物质变过程中量的规定性[①]。

(11) 评价指标

评价指标是评价标准的具体化，是评价标准明确的形式化描述和表达。

(12) 评价指标体系

评价指标体系是指由表征评价对象各方面特性及其相互联系的多个指标，所构成的具有内在结构的有机整体。根据评价活动、任务和目标，能够全面系统地反映某一特定评价对象一系列较为完整的、相互之间存在有机联系的评价指标就是评价指标体系[②]。

(13) 评价机制

评价机制是指在评价活动中建立的，用来客观反映评价系统的变化规律，评价系统中诸要素之间及与外部环境之间的关系[③]。评价机制可以理解为评价主体

---

① 高建华. 评价标准的变动对中职会计教学的影响[J]. 现代职业教育，2017 (18)：18–19.
② 邱军平. 文献计量学[M]. 北京：科学技术文献出版社，1988.
③ 张晓旭，吕彩云. 创新型人力资源流动与评价机制研究[J]. 科学管理研究，2012，30 (4)：92–95.

间各种关系的总和。包括评价内容、评价标准、评价方法等。评价机制是组织机构的一种制度安排,旨在运营科学评价手段增强人和事物内在的运行动力并调节各方面的制约关系,确保管理的科学决策,保证运行和管理目标的实现。

(14) 价值主体

价值主体与价值客体相对,是价值关系的承担者之一,是与一定客体发生价值关系的社会的现实的人。价值作为实物、对象与人的需要的关系,以实物和人的需要或具有一定需要的人为其关系项,为其承担者,人的这一方就是价值主体,所需的对象、事物则是价值客体。价值主体有个体、群体(家庭、民族、社会、团体等)和人类等多种形式,多种层次[①]。

(15) 价值客体

价值客体与价值主体相对,是价值关系的承担者之一,是指能够满足主体需要的客观现实的对象、事物。主体的需要是多方面、多层次的,凡是与主体需要发生关系,作为主体需要的对象和事物,都是价值客体。价值作为关系性存在,其需要者即价值主体,被需要者则是价值客体[②]。

(16) 价值尺度

价值尺度是指衡量客观对象的价值属性与价值量的标准[③]。在本书中,价值尺度是评价活动中各类评价标准、评价指标、指标体系的总称。价值尺度原本是指货币表现其他一切商品是否具有价值和衡量其价值量大小的职能。在评价领域,价值尺度是指衡量客体对于主体有无价值和价值大小的标准,客体本身的属性不能作为度量客体对主体价值的尺度。也有学者认为,价值尺度是指衡量和确定价值的有无、性质及大小的标尺、基准和根据。

(17) 外在价值尺度

外在价值尺度通常是评价活动组织者(或评价活动委托人,如科研管理、人事管理等部门)依据评价目的和评价客体的属性制定的评价标准。这个评价标准通常是原则性的、指导性的。它是评价活动主体给定评价主体进行价值判断的框架或方向。也是对评价客体的属性、功能、作用和意义进行判断的维度。

---

① 胡志勇. 汉英社会科学大词典[M]. 北京:科学出版社,2012.
② 李淮春. 马克思主义哲学全书[M]. 北京:中国人民大学出版社,1996.
③ 罗国杰. 中国伦理学百科全书·伦理学原理卷[M]. 长春:吉林人民出版社,1993.

附录 2
本书涉及的重要概念和术语

（18）内在价值尺度

内在价值尺度是评价者所拥有的评价标准（或价值判断尺度或参照系）。内在价值尺度的形成，取决于评价者自身的因素（如心理背景系统、认知图式和观念系统等），同时也受其所处的社会、文化等环境的影响。内在价值尺度是评价主体所拥有的对评价客体的价值判断标准。

（19）评价图式

评价以评价主体的心理背景系统和评价图式为前提，而评价图式不是评价主体生来俱有的，它是评价主体在特定文化背景中、特定的社会活动过程中逐渐形成的，对于当下的评价来说，评价图式和评价标准是先在的，但却不是先验的[①]。其实，这只是一个参照系，这个参照系在具体情形中发挥着以经验为主的调节作用[②]。它在一定程度上起着"先验"标准的作用。

（20）评价视角

视角是指看问题的角度。评价视角是指评价所选取的角度。也可以说是评价活动主体（或价值主体）的价值取向。从实质上来看，评价视角是价值关系中主体与客体的交汇点。

（21）评价视域

评价视域是指评价主体所选择的判断价值客体价值的比较范围。评价视域与评价参照系具有密切的关系。因而，评价视域是评价主体根据评价的目的，基于自身的认知能力对客观存在着的 X 与 Y 的关系的可比较范围。

（22）参照客体

参照客体是指被评价主体用来比较价值客体在同类客体中地位、意义和价值的客体。

（23）评价参照系

评价参照系，从语言学角度可以将其定义为，具体价值判断中的价值术语（如好的）等的限制条件；或从操作角度，将其定义为：评价者做出价值判断所参照的条件；或从功能角度，将其定义为：评价主体用以对价值客体的意义予以不同程度的肯定或否定的比较因素系统。

---

① 冯平. 评价论[M]. 北京：东方出版社，1997.
② 约翰·杜威. 评价理论[M]. 冯平，余泽娜，译. 上海：上海译文出版社，2007.

(24) 评价信息

评价信息是指与评价活动和评价目的相关的经验、数据、信息与知识等的总和。所谓评价信息，是指由评价目的约束的、由评价参照系统要求的有关价值主体、价值客体及参照客体的信息。

(25) 范式

范式即一种被公认、广泛认知的模型、定律及公式。范式概念是库恩范式理论的核心，而范式从本质上讲是一种理论体系。库恩指出："按既定的用法，范式就是一种公认的模型或模式。"我采用这个术语是想说明，在科学实际活动中某些被公认的范例（包括定律、理论、应用及仪器设备统统在内的范例），为某种科学研究传统的出现提供了模型。在库恩看来，范式是一种对本体论、认识论和方法论的基本承诺，是科学家集团所共同接受的一组假说、理论、准则和方法的总和，这些东西在心理上形成了科学家的共同信念。

(26) 评价范式

评价范式就是评价主体看待评价对象的方式和视角，其决定了评价主体开展评价时所采用的理论、方法和技术。

(27) 学术评价范式

学术评价范式是学术评价共同体共同遵循的信念和规范体系，是学术评价共同体共同的价值观和方法论，以及指导学术评价的理论框架或范例。

(28) 经验证实评价范式

经验证实评价范式发展于20世纪20—50年代，代表人物有石里克、卡尔纳普、赖欣巴哈、艾耶尔和亨普尔[①]。他们认为，科学理论是由观察陈述和理论陈述构成的关于经验事实的综合命题，评价的目的就是用经验来证实理论，存在着对科学理论进行评价的不随历史发展而变化的客观的和绝对的元标准，对科学理论的评价应遵循证实原则，即由经验来证实理论。

(29) 理性批判评价范式

理性批判评价范式与经验证实评价范式几乎同时兴起，发展于20世纪20—60年代，代表人物有波普尔和沃金斯。他们批判经验实证评价范式的"证

---

① 陈喜乐，李腾达，等. 构建促进协同创新的人文社科科研评价体系研究[M]. 厦门：厦门大学出版社，2016.

实原则"，认为对任何全称命题的证实都是不可能的，只有证伪才可能，进而提出"证伪原则"，并形成了科学理论评价的理性批判范式。

(30) 历史理解评价范式

历史理解评价范式发展于 20 世纪 50—70 年代，代表人物有库恩、拉卡托斯和费耶阿本德。他们在批判逻辑经验主义和批判理性主义的理论基础上，根据科学史研究成果，立足于历史来理解和评价科学理论，形成了历史理解评价范式。

(31) 模式

模式，是指事物的标准样式。模式是主体行为的一般方式，包括科学实验模式、经济发展模式、企业盈利模式等，是理论和实践之间的中介环节，具有一般性、简单性、重复性、结构性、稳定性、可操作性的特征。模式在实际运用中必须结合具体情况，实现一般性和特殊性的衔接并根据实际情况的变化随时调整要素与结构，才有可操作性。

(32) 科学评价模式

科学评价模式也是科学评价活动主体行为的一般方式，包括评价主体的选择、评价标准的制定、评价方法和评价结果的处理等。也可以说，科学评价模式是科学评价活动构成要素及其关系的总和。它揭示了科学评价活动的运行机制和过程，对于科学评价具有重要的意义。

(33) 评价方法

评价方法是指评价过程中所采用的确定价值高低的手段和途径[①]。

(34) 定性评价法

定性评价方法，也有人称为基于内容的评价。定性评价形式上依赖于同行专家对评价客体理解和认知的基础上做出价值判断。定性评价的关键是对被评价客体内容的科学理解。

(35) 定量评价法

定量评价法又称为计量方法、统计方法。它是通过把复杂现象简化为指标或相关数据，并对科研活动中的指标或相关数据的数值进行统计，用数值比较

---

① 韩玉蓉. 竞技健美操运动员专项身体素质的理论研究[J]. 运动, 2017 (1)：47, 33.

来进行判断分析的方法。

(36) 文献计量法

文献计量法是利用出版物、专利等的引文作为科技绩效指标进行科研评价的一种定量评价方法。

(37) 综合评价法

综合评价法是指综合利用定性评价和定量评价相结合的方法。

(38) 同行评议

同行评议（Peer Review），从广义上说，是指某一或若干领域的一些专家共同对涉及上述领域的一项知识产品进行评价的活动。目前国内讨论较多的是狭义的同行评议，即作者投稿以后，由刊物主编或纳稿编辑邀请具有专业知识或造诣的学者，评议论文的学术和文字质量，提出意见和判定，主编按评议的结果决定是否适合在本刊发表。

(39) 开放同行评议

开放同行评议是在尊重作者和评审者意愿的基础上，向公众开放评审者和作者身份，且可选择性进行出版前开放同行评议或出版后开放同行评议，最终将审稿人的建议、作者的修改及回复、公众评议的结果等信息最大化地向公众开放的一种评审制度。

(40) 科学共同体

1962年美国科学哲学家库恩在《科学革命的结构》一书中，运用"科学共同体"这一概念来说明科学认识发展过程中社会心理因素的作用。认为"科学共同体"在实际上和逻辑上都很接近"范式"。指出一个范式只是一个科学共同体成员共有的东西；由于这些成员使用共同的范式，才组成了这个科学共同体[①]。科学共同体由一些学有专长的科学家所组成。简单地说，科学共同体是指遵循某一范式的科学工作的群体，也称学术共同体。

(41) 学术共同体

学术共同体这一概念是20世纪由英国哲学家迈克尼·波兰尼提出来的。他在一篇题为《科学的自治》一文中，首次使用了"学术共同体"这个概念。他

---

① 彭漪涟. 逻辑学大辞典[M]. 上海：上海辞书出版社，2004.

把全社会从事科学研究的科学家作为一个具有共同信念、共同价值、共同规范的社会群体，以区别于一般的社会群体与社会组织，这样的一个群体就称为学术共同体。学术共同体指具有相同或相近的价值取向、文化生活、内在精神和具有特殊专业技能的人，为了共同的价值理念或兴趣目标，并且遵循一定的行为规范而构成的一个群体。

（42）文献计量学

文献计量学是以文献体系和文献计量特征为研究对象，采用数学、统计学等计量方法，研究文献情报的分布结构、数量关系、变化规律和定量管理，并进而探讨科学技术的某些结构、特征和规律的一门科学。

文献计量学是指用数学和统计学的方法，定量地分析一切知识载体的交叉科学。它是集数学、统计学、文献学于一体，注重量化的综合性知识体系。其计量对象主要是：文献量（各种出版物，尤以期刊论文和引文居多）、作者数（个人、集体或团体）、词汇数（各种文献标识，其中以叙词居多）。文献计量学最本质的特征在于其输出务必是"量"。

（43）科学计量学

科学计量学（Scientometrics）是应用数理统计和计算技术等数学方法对科学活动的投入（如科研人员、研究经费）、产出（如论文数量、被引数量）和过程（如信息传播、交流网络的形成）进行定量分析，从中找出科学活动规律性的一门科学学分支学科。

（44）网络计量学

于20世纪90年代中期，伴随着计算机网络技术的迅猛发展和网络信息资源的激增，使得传统的文献计量学（Bibliometrics）、科学计量学（Scientometrics）、信息计量学（Informetrics）已无法适应网络信息的测度和计量，这就促成了一种新型的网络信息计量工具的应运而生，即网络计量学的诞生。

（45）替代计量学

替代计量学有狭义和广义之分。狭义的替代计量专门研究相对基于引文传统指标的在线新型计量指标，尤其重视基于社交网络数据的计量指标，广义的替代计量强调研究视角的变化，即面向学术成果的全面影响力评价指标体系，旨在替代传统片面依靠引文指标的定量科研评价体系，同时促进开放科学和在线交流的全面发展[①]。

替代计量学并非对既有引文指标的纯粹补充,因为替代计量指标能测度引文指标触及不到的领域,如数据集的重用率、学术视频的影响力、学术博客的社会影响力等;替代计量学也并非全盘否定基于引文的传统指标,它要替代的是唯引文至上的学术评价体系,所以可以看到 Plum X 对替代计量指标的分类中,引文仍然是重要的一大类。

(46)文献指数增长规律

随着科学的不断发展,科学文献的增长也成为一种客观的社会现象。对于这一现象人们在 20 世纪初就已经注意到。但一直到 20 世纪 40 年代后,由于当时图书馆管理的需要,特别是科学史研究及科技情报工作发展的需要,文献增长规律才被研究者重视,并取得了一系列研究成果。其中最具代表性的是普赖斯(D.Price)提出的科学文献的指数增长规律。

普赖斯在其著作《巴比伦以来的科学》中考察统计了科学期刊的增长情况,发现科学期刊的数量大约每 50 年增长 10 倍。他以科技文献量为纵轴,以历史年代为横轴,不同年代科技文献量的变化过程表现为一根光滑的曲线,这条曲线十分近似地表示了科技文献量指数增长的规律。这就是著名的普赖斯曲线,其表达式为:

$$F(t) = ae^{bt} \ (a>0, b>0),$$

其中,$F(t)$ 表示时刻 t 的文献量;a 是条件常数,即统计初始时刻($t=0$)的起始文献量;e 是自然对数的底,e=2.718;b 是常数,表示持续增长率。从一些实例看,科技文献的指数增长定律作为一个理想模型,在一定程度上正确反映了文献的实际增长情况,但由于没有考虑许多复杂因素对科学文献增长的限制。真正对于实际的应用,该定律还有许多局限性。

(47)文献老化规律

科技文献随着其"年龄"的增长,其内容日益变得陈旧过时,失去了作为科学情报源的价值,以及因此越来越少地被科学工作者和专家们利用。科学文献老化既是一种客观的社会现象,又是一个复杂的动态过程。

[①] https://baike.baidu.com/item/替代计量学。

文献老化速度一般用半衰期进行衡量,"引用(引文)半衰期"被定义为"某期刊或学科现时引用的全部文献(即参考文献)中,较新的一半是在多长时间内发表的"[①]。

(48) 布拉德福定律

布拉德福定律(Law of Bradford),亦称"文献分散规律",是英国化学家和文献学家布拉德福于1948年提出的定量描述文献序性结构的经验定律,适用于教育文献的计量工作。具体内容表述为:如将科学杂志按其刊载某学科主题的论文数量,以递减顺序排列,就可在所有这些杂志中区分出载文率最高的核心部分和包含着与核心部分等数量论文的随后几区,这时核心区和后继各区中所含的杂志数成 $1:\alpha:\alpha^2:\cdots$ 的关系($\alpha>1$)。同年,维克利经过研究对布拉德福定律提出了修正,并将杂志分区的数目推广到大于 3 个的更普遍的情形,提出了布氏定律的维克利修正式:$T_1:T_2:T_3:\cdots:T_j=1:b:b^2:b^3:\cdots:b^{j-1}$(b 为常数,称为维氏分布系数,$T_j$ 为前 j 个区的杂志数量之和)[②]。

(49) 洛特卡定律

科学论文作者分布定理又称洛特卡定律,是指科学论文作者频率与所写论文篇数间数量关系的定律。

$$f(x) = c/x^2。$$

若 $f(x)$ 为作者频率(即写 x 篇论文的作者占作者总数的比例),则式中 c 为常数,约为 60.79%,即写一篇论文的作者,约占作者总数的 60.79%。1926年,A.J.洛特卡发表论文《科学生产率的频率分布》,文中提出了这一定律,故又称洛特卡定律。

洛特卡定律主要是用以预测特定学科论文的作者数量和文献数量,掌握文献的增长趋势和交流规律,以利于文献情报的科学管理和情报学的理论研究;亦可用以研究科学家的活动规律,研究人才的著述特征,以利于科学学的理论研究和科技史的探讨。

[①] https://baike.baidu.com/item/文献老化/747505?fr=aladdin.
[②] 邱均平. 文献信息离散分布规律:布拉德福定律[J]. 情报理论与实践,2000(4):315—320.

(50) 齐普夫定律

齐普夫定律（Zipf's law，IPA/ˈzɪf/）是由哈佛大学的语言学家乔治·金斯利·齐夫（George Kingsley Zipf）于1949年发表的实验定律。它可以表述为：在自然语言的语料库里，一个单词出现的频率与它在频率表里的排名呈反比。所以，频率最高的单词出现的频率大约是出现频率第2位的单词的2倍，而出现频率第2位的单词则是出现频率第4位的单词的2倍。这个定律被作为任何与幂定律概率分布有关的事物的参考[1]。

(51) 引用行为

引用行为是指在各种内外因素影响下，作者在引用活动中表现出的外显行为，本书是指作者引用形成的结果，即文后参考文献和文中的引用内容。

(52) 引用内容

引用内容是指能够表征施引文献引用被引文献的文本内容，即施引文献正文中包含引用标签或编号的句子及其上下文。

(53) 引用认同

引用认同是施引文献引用被引文献时或褒或贬或中立的感情倾向。

(54) 引文分析法

引文分析法就是利用各种数学及统计学的方法进行比较、归纳、抽象、概括等的逻辑方法，对科学期刊、论文、著者等分析对象的引用和被引用现象进行分析，以揭示其数量特征和内在规律的一种信息计量研究方法。引文分析法的兴起直接催生了学术论文评价的新视角——文献计量学方法。1955年，Garfield开创了从引文角度研究文献的新领域，提出了被引频次评价论文影响力的思想。

(55) 学术链

学术链是指将其研究问题或主题按照时间先后顺序（或按照顺承关系，或引证关系）连接起来形成的链。刘绍怀用"学术链"来定义和描述学术发展过程中产生的链条关系形态[2]。学术链揭示了学术生长的规律和发展趋势。

---

[1] 严怡民. 情报学概论[M]. 武汉：武汉大学出版社，1994.
[2] 刘绍怀. 学术链：客观存在的学术关系形态[J]. 思想战线，2011，37（1）：1-3.

(56) 学术谱系

学术谱系就是基于时间序列与某一研究主题或问题相关的一组研究发现构成的网络图。网络中的节点是各类学术要素，如作者、概念、创新点、研究主题、研究问题等。节点间的关系包括历时关系和共时关系，用以描述科学知识的创造、发展、内在结构及科学问题的解决历程。

(57) 知识元

知识元是知识控制与处理的基本单位，是知识结构的基元。近年来，随着自然语言处理和文本挖掘等相关技术的发展，知识元逐渐成为多学科研究的热点之一。笔者认为，知识元是指语义相对完整的内容单元。

(58) 认知计算

认知计算（Cognitive Computing）是一项使人类能够和机器合作的技术方法。认知计算这个术语来自认知科学与人工智能，是借助认知科学理论构建算法，模拟人的客观认知和心理认知过程，使机器具备某种程度的"类脑"认知智能[1]。20 世纪 90 年代后，人们开始使用"认知计算"一词。2013 年，以 IBM 沃森为代表的认知计算系统实现了自主学习，并拥有了类似人脑的能力，能够按照用户需求从自然语言内容中搜寻关键知识，拉开了认知计算在各个领域应用的帷幕。实际上，认知计算是一个多种技术的综合体，每种技术用不同的方法解决其领域内的问题。

---

[1] 陈敏. 认知计算导论[M]. 武汉：华中科技大学出版社，2017.

参考文献

[1] ABELSON P. Scientific communication[J]. Science, 1980, 209 (4452): 60-62.

[2] AHMAD H A, HANAN A M. NASA-TLX based workload assessment for academic resource recommended system[J/OL]. Personal and ubiquitous computing, 2020[2020-12-20]. https://doi.org/10.1007/s00779-020-01409-z.

[3] ALAM M, KIM N A, HAVEY J, et al. Blinded vs. unblinded peer review of manuscripts submitted to a dermatology journal: a randomized multi-rater study[J]. British journal of dermatology, 2011 (3): 563-567.

[4] ALMQUIST M, VON A R S, CARRADICE D, et al. A prospective study on an innovative online forum for peer reviewing of surgical science[J]. Plos one, 2017, 12 (6): e179031.

[5] ALTMAN D G. Statistical reviewing for medical journals[J]. Statistics in medicine, 1998 (23): 2661-2674.

[6] ARMSTRONG J S. Peer review for journals: evidence on quality control, fairness, and innovation[J]. Science and engineering ethics, 1997 (1): 63-84.

[7] BAKANIC V, MCPHAIL C, SIMON R J. The manuscript review and decision-making process[J]. American sociological review, 1987 (5): 631.

[8] BALDWIN M. Credibility, peer review, and Nature, 1945 1990[J]. Notes and records: the royal society journal of the history of science,

2015（3）：337-352.

[9] BALDWIN M. In referees we trust[J]. Physics today, 2017 (2)：44-49.

[10] BALDWIN M. Making "Nature"：the history of a scientific journal[M]. Chicago：University of Chicago Press, 2015.

[11] BARROGA, E. Cascading peer review for open-access publishing[J]. European science editing, 2013, 39 (4)：90-91.

[12] BEDEIAN A G. Peer review and the social construction of knowledge in the management discipline[J]. Academy of management learning & education, 2004 (2)：198-216.

[13] BEDEIAN A G. The manuscript review process[J]. Journal of management inquiry, 2016 (4)：331-338.

[14] BIAGIOLI M. From book censorship to academic peer review[J]. Emergences, 2002 (1)：11-45.

[15] CHEN A J, BAXTER S L, GALI H E, et al. Evaluation of electronic health record implementation in an academic oculoplastics practice.[J]. Ophthalmic plastic and reconstructive surgery, 2020, 36 (3)：277-283.

[16] DORA C, PHARM D, AMY G P, et al. Evaluation of a pharmacist-driven renal dosing protocol at an academic medical center[J]. Journal of the american college of clinical pharmacy, 2020, 3 (4)：736-742.

[17] JACKIE S, CAITLIN C, LAURA B. Research consultations in the academic library：a scoping review on current themes in instruction, assessment and technology[J]. The journal of academic librarianship, 2020, 46 (4)：102156.

[18] KALCIOGLU M T, ILERI Y, OZDAMAR O I, et al. Evaluation of the academic productivity of the top 100 worldwide physicians in the field of otorhinolaryngology and head and neck surgery using the google scholar h-index as the bibliometrics ranking system.[J]. The

journal of laryngology and otology, 2018, 132 (12): 1097-1101.

[19] MCWATT S C, NEWTON G S, Umphrey G J, et al. Dissection versus prosection: a comparative assessment of the course experiences, approaches to learning, and academic performance of non-medical undergraduate students in human anatomy [J]. Anatomical sciences education, 2020: 1-17 [2020-12-20]. https://doi.org/10.1002/ase.1993.

[20] MICHAEL W, STEPHEN H, RYAN C F, et al. Sa1459 compliance with ASGE quality indicators for endoscopic ultrasound reports in the evaluation of pancreatic cancer, comparison of community and academic practices[J]. Gastrointestinal endoscopy, 2020, 91 (6): AB199-AB200.

[21] ODUNOLA O A, OYEWUMI O O, OGUNMODEDE T A, et al. Evaluation of automated cataloguing system in academic libraries in oyo state nigeria[J]. Library philosophy and practice, 2019: 1-13. [2020-12-20]. http://digitalcommons.unl.edu/libphilprac/2152.

[22] OLECK N C, GALA Z, WEISBERGER J S, et al. Relevance of academic productivity in the assessment of integrated plastic surgery applicants[J]. Journal of surgical education, 2020, 77 (6): 1429-1439.

[23] RABABA M. Comparing the effects of regular lecture and branching path simulation on nursing students' academic performance evaluation[J]. Nurse educator, 2020 [2020-12-20]. https://doi.org/10.1097/NNE.0000000000000873.

[24] RABIA S. Evaluation of university entrance examination system changed in 2017-2018 academic year in the context of 12th grade students' opinions [J]. MANAS sosyal arastrmalar dergisi, 2019, 8 (1): 822-846.

[25] SHADA A R, EMILY A, ANGELLA J, et al. Evaluation of the

implementation of the South African triage system at an academic hospital in central Haiti [J]. International emergency nursing, 2016 (33): 26-31.

[26] SIGFRED L, CARLOS C, DOMINICK G, et al. Validation of the milan system for reporting salivary gland cytopathology in a large academic medical center comparison of methods with evaluation of risk of malignancy[J]. Journal of the American society of cytopathology, 2019, 8 (5): S36.

[27] Teacher's perception for Korean's achievement standards-based testing system and evaluation method of learners' academic ability[J]. International jounal of contents, 2019, 15 (1): 52-57.

[28] THOMPSON Q A, TRAN J T, CLINARD V. Development, implementation, and evaluation of introductory pharmacy practice experiences at an academic medical center[J]. Journal of pharmacy practice, 2020, 33 (4): 408-414.

[29] ZHAI X, WANG Q, LI M. Tu youyou's nobel prize and the academic evaluation system in China[J]. Lancet (London, England), 2016, 387 (10029): 1722.

[30] 艾战胜. 爱丁堡学派解构默顿科学社会学的三元向度[J]. 自然辩证法通讯, 2012 (1): 89-93.

[31] 敖丹. 科技期刊参考文献的学术评价及诚信对策[J]. 黄冈师范学院学报, 2019, 39 (6): 109-112.

[32] 伯纳黛特夏普. 自然语言处理的认知方法[M]. 徐金安, 等译. 北京: 机械工业出版社, 2019.

[33] 卜卫, 周海宏, 刘晓红. 社会科学成果价值评估[M]. 北京: 社会科学文献出版社, 1999.

[34] 卜元石. 德国法学学术评价体系: 探寻预支信任与问责要求之间的平衡[J]. 南京大学学报（哲学人文科学社会科学）, 2019, 56 (4): 138-148.

[35] 车德竞. 学术评价机制对于科技期刊发展的影响[J]. 编辑学报, 2019, 31

(S2): 9-11.

[36] 陈超美. 转折点: 创造性的本质 [M]. 北京: 科学出版社, 2015.

[37] 陈峰, 杨晓, 陈晓江. 科研评价体系中学术论文评价实证分析 [J]. 长安大学学报 (社会科学版), 2017, 19 (2): 58-63.

[38] 陈敏. 认知计算导论 [M]. 武汉: 华中科技大学出版社, 2017.

[39] 陈喜乐, 李腾达, 等. 构建促进协同创新的人文社科科研评价体系研究 [M]. 厦门: 厦门大学出版社, 2016.

[40] 代金平. 哲学社会科学发展与学术评价体系 [J]. 重庆社会科学, 2016 (6): 13.

[41] 戴鹏杰. 完善同行评议机制让学术评价体系"质"与"量"并重 [N]. 中国社会科学报, 2020-06-30 (001).

[42] 范玉梅. 日本学术评价体系质的转变: 创建以培养和支援研究者为导向的学术评价体系 [J]. 北京科技大学学报 (社会科学版), 2017, 33 (2): 96-106.

[43] 冯平. 评价论 [M]. 北京: 东方出版社, 1995.

[44] 弗布罗日克. 价值与评价 [M]. 李志林, 等译. 上海: 知识出版社, 1988.

[45] 付伟棠. 我国学术期刊同行评议研究综述 [J]. 中国科技期刊研究, 2019, 30 (8): 819-826.

[46] 盖双双. 学术论文价值评价研究 [D]. 北京: 中国人民大学, 2020.

[47] 高自龙. 多元有序: 我国学术期刊评价体系建设展望 [J]. 中州学刊, 2019 (7): 159-163.

[48] 龚旭. 科学政策与同行评议 [M]. 杭州: 浙江大学出版社, 2009.

[49] 郝日虹. 寻找大数据与学术期刊评价体系创新的"契合点" [N]. 中国社会科学报, 2015-02-11 (A05).

[50] 亨克 F. 莫德. 科研评价中的引文分析 [M]. 佟贺丰, 等译. 北京: 科学技术文献出版社, 2010.

[51] 胡志刚, 王贤文, 刘则渊. 库恩《科学革命的结构》被引 50 年 [J]. 自然辩证法通讯, 2014 (4): 81-88.

[52] 黄瑞雄. 波兰尼的科学人性化途径 [J]. 自然辩证法通讯, 2000 (2): 30-37.

[53] 黄欣荣. 构建综合集成学术评价体系 [N]. 中国社会科学报, 2020-07-28

(001).

[54] 黄欣荣. 建构智能化学术评价体系[N]. 中国社会科学报, 2019-10-22 (001).

[55] 姜春林. 改进学术评价重在治理体系建设[N]. 中国社会科学报, 2017-11-14 (008).

[56] 姜春林. 学术评价学的学科体系及创建策略[J]. 西南民族大学学报（人文社科版）, 2018, 39 (2): 225-232.

[57] 姜霖, 张麒麟. 基于引文细粒度情感量化的学术评价研究[J]. 数据分析与知识发现, 2020, 4 (6): 129-138.

[58] 荆林波, 王文军, 朱剑, 等. 科研评价体系改革笔谈[J/OL]. 行政管理改革: 1-23 [2020-12-21]. http://gfgga391f4815d8064db7sb0xnx6nw55vu6qfo.fhaz.libproxy.ruc.edu.cn/10.14150/j.cnki.1674-7453.20200612.001.

[59] 康桂英. 大数据时代研究生学术评价体系研究[J]. 传播与版权, 2020 (2): 147-149.

[60] 库恩. 科学革命的结构[M]. 金吾伦, 等译. 北京: 北京大学出版社, 2003.

[61] 李飞, 李达军, 刘茜. 学术研究的非同行评议问题及对策[J]. 科研管理, 2019, 40 (11): 285-288.

[62] 李磊, 李芳. 学术论文评审的同行评议专家共识问题研究[J]. 运筹与管理, 2018 (11): 131-136.

[63] 李石勇. 坚守学术本真 构建全面学术评价体系[N]. 中国社会科学报, 2019-08-06 (001).

[64] 李媛. 区块链时代的学术评价创新研究[J]. 出版科学, 2020, 28 (3): 74-80.

[65] 林定夷. 问题学之探究[M]. 广州: 中山大学出版社, 2016.

[66] 刘大椿. 科学活动论[M]. 北京: 中国人民大学出版社, 2010.

[67] 刘华杰. 科学元勘中SSK学派的历史与方法论述评[J]. 哲学研究, 2000 (1): 38-44.

[68] 刘立华. 评价理论研究[M]. 北京：外语教学与研究出版社，2010.

[69] 刘明. 学术评价制度批判[M]. 武汉：长江文艺出版社，2006.

[70] 刘素贞，魏建晶. 郭正堂院士专访：评价体系改革促进中国学术期刊发展[J]. 科学通报，2020，65（21）：2187-2190.

[71] 刘雪立. 期刊影响因子及其缺陷矫正[M]. 北京：中国社会科学出版社，2019.

[72] 刘益东. 从同行承认到规范推荐：开放评价引发的开放科学革命与人才制度革命[J]. 北京师范大学学报（社会科学版），2020（3）：29-41.

[73] 路彦雄. 文本上的算法：深入浅出自然语言处理[M]. 北京：人民邮电出版社，2018.

[74] 马婧. 媒介技术变革下学术传播体系的演变[J]. 出版发行研究，2019（6）：63-67.

[75] 马俊峰. 评价活动论[M]. 北京：中国人民大学出版社，1994.

[76] 缪成长. 默顿和齐曼的科学观比较[J]. 重庆工学院学报（社会科学版），2008（1）：64-68.

[77] 邱均平，文庭孝，等. 评价学：理论方法实践[M]. 北京：科学出版社，2017.

[78] 邱均平. 信息计量学概论[M]. 武汉：武汉大学出版社，2019.

[79] 任晓明，王左立. 评波普尔的进化认识论思想[J]. 科学技术与辩证法，2002（6）：22-25.

[80] 石进，苗杰，李明. 面向预印本系统的自组织同行评议及激励机制研究[J]. 现代情报，2019，39（12）：88-100.

[81] 宋丽萍. 数字环境下的学术交流与学术评价[M]. 北京：中国社会科学出版社，2019.

[82] 苏芳荔. 引用认同和引证形象研究[M]. 北京：世界图书出版公司，2013.

[83] 苏新宁，蒋勋. 促进学术创新才是学术评价的根本[J]. 情报资料工作，2020，41（3）：9-13.

[84] 索传军，盖双双. 单篇学术论文的评价本质、问题及新视角分析[J]. 情报杂志，2018（6）：102-107.

[85] 索传军，盖双双. 基于引文的论文质量与影响力探析[J]. 情报理论与实践，2018（5）：11–15.

[86] 索传军，盖双双. 知识元的内涵、结构与描述模型研究[J]. 中国图书馆学报，2018（4）：54–72.

[87] 王菲菲，弋新月，贾晨冉，等. Altmetrics 视角下科技文献学术影响力动态评价体系构建与实证研究[J/OL]. 情报理论与实践：1–15 [2020–08–20]. http：//kns.cnki.net/kcms/detail/11.1762.G3.20200218.0938.002.htm.

[88] 王文军. 新时代中国学术图书评价体系：方法与实践[J]. 现代出版，2020（2）：38，39–44.

[89] 吴述尧. 同行评议方法论[M]. 北京：科学出版社，1996.

[90] 杨英伦，杨红艳. 学术评价大数据之路的推进策略研究[J]. 情报理论与实践，2019，42（5）：62–66，152.

[91] 姚晓丹. 优化学术评价指标体系[N]. 中国社会科学报，2019-05-31（003）.

[92] 叶继元. 近年来国内外学术评价的难点、对策与走向[J]. 甘肃社会科学，2019（3）：61–67.

[93] 叶继元. 学术"全评价"分析框架与创新质量评价的难点及其对策[J]. 河南大学学报（社会科学版），2016，56（5）：151–156.

[94] 叶继元. 学术期刊的内涵、外延及其评价机制探讨[J]. 云梦学刊，2016，37（4）：7–10.

[95] 俞俭. 专家呼吁改进现有评价体系 引导学术创新发展[J]. 华中师范大学学报（人文社会科学版），2015，54（6）：11.

[96] 俞立平. 学术评价中指标无量纲法对 VIKOR 评价的影响研究[J]. 现代情报，2020，40（7）：126–133.

[97] 俞立平. 指标标准化方法对科技评价的影响机制研究：以学术期刊评价为例[J]. 情报理论与实践，2020，43（12）：54–62.

[98] 约翰·杜威. 评价理论[M]. 冯平，余泽娜，译. 上海：上海译文出版社，2007.

[99] 张立.出版业知识服务转型之路：国家知识资源服务模式试点研究[M].北京：社会科学文献出版社，2019.

[100] 张琳，黄颖.交叉科学：测度、评价与应用[M].北京：科学出版社，2019.

[101] 张青云，刁榴.日本学术评价体系的特点分析[J].国外社会科学，2017（2）：143-149.

[102] 张洋，庞进京，侯剑华.学术评价的关键问题与未来发展对策研究[J].情报杂志，2020，39（11）：181-185，194.

[103] 张志强.高质量发展视域下核心期刊评价体系完善之我见[J].河南大学学报（社会科学版），2020，60（4）：144-150.

[104] 章成志，李铮.基于学术论文全文的创新研究评价句抽取研究[J].数据分析与知识发现，2019，3（10）：12-19.

[105] 中国新闻出版研究院课题组.我国哲学社会科学学术期刊评价体系对比研究[J].传媒，2020（4）：32-35.

[106] 朱剑."三大核心"：拿什么来取而代之——学术评价的困境[J].济南大学学报（社会科学版），2019，29（2）：5-25.

[107] 朱剑.大数据之于学术评价：机遇抑或陷阱——兼论学术评价的"分裂"[J].中国青年社会科学，2015，34（4）：66-78.

[108] 朱剑.科研体制与学术评价之关系：从"学术乱象"根源问题说起[J].清华大学学报（哲学社会科学版），2015，30（1）：5-15，180.

[109] 朱剑.量化指标：学术期刊不能承受之轻——评《全国报纸期刊出版质量综合评估指标体系（试行）》[J].清华大学学报（哲学社会科学版），2013，28（1）：30-47.

[110] 朱剑.面对学术评价现实的改进尝试：简评2012—2013年"CSSCI来源期刊目录"[J].高校教育管理，2012，6（2）：1-5.

[111] 朱剑.评价的分裂与分裂的评价[J].延边大学学报（社会科学版），2015，48（6）：16-20.

[112] 朱剑.破除"SCI至上"与学术评价体系的重建[J].行政管理改革，2020（7）：50-52.

[113] 朱剑.歧路彷徨：核心期刊、CSSCI的困境与进路——"三大核心"研制者观点述评[J].清华大学学报（哲学社会科学版），2016，31（1）：5-26，189.

[114] 朱剑.学术新媒体：缘何难以脱颖而出——兼及学术传播领域媒体融合发展[J].北京交通大学学报（社会科学版），2015，14（4）：7-17.

[115] 朱剑.重建学术评价机制的逻辑起点：从"核心期刊""来源期刊"排行榜谈起[J].清华大学学报（哲学社会科学版），2012，27（1）：5-15，159.

后 记

学术评价是一个很经典的研究问题。哲学、社会学、管理学、科学学和图书情报学等多个学科都在从不同的视角针对同一研究问题开展研究。但客观地说，这是一个十分复杂的问题，从某种程度上说，是一个世界性难题。尽管已有许多研究和研究成果，但仍然存在许多研究问题。特别是在新的网络环境下，科学研究生产与交流的模式发生了重大变化，又产生了一些新的亟待研究的问题。因而，学术评价是一个经典的，但又充满新挑战的值得深入的研究领域。

基于内容的学术评价是我的主要研究领域和博士生培养方向之一。主要基于以下两点认识：一是评价是分类、是比较，学术评价的过程就是对评价信息的获取、加工与分析的过程，属于图书情报学科的研究范畴；二是无论是同行评议（定性评价的主要方式），还是文献计量（定量评价的主要方式）都存在较大的争议。多数专家学者认为主要是评价机制问题，我认为更多的还是学术评价的理论和方法问题。因而，比较适合对博士生科研素养的培养。

关于培养方向的选择问题，说来话长。2011年秋天，我调入中国人民大学信息资源管理学院，在思考博士生培养方案时，存在一个非常现实的问题，选择什么方向或研究领域，经典的还是热点的，抑或研究前沿？或者说，是选择学科的核心研究领域，为学科发展培养后继人才；还是选择当前社会或学科热点研究问题，吸引更多学生报考。从学科发展角度看，其实就是"守正"与"创新"的问题。最后，我选择了"基于内容的学术评价"和"基于语义的知识组织"两个方向。前一个研究方向，是一个经典的研究问题。在图书情报学科，虽然有专家学者在研究，但谈不上热点，而且多数是基于文献计量学或科学计量学的方法在开展研究。但若放在整个学科体系之中,学术评价是一个多学科关注的研究热点。我之所以强调"基于内容",一方面我是与传统的文献计量学方法,基于引文频次,不针对被引文献内容做区别;另一方面,我认为网络数据环境下数字出版的发展,出版物在发生"变革",未来的出版物将是一组以数据形式存在的、相互联系的、可计算的"内容组件单元"(我们也称为知识元)的集合。我预测,未来可以基于这些可计算的文献内容,分析和判断其价值。

若让我对自己做个评价,我自认为不是一个多愁善感的人。我将"真正的对手是自己"作为座右铭,写在笔记本的扉页,时常提醒自己,在学术研究上没有捷径,要耐得住寂寞。实事求是地说,我是一个一条道走到黑的人,也就是人们常说的"一根筋"。熟悉我的人知道,我是一个"以勤补拙"的人。不了解我的人,也许会认为我是一个"幸运儿"。自从我本科毕业,走进图书馆工作之后,就再也没有离开图书馆与图书馆学。到了不惑之年,每当有人介绍我是"我国图书馆学著名专家"或"大咖"时,自己总感到有些"心虚"。

在我国的学科体系中,图书馆、情报与档案管理是一个一级学科,但不得不说,是一个非常小的学术共同体,但我不知道是否是最小的学术共同体。其中,被图书情报学界一些同人引以为傲的"情报学",在20世纪末追逐社会热潮中迷失了方向。当前,情报学既没有本科生,又没有教指委,仅有寥寥数所高校(或研究与服务机构),每年招收屈指可数的研究生,若实事求是地说,已经是名存实亡了。每每想起此事,心中总有些说不出的滋味。不仅因为我也是情报学的博士,还因为我深深地热爱这个专业。尽管我是半路出家,阴差阳错走进了这个学科领域。但我至今还在苦苦地探索本专业的、核心的、基础的知识组织问题。

图书馆学相较于情报学是一个相对"古老"的二级学科。有学者研究认为,我国图书馆学与大多数学科一样,也是"西学东渐"的结果,在我国也仅有百余年的历史。对此我不敢苟同。其实,图书馆学思想在我国有悠久的历史。《永乐大典》和《四库全书》等典籍无不体现了我国图书馆学思想的光芒。但每当说起图书馆学,我总是爱恨交加。图书馆学在我国应该是一个最憋屈的二级学科。社会大众不知道其是何许人也①，学生瞧不起，学科同人不待见。说这些话，未免有些伤感，但这就是现实。

我本科学习的是水工建筑结构专业。由于工作原因，硕士考入武汉大学图书情报学院情报学专业，师从焦玉英教授。在我读硕士时，完全是一个门外汉，对图书馆学和情报学只是一知半解，并不知道其研究对象、研究问题、研究目标和理论体系等问题。只是想，将来是信息社会，情报、信息、知识会越来越重要，这个学科会越来越好。直到20世纪90年代中后期，在柯平先生的提携下到郑州大学信息管理系任教后，面对学生时，我才开始思考这些问题。后来，我走上了信息管理系主任的工作岗位，一些问题总是萦绕在我脑海。图书馆学、情报学的核心理论体系是什么？我们应该培养什么样的人？或者说，我们应该传授给学生什么样的知识？我们的学生应该掌握什么样的专业知识，建立什么专业知识体系，拥有什么样的专业技能？直到现在，每年面对我们学科即将步入社会的学生，我还总会问同样的问题。当你们面对面试官，不同专业的学生在同台竞争时，你会如何介绍你的专业能力？他们的回答，常常让我感到十分担忧。

当前，我国已经成为世界经济强国之一。科学技术和文化事业也进入了发展的快车道。作为我国文化事业的有机组成部分，图书馆事业也获得了前所未有的发展。图书馆已经成为一些城市的地标、网红打卡的圣地。图书馆行业对于人才的渴望，与图书馆学专业学生的稀缺，形成了巨大的反差。我国图书馆的数量是在校图书馆学学生的数十倍。在我国一些著名的高等学府，每年图书馆学专业毕业的学生仅有十数人，甚至几人。在一些学校，甚至老师比学生多。这种现象，不得不引起我们学界同人的反思。

当今我国，不仅是经济和文化的大国，更是网络强国。我国拥有10亿级的网民，网络经济、网络文化的发展，如同钱塘江的大潮汹涌向前，势不可当。大数据、云计算和人工智能更是国家和地方经济抢占的热点。在学界，已经形成无"大数据"不学科的热闹景象。一些大学纷纷成立大数据学院、人工智能

---

① 北京大学信息管理系王子舟教授2017年出版的《图书馆学是什么》是一本了解图书馆学科普读本。

学院，唯恐被社会所遗忘。图情学科历来是"跟风""炒热点"最为严重的学科。一时间，"基于大数据""基于云计算""基于人工智能的图书馆学……""情报学……"等，如满天飞雪铺天盖地。一时间，似乎大数据、云计算、人工智能就是图书情报学科的核心、中心和轴心，就是学科发展的未来或唯一。有时，我也会"阿Q"一下。图情学科的春天到来了。我们终于可以扬眉吐气了！然而，每当夜晚，躺在床上夜不能寐时，冷静回想这些社会、经济和学科热点时，似乎感到自己有那么一点点自作多情的味道。

现在，每当我给学生们上课，不自觉地就会给大家进行"学科"科普教育。时不时地会讲百度老总李彦宏的故事。当然，我没有机会考证，李总是否认同将他作为图书馆学杰出学生的代表。其实，我也希望李总能够理解，我别无选择，因为在图书馆学的学生中，至今尚无人能出其右。

每年，我都会对新招的博士生提出这些问题：你想成为什么样的人？博士阶段，你想做什么？我经常借用建筑专业工作的分工，将有关人员分为3类：泥瓦匠、工程师和建筑师。建筑师通常只是依据用户的要求，考虑周围的环境与文化因素，以及用户的经济实力和社会发展等各方面的因素，描绘一个建筑物构想的蓝图。建筑结构工程师需要依据建筑师的设计蓝图，按照一定的标准，运用一定的工具，精确地计算"梁、柱、墙"的承重，绘出建筑物的结构图和施工图。泥瓦匠不需要多少思考，只需要依据结构工程师的施工图搬砖砌墙。我期望自己能够培养出未来的学者，而不是只会搬砖的泥瓦匠。但这只是我个人的美好愿望。教学相长，需要老师和学生的共同努力。

每当社会发展到一定时期，新的信息技术不断涌现和快速发展时，图情人总会产生一种莫名其妙的"焦虑"。学科改名或"消亡论"就像鬼魂一样挥之不去。因而，一会儿一个"倡议"，一会儿一个"新专业"。当然，这体现了我们学界同人的社会责任和担当。不过，我还是时常有点杞人忧天。

当我站在空旷的田野，仰望星空，回头凝望时，暮然发现"我是谁，该走向何方"？

就在我即将完成书稿之时，收到了南京大学郑建明先生关于"彰显图书馆学新担当，实现守正创新新作为——新时代图书馆学学科建设与人才培养高质量发展学术论坛"的邀请。"守正不渝,创新不止",新时代为继续坚持图书馆学的守正和创新相统一,推动图书馆学均衡充分地高质量发展,指明图书馆学发展的战略规划方向等。我突然意识到,学术评价不正是我们图书情报学科应该坚守的研究领域吗?一时间,我似乎找到了知音,似乎看到了一丝泛着微弱红光的曙光。

索传军
2020 年 8 月于人济山庄